KB126866

몸과 영혼의 에너지 발전소

The Power of Full Engagement

Copyright © 2003 by Jim Loehr All rights reserved

Korean translation copyright © 2004 by Haneon Community
Korean translation rights arranged with The Martell Agency,
through Eric Yang Agency, Seoul.

이 책의 한국어판 저작권은 에릭양 에이전시를 통한 The Martell Agency와의
독점계약으로 (주)한언이 소유합니다.
저작권법에 의하여 한국 내에서 보호를 받는 저작물이므로 무단전제와 복제를 금합니다.

몸과 영혼의 에너지 발전소

짐 로허 · 토니 슈워츠 지음 | 유영만 · 송경근 옮김

한언

이 책에 쏟아진 각계의 찬사

"CEO라면 꼭 읽어야 할 책"

일터에서뿐 아니라 삶 전체에서 우리는 무엇에 역점을 두어야 하는가? 나를 포함한 모든 중역들에게 꼭 필요한 변화를 이끌어내는 위대한 책이다.　　　　　　　　　　　－ 스티브 레인문트, 펩시 CEO

중역들이 얼마나 건강한 몸과 마음을 갖느냐, 그리고 얼마나 책임감 있는 리더가 되느냐가 국가경쟁력의 척도다. 그를 위해 지대한 공헌을 한 책이다.　　　　　　　－ 배리 딜러, USA 인터렉티브 CEO

환상적이다! 에너지를 어떻게 관리하느냐가 성공을 지속시키는 열쇠라는 것. 대단한 통찰력이다.

　　　　　　　　－ 마커스 버킹엄, 《First, Break all the Rules》의 공저자

우리들 대부분은 정작 무대 위에서는 각자가 가진 능력을 완전히 펼치지 못한 경험을 갖고 있지 않은가. 이 책은 그 현상의 원인을 짚어줄 뿐 아니라, 그 해결을 위해 매일매일 무엇을 해야 할지까지 상세히 안내한다.

　　　　　　　　－ 수잔 린, ABC 엔터테인먼트 사장

이 책은 큰 규모의 회사를 이끌어가야 하는 리더로서 내 개인적으로도 무척 소중하다. 비즈니스 현장에서도 위대한 운동선수들이 하듯 체계적인 트레이닝을 해야 할 필요가 있다.

　　　　　　　　－ 스코트 밀러, 하얏트 호텔 CEO

확실한 성과를 불러올 정확히 규정된 절차의 중요성에 대해서 말하고 있는 이 책에는 우리 팀의 성과를 극대화할 수 있는 궁극적인 방법이 담겨 있다.

　　　　　　　　－ 피터 스카터로, 씨티그룹 프라이빗 뱅크 CEO

과학적인 근거를 둔 독특하고 따라하기 쉬운 단계별 접근법, 지혜의 보고다.　　　　　　　－ 딘 오니쉬 박사, 《Love & Survival》 저자

내가 관리하는 금융컨설턴트 수천 명은 7년여에 걸쳐 에너지 발전소 트레이닝 프로그램에 참여하였다. 이 책의 프로그램은 당신이 생각하는 방식, 살아가는 방식, 나아가 업무에 몰입하여 성과를 얻는 수준까지 바꾸어 놓을 것이다.

— 로브 냅, 메릴 린치 매니징 부문 부사장

왜 우리는 항상 가장 중요한 일에 시간과 에너지를 충분히 투입하지 못하는 걸까? 명쾌하고 우아한 산문으로 되어 있는 이 책에서 바로 그 물음에 대한 해답을 찾을 수 있다.

— 베티 에드워드, 《오른쪽 뇌로 그림 그리기》 저자

대단하다! 이 책은 최고의 프로선수들이 가지고 있는 비결을 최고의 성과를 이루는 인력과 조직에 적용하는 방법을 제시한다. 우리 주변에서 늘 일어나고 있는 실제 사례와 더불어 그들이 어떤 과정을 통해 변화했는지를 보여줌으로써, 독자들이 쉽게 접근할 수 있게 배려했다. 육체, 감정, 정신, 영적인 삶의 각 차원에서 에너지 능력을 높인다는 발상이 놀랍다.

— 스티븐 코비, 《성공하는 사람들의 7가지 습관》 저자

이 책에서 제시하고 있는 전략은 나 자신이 올림픽 금메달이라는 궁극적인 목표를 이루도록 도와주었다. 짐 로허와 토니 슈워츠는 그 전략을 비즈니스와 인생에까지 확대 적용했다. 대부분의 사람들

은 완전히 몰입하지 못하는 하루하루를 보내고 있다. 이 책을 통한다면 완전한 몰입이라는 경지를 맛보게 될 것이다.

— 댄 얀센, 1994년 올림픽 금메달리스트

기업가로서의 삶뿐 아니라 가정과 인생에서 행복을 찾는 법을 알려주는 로드맵이다.

— 하빌 헨드릭스 박사, 《Getting the Love You Want》의 공저자

이 책은 기만이다! 자기계발이나 관리 차원에서 이 책을 집었다면, 이 책이 당신의 인생을 통째로 뒤바꿔 놓을 수도 있다는 데 유의하기 바란다. 타이거 우즈나 이반 렌들 등을 최고의 자리로 올려놓은 아주 단순한 원칙을 당신 매일의 인생에 적용한다면 성공으로 가는 길이 보일 것이다.

— 세스 고딘, 《Survival is not Enough》 저자

이제야 긴 잠에서 깨어난 기분이다. 언론 매체가 소개하는 선정적인 성공담에 열광하는 지금, 이 책은 긍정적 에너지와 도덕적인 힘을 가지고 비즈니스의 길을 가는 정도(正道)를 올바르게 제시하고 있다.

— 댄 브레스틀, 에스티 로더 대표

차 례

PART1 완전한 몰입의 힘

완전한 몰입: 문제는 시간이 아니라 에너지다 ——— 014

몰입하지 못하는 삶: 로저 B. 이야기 ——— 039

삶의 파동을 찾아라: 스트레스와 회복의 균형 ——— 052

PART2 [트레이닝] 되살아나는 당신의 몰입에너지

부록 에너지 발전소

완전한 몰입을 위한 코퍼레이트 애슬렛 트레이닝 프로그램 | 조직 차원의 몰입에너지 | 신체적 몰입에너지 관리 핵심 전략 | 몰입에너지 진단 및 처방 워크시트

PART 1

완전한 몰입의 힘

문제는 시간이 아니라 에너지다

우리는 디지털 시대를 살고 있다. 속사포처럼 휴식도 없이 달려가는 리듬에 맞춰 하루하루는 비트bit와 바이트byte로 잘게 나뉘어 있다. 깊이보다는 넓이가 칭송받고, 심사숙고보다는 발 빠른 대응을 선호한다. 겉만 훑고 지나가며 수십 개의 목적지에 들르지만, 그 어느 곳에서도 오랫동안 머무르지 않는다. 가만히 멈춰 서서 '나는 진정 무엇이 되고자 하는가?', '진정 어느 곳으로 가고자 하는가?' 고민하지 않고, 일생 동안 단거리 경주를 하듯이 달려간다.

대부분의 사람들은 매 순간 최선을 다하려고 노력한다. 능력을 초과하는 일을 맡아도 낮밤을 지새우며 무리하게 애를 쓴다. 그러나 늘 제 일정에 맞추지 못한다. 경쟁에서 살아남기 위해 잠을 줄이고, 걸으면서 패스트푸드를 허겁지겁 먹는다. 하루 종일 커피를 입에 달고 살며, 저녁이면 하루의 스트레스를 풀기 위해 술을 청한다. 불면

증을 해소하기 위해선 수면제도 필요하다. 숨 돌릴 새 없는 직장 일 때문에 성격은 점점 조급해지고 작은 일에도 쉽게 흥분한다. 완전히 녹초가 되어 집으로 돌아오지만, 가족과 집 역시 기쁨과 활력의 충전소는커녕 또 하나의 부담스런 존재일 뿐이다.

하루 일과를 빽빽이 적은 다이어리도 모자라 목에는 휴대폰을 걸고, 손에는 휴대용 단말기PDA를 들고 다닌다. 모니터는 수시로 새로운 메일이 왔다고 알려준다. 이 모든 것들은 분명 시간을 효율적으로 관리할 수 있도록 고안된 장비다. 우리는 스스로의 멀티 태스킹multi-tasking 능력에 자부심을 가지며, 오랜 시간을 기꺼이 업무에 바치고자 하는 의지를 마치 훈장처럼 여긴다. 7/24이라는 숫자는 이제 영원히 일이 끝나지 않는 이 세계를 가리킨다. '강박관념', '중압감', '미쳤다'와 같은 단어들은 더 이상 정신이상을 가리키는 게 아니라, 우리의 일상생활을 특징짓는 말이 되어 버렸다. 항상 시간에 쫓기면서도 매일 매일 그렇게 사는 것 말고 다른 것은 생각할 수 없다. 과연 '시간을 효율적으로 관리한다'고 해서 우리가 하고 있는 일에 충분한 에너지를 쏟고 있다고 할 수 있을까?

다음과 같은 시나리오가 익숙하지 않은가?

· 당신은 단 1초도 쉬지 않는 4시간짜리 회의석상에 있다. 2시간이 지나자 에너지 수준은 현저히 떨어졌지만 애써 집중하려고 노력한다.

· 당신은 아주 꼼꼼한 계획에 따라 하루 24시간을 보낸다. 그러나 반

나절만 지나면 당신의 에너지는 부정적으로 변한다. 인내심이 없어지고 날카로워지며 쉽게 화를 낸다.

· 당신은 언제나 일과 후에는 아이들과 놀아 주겠다고 결심하지만, 막상 집에 돌아와서도 업무 생각에만 매달려 있다.

· 당신은 물론 배우자의 생일을 기억한다. 컴퓨터나 휴대용 단말기가 정확히 알려주기 때문이다. 그러나 막상 밖으로 나가 기념일을 축하하기에는 너무나도 피곤하다.

문제는 시간이 아니라 에너지다

이 말은 업무나 일상에서 지속적으로 높은 효율성을 보장해 주는 것이 무엇인가에 대해 우리가 가진 통념에 일대 혁명을 일으키는 말이다. 그동안 우리 연구소를 찾은 고객들은 이 원칙을 실천함으로써, 개인적으로나 직업적으로 드라마틱한 변화를 맞았다.

동료를 대하거나 중요한 사항을 결정하거나 가족들과 시간을 보내거나, 우리가 매일 수행하는 일들은 하나같이 에너지를 필요로 한다. 그런데 우리는 일이나 일상에서 이 에너지가 얼마나 중요한지 모르고 지나치곤 한다. 에너지를 정확한 양과 질, 집중도와 강도를 가지고 쓰지 않고, 매번 적당히 타협해 사용한다.

우리의 모든 생각, 감정, 행동은 언제나 우리의 에너지를 활성화시키거나 갉아먹는다. 우리 삶의 궁극적인 척도는 이 지구상에서 얼마나 오래 버티느냐가 아니라, 주어진 시간에 얼마나 많은 에너지를 쏟으며 사느냐에 있다. 이 책에서 우리가 전하고자 하는 핵심 내용과 우리 연구소에서 수천 명의 고객들과 매년 해오던 트레이닝의 개요는 아주 간단하다.

효과적인 에너지 관리가 성공과 건강과 행복을 좌우한다

못된 직장 상사, 일중독에 걸리게 하는 주변 환경, 주변 사람들과의 불편한 관계, 인생의 위기 같은 것은 분명히 있다. 그러나 당신은 스스로 느끼는 것보다 더 강한 에너지 통제 능력이 있다. 당신의 하루는 24시간으로 고정되어 있지만, 당신이 쓸 수 있는 에너지는 그렇지 않다. 그것이야말로 당신이 가진 가장 소중한 자산이다. 시간의 법칙과는 달리 에너지의 법칙 하에서는 당신이 더 많은 에너지를 이 세상에 쏟아부을수록, 훨씬 더 강한 힘을 가질 수 있으며 더 생산적인 사람이 될 수 있다. 반대로 다른 사람이나 환경을 탓하면 할수록 당신의 에너지는 부정적으로 변하고, 매사에 타협하고 절충하게 된다.

내일 아침 당장 아주 긍정적인 마음으로 깨어나 일과 가족 모두에게 투자할 수 있는 집중된 에너지를 느낀다면, 당신의 인생은 분명 더 나은 방향으로 변하지 않겠는가? 리더와 관리자로서 직장에 더 긍정적인 에너지와 열정을 불어넣을 수 있다면, 이 얼마나 가치 있는 일인가? 당신의 아랫사람 역시 일에 긍정적인 에너지를 쏟을 수 있다면, 직장 내 동료들끼리의 관계와 고객과 소비자들에게 제공하는 서비스의 질이 얼마나 달라지겠는가?

그가 속해 있는 곳이 회사건 조직이건 가족이건, 리더란 구성원의 에너지를 총체적으로 조율하는 사람이다. 그러므로 리더가 스스로의 에너지를 얼마나 효율적으로 관리하느냐, 또 그가 리드하고 있는 사람들의 집결된 에너지를 얼마나 역동적으로 변모시키고 새롭게 하느냐에 따라 조직의 사기가 달려 있다. 개인적으로나 조직적으로 에너지를 기술적으로 관리함으로써, 우리는 모든 일에 완전히 몰입할 수 있게 되는 것이다.

완전한 몰입을 위해서는 먼저 신체적으로 에너지가 넘치고, 감정적으로 유대감을 느끼며, 정신적으로 집중된 상태에 있어야 하며, 영적으로는 눈 앞에 있는 이익을 넘어 더 높은 목적과 연결되어 있다는 느낌을 가져야 한다. 이렇게 삶에 완전히 몰입하게 되면, 아침에는 가볍고 열정적인 마음으로 눈을 뜨고, 마찬가지로 저녁때는 직장에 대한 걱정을 털어버리고 행복한 마음으로 집으로 돌아갈 수 있게 된다. 다시 말해서 당신은 지금 그곳에서 당신이 꼭 해야 할 일에 깊이 몰입하게 될 것이다. 창의적인 도전정신이 필요한 업무든, 프로젝트 팀을 관리하든, 사랑하는 사람과 즐거운 시간을 보내는 것이든, 당신은 그 일에 완전히 몰입할 수 있게 된다. 완전한 몰입은 당신 삶을 송두리째 바꿔 놓을 것이다.

완전한 몰입의 힘

낡은 패러다임	새로운 패러다임
시간 관리	에너지 관리
스트레스 회피	스트레스 추구
인생은 마라톤	인생은 단거리의 연속
휴식은 시간 낭비	휴식은 재생의 시간
성과의 원동력은 '보상'	성과의 원동력은 '목적'
핵심 규칙은 '자기규율' _{self-discipine}	핵심 규칙은 '의식' _{ritual}
긍정적인 사고의 힘	완전한 몰입의 힘

2001년 갤럽 여론 조사에 따르면 미국 근로자 중 업무에 완전히 몰입하는 사람은 채 30%도 안 된다. 전체의 55%는 '그다지 몰입하지 못하며' 19%는 '전혀 몰입하지 못하는' 것으로 나타났다. 이 19%의 사람들은 직장에서 불행하다고 느끼며, 이런 감정을 옆 동료에게 전이시킴으로써 무기력을 확산시킬 수도 있다. 이렇게 업무상 몰입하지 않는 노동력으로 인해 생기는 손실은 연간 수조 달러에 이른다. 그뿐만이 아니다. 회사나 조직에 오래 몸담고 있는 근로자일수록 일에 몰입하는 정도가 낮은데, 갤럽의 조사에 따르면 한 직장에 6개월 정도 머무르면 38% 정도를 빼고는 몰입하지 못하게 된다고 한다. 3년이 지나면 몰입 수치는 더 떨어져 22%가 된다. 이제

당신의 인생에 대해서 생각해 보라. 당신은 업무에 어느 정도 몰입하는가? 동료나 부하 직원들의 경우는 어떠한가?

과거 수십 년 동안의 경험을 통해 우리는, 사람들이 어떻게 에너지를 남용하거나 오용함으로써 일에서 얻을 수 있는 성취를 빼앗기는지 잘 알고 있다. 나쁜 식습관, 부정적이고 빈약한 집중력, 에너지 전환과 재충전 방법에 대한 무지… 이유는 여러 가지다. 우리는 숱한 연구를 통해 삶을 관리하고 조직을 이끄는 데 매우 유용한 방법론을 찾을 수 있었다. 앞으로 나오게 될 몇 가지 에너지 관리 원칙과 변화 과정을 따른다면, 당신의 일상과 일 그리고 당신의 행동과 인간관계가 얼마나 효과적으로 변하는지 놀라게 될 것이다. 에너지를 효과적으로 관리하지 못하면, 당신의 업무 성과뿐 아니라 다른 사람에게까지 부정적인 영향을 미치게 된다. 반면 에너지를 효과적으로 관리하는 법을 터득하면, 개인과 조직 모두 독특한 변화의 힘을 갖게 된다.

생생한 실험실: 당신의 몰입지수는?

우리 연구소가 처음 에너지의 중요성에 대해 배운 것은 프로선수들을 대상으로 하는 실험 과정을 통해서였다. 30년 동안 우리 연구소는 내로라하는 프로선수들과 함께 일해 왔다. 어떻게 하면 경쟁에 대한 극심한 부담을 극복하고, 꾸준히 성과를 얻을 수 있을 것인가를 함께 연구해 온 것이다. 우리 연구실의 초기 고객은 프로 테니스 선수들이었다. 세계 최고의 선수들 중 약 80여 명이 우리 연구소를 거쳐 갔다. 피트 샘프라스Pete Sampras, 짐 커리어Jim Courier, 산체스 비카리오Sanchez-Vicario, 톰 길릭슨과 팀 길릭슨Tom and Tim Gullikson, 세르기 브루구에라Sergi Bruguera, 가브리엘라 사바티니 Gabriela Sabatini, 모니카 셀레스Monica Seles 등이 그들이다.

이 선수들은 하나같이 고전을 면치 못하고 있을 때 우리를 찾았고, 그때마다 우리 연구진들은 괄목할 만한 전환점을 만들어 주곤 했다. 우리 연구소를 알게 된 후, 산체스 비카리오는 처음으로 US 오픈에서 승리했고 싱글, 더블 모두에서 세계 최정상급 선수가 되었다. 사바티니 역시 생애 최초로 US 오픈에서 승리했다. 브루구에라는 세계 랭킹 79위에서 일약 10위권으로 진입하더니 프랑스 오픈에서 승리했다. 테니스 선수들 말고도 다양한 분야의 프로선수들이 우리 연구소를 찾아 훈련을 받았다. 프로골퍼인 마크 오메라Mark O'Meara와 어니 엘스Ernie Els, 하키 선수인 에릭 린드로스Eric Lindros와 마이크 리히터Mike Richter, 권투선수인 레이 '붐붐' 만치니Ray 'Boom Boom' Manchini, 농구선수인 닉 앤더슨Nick Anderson과 그랜트 힐Grant Hill이 동참했고, 스피드 스케이팅 선수인 댄 얀센Dan Jensen 은 2년 동안 강도 높은 훈련을 받고 올림픽 금메달의 영광을 안았다.

그렇다고 우리 연구소가 그들의 테크닉과 전술적인 문제에 개입한 것은 절대 아니다. 이론대로라면 훌륭한 코치가 재능 있는 선수를 발굴해서 제대로 된 기술을 전수하면, 그 선수에게 최고의 기량을 기대할 수 있을 것이다. 그러나 우리는 여러 실험과 경험을 통해서 항상 그렇지만은 않다는 것을 알게 되었다. 능력과 기술을 완전하게 발휘하게 하는 것은 다름아닌 선수 내부의 에너지다. 에너지야말로 성공의 가장 중요한 요소인 것이다. 우리는 모니카 셀레스에게 공을 어떻게 서브하라고 가르치지 않았다. 마크 오메라에게 드라이브 샷을 이런 식으로 쳐야 한다고 충고하지도 않았다. 그랜트 힐에게 자유투는 이렇게 쏘는 것이라고 훈수한 적도 없다. 우리를 찾았을 때 그들은 이미 자기 분야에서 발군을 실력을 갖고 있었다. 우리가 한 일은 그들 종목이 무엇이든, 선수들이 효과적으로 내부의 에너지를 관리하고 유지하게끔 거든 것뿐이다.

프로선수들은 실질적인 실험과 그 정확한 결과 데이터를 요구하는 사람들이다. 그들은 추상적인 격려의 말이나 그럴듯한 이론에 만족하지 않는다. 대신에 측정 가능하고 명확한 결과를 원한다. 평균 배팅 횟수, 자유투 성공률, 토너먼트 승률, 통산 승률 같은 것 말이다. 파이널 라운드 18번 홀에서 퍼팅을 성공시키고 싶어 하며, 박빙의 승부에서 자유투를 성공시키고, 초를 다투는 경기에서 상대방 공을 가로채고 싶어 한다. 그럴싸한 장밋빛 감언이설에는 꿈쩍하지도 않는다. 따라서 이 프로선수들에게 원하는 결과를 보여 주지 않고서는, 우리의 실험을 계속할 수도 그들을 경쟁에서 오래 살아남도록 도울 수도 없었다. 우리는 여러 객관적인 데이터와 더불어 빛나는 성과를 안겨 주었다.

우리 연구소가 스포츠 분야에서 거둔 혁혁한 성과는 곧 소문이났다. 여기저기서 우리 프로그램을 다른 분야에까지 확대시켜 달라고 요구해 왔다. 그래서 우리는 FBI 재난구조팀과 미 해병대, 종합병원 응급실 의료진들과 함께 일하기 시작했다. 그리고 더 나아가 이 프로그램을 비즈니스에 적용시켰다. 기업 중역, 중간 관리자와 마케팅 부서 그리고 최근에는 교사와 성직자, 변호사, 의과대 학생들까지 우리 프로그램을 이용하고 있다. 포춘Fortune지 선정 세계 500대 기업 중 에스티 로더Estée Lauder, 살로몬 스미스 바니Salomon Smith Barney, 화이자Pfizer, 메릴 린치Merrill Lynch, 브리스톨 마이어스 스퀴브Bristol - Myers Squibb, 하얏트Hyatt 등의 CEO들이 우리 고객이다.

그러던 중, 우리는 전혀 예상치 못했던 사실을 발견하게 되었다. 매일같이 많은 시간을 직장에서 보냄에도 불구하고 이들 기업인들은 오히려 우리 프로그램을 거쳐 간 프로선수들에 비해 활동량이 현저히 적다는 것이다. 그 이유는 무엇일까?

답은 그다지 파격적이지 않다. 프로선수들은 실제 경쟁에 임하는 10%의 시간을 성공적으로 수행하기 위해, 나머지 90%의 시간을 훈련에 쏟는다. 프로선수들의 일상은 짧고 집중된 경쟁 시간에 필요한 에너지를 집중하고 유지하고 새롭게 하기 위한 훈련으로 짜여진다. 에너지를 효율적으로 관리하기 위해 프로선수들의 생활은 판에 박은 듯 일상화되어 있다. 먹고 잠자는 것에서 운동하고 쉬는 것, 적절한 감정 상태를 유지하는 것에 이르는 모든 활동이 그렇다. 또한 오래도록 정신을 집중할 수 있는 능력을 키우고, 자신은 원하는 목표에 도달할 수 있다는 끊임없는 자기암시를 준다. 하루 8~11시간 직장 일에 매달리는 보통 사람들로서는 상상할 수 없는 집중력을 갖고 훈련을 하는 것이다.

그러나 대부분의 프로선수들은 1년 중 4~5개월을 재충전의 휴식 기간으로 삼을 수 있다. 경쟁에 대한 엄청난 부담 속에 몇 달이 걸리는 시즌을 끝내고 나면, 에너지를 재충전하고 새롭게 도약할 수 있는 시간을 얻는 것이다. 이와 비교해볼 때 평범한 기업인들은 고작해야 1년에 단 몇 주의 휴가를 갖는다. 휴가마저도 완전히 혼자서 쉬거나 재충전할 수 있는 게 아니다. 여전히 이메일과 음성메일을 열어보고 답신을 보내고 업무에 대해서 생각하게 된다.

프로선수들의 운동 이력은 대개 5~7년 정도다. 그동안에 번 돈을 잘 관리하면 평생 먹고 살 수도 있다. 물론 중간에 경쟁이라는 중압감을 이기지 못해 그만두고 다른 직업을 찾는 사람도 간혹 있다. 반대로 직장인은 파산이라는 것 없이 40~50년 동안 자리를 지키고 있을 수도 있다.

바로 이런 차이점 속에 건강과 행복과 삶에 대한 열정을 희생시키지 않으면서 최선의 상태에서 일의 성과를 낼 수 있게 하는 힌트가 들어 있다.

코퍼레이트 애슬렛 a Corporate Athlete®이 되라!

목적을 달성하기 위해 마치 운동선수처럼 모든 차원의 에너지를 효과적으로 관리하는 일. 이것이 성공을 위한 핵심 과제다. 이어서 제시할 4가지 차원의 에너지 관리 원칙은 이것을 가능하게 해 준다. 이 원칙은 이 책에서 제시할 변화 과정의 핵심이며, 생산적이고 완전하게 몰입하는 삶을 살기 위한 능력을 키우는 데 중요한 쟁점이다.

원칙1 완전한 몰입은 4가지 차원의 에너지가 복합적으로 작용해야 가능해진다

인간은 아주 복잡한 에너지 시스템이며, 완전한 몰입은 단순히 한 가지 차원의 문제가 아니다. 우리를 관통해 파동치는 에너지는 신체physical, 감정emotional, 정신mental, 영적spiritual 에너지라는 4가지 차원으로 구성된다. 이 4가지 에너지 차원이 얼마나 역동적이냐는 매우 중요하며 각각은 서로에게 깊은 영향을 주고 있다. 우리가 최선의 상태로 활동하기 위해서는 이 상호 연관된 4가지 에너지 차원을 각각 능숙하게 관리해야만 한다. 엔진 실린더 중 하나가 불발되면 엔진 전체가 털털거리듯, 에너지 차원 중 어느 하나가 부실하면 저마다의 재능과 기술을 완전하게 점화시킬 수 없다.

이처럼 에너지는 우리 삶의 모든 차원에 존재하는 공통요소다. 신체 에너지는 양quantity 즉 '낮다', '높다'로 측정할 수 있다. 감정 에너지는 긍정적이냐 부정적이냐 하는 질적인 측면에서 측정할 수 있다. 이 두 가지가 가장 바탕이 되는 에너지원이다. 고옥탄가를 가

진 양질의 에너지가 없이는 다른 어떤 일도 이루어질 수 없기 때문이다.

다음 도식은 이 두 가지 에너지 차원의 역동성을 잘 보여준다. 해롭고 불쾌한 에너지가 많을수록 일의 효율성은 더 떨어진다. 반대로 에너지를 긍정적이고 유쾌하게 쓸수록 일의 효율성은 높아진다. 최대치의 에너지를 발휘해 최적의 성과를 낼 수 있는 곳은 그래프상 에너지가 높고 긍정적인 1사분면이다.

에너지의 변화 패턴

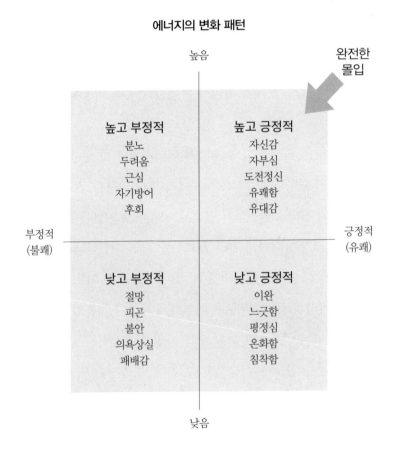

몰입하지 않으면 심각한 결과를 초래할 수 있는 경우에, 완전한 몰입의 중요성은 더욱 분명해진다. 만약 당신이 지금 흉부 절개 수술을 앞두고 있다고 상상해 보자. 수술실의 분위기가 어수선하고 서로 화를 내고 절망적이라면(높고 부정적 에너지) 어떤 기분이겠는가? 외과의사가 과도한 업무로 지쳐 있고 분위기도 가라앉아 있다면(낮고 부정적 에너지) 어떻겠는가? 의사가 수술에 완전하게 몰입하지 않고 다른 생각에 멍해 있다면(낮고 긍정적 에너지) 어떻겠는가? 분명 당신은 수술을 담당할 의사가 에너지로 충만해 있고 자신감으로 고무되어 있기를(높고 긍정적 에너지) 바랄 것이다.

당신이 욕구불만으로 늘 누군가에게 소리를 지르거나, 눈앞에 있는 임무에 완전하게 관심을 집중하지 않는다거나, 프로젝트를 대충 처리함으로써, 매일매일 다른 누군가의 삶을 위기로 내몬다고 상상해 보자. 금세 당신의 에너지는 낮고 부정적인 상태가 되어 모든 것을 건성으로 대하게 될 것이다.

우리는 모두 나름대로 시간이나 돈을 관리하는 방법론을 가지고 있다. 그런데 왜 우리는 우리의 신체, 감정, 정신, 영적 에너지를 관리하는 방법에 대해서는 관심을 갖지 않는 것일까?

원칙2 당신이 쓸 수 있는 에너지는 무한하지 않다

대부분의 사람들은 자신이 쓸 수 있는 에너지가 무한하다고 여긴다. 그렇기 때문에 자신이 얼마나 쓸데없는 데 많은 에너지를 낭

비하고 있는지 모른다. 사실 살아가면서 에너지 수요는 점점 많아진다. 반면 나이가 먹으면서 에너지 생산 능력은 줄어만 가기 때문에, 그 손실분을 만회하기 위한 노력을 하지 않을 때 에너지 탱크는 현저히 고갈된다. 4가지 차원의 에너지 관리법을 훈련하면 신체적, 정신적 노화를 현저하게 완화시킬 수 있고, 생이 끝나는 순간까지 감정적, 영적 능력을 더욱 심화시킬 수 있다.

이와 반대로 단선적인 삶, 즉 에너지 회복 없이 점점 더 많은 에너지를 소비하는 삶을 살다보면, 우리는 부서지고 망가지고 삶의 열정을 잃고 병을 얻어 일찍 죽음을 맞게 된다. 그러나 아쉽게도 대부분의 사람들은 에너지의 회복 시간을 성과를 지속하기 위한 것이라고 생각하기보다 나약함의 증거라고 여긴다. 그 결과 우리는 개인적으로든 조직적으로든 에너지 탱크를 새롭게 하고 확장하는 데 거의 관심을 두지 않는다.

몸과 마음은 하나다

신체적인 능력을 가늠하는 가장 1차적인 지수는 강인함과 인내력, 유연성과 탄력성이다. 이 지수는 다른 에너지 차원에도 유사하게 적용할 수 있다. 신체적 유연성이란 근육을 자유롭게 움직일 수 있다는 뜻이며, 스트레칭은 유연성을 높게 해 준다.

감정 에너지 차원도 마찬가지다. 감정적 유연성이란 외부

자극에 대해 경직되거나 공격적으로 반응하지 않고, 다양한 감정의 스펙트럼에 따라 적절하고 자유롭게 반응할 수 있는 능력을 말한다. 감정적 탄력성이란 좌절과 실망 심지어 상실의 체험에서조차 빨리 회복할 수 있는 능력을 가리킨다.

정신 에너지 차원에서 말하는 인내력이란 오랫동안 집중력을 유지할 수 있는 능력을 말한다. 또한 정신적 유연성은 이성과 직감 사이에서 융통성 있게 움직이고, 다양한 관점들을 수용할 수 있는 능력이다.

영적인 강인함은 손해를 보고 희생을 하더라도 존재 내면에 있는 가치를 위해 헌신하는 것이다. 영적인 유연성이란 다른 사람에게 해를 미치지 않는 것이라면, 설령 자신과 전혀 다른 가치와 믿음이라도 관용으로 대하는 것이다.

요약하면, 완전한 몰입을 하려면 모든 에너지 차원에서 강인함과 인내력, 유연성과 탄력성이 필요하다.

힘차게 고동치는 열정적인 삶을 살려면
에너지의 소비와 회복의 리듬을 익혀라

가장 풍요롭고 행복하며 생산적인 삶의 특징은 눈앞에 닥친 도전에 완전하게 몰입하는 것과 정기적으로 몰입에서 빠져 나와 휴식하는 것 두 가지를 모두 포함한다. 그러나 대부분의 사람들은 끝도 없는 마라톤을 하듯, 한계 너머까지 끊임없이 스스로를 내몬다. 충분한 회복도 없이 쉴 새 없이 에너지를 소비하면, 정신적·감정적인 삶의 박동이 멈춘다. 반대로 에너지를 충분히 소비하지 않으면, 신체적·영적인 삶의 박동이 멈춰버린다. 그 어느 쪽이든 우리는 서서히 그러나 치명적으로 마멸되어 가게 되는 것이다.

마라토너들의 얼굴 표정을 떠올려 보라. 낯빛은 수척하고 거무스름하며 감정적으로는 초초한 상태에 있음을 알 수 있다. 그렇다면 이번에는 마리온 존스Marion Jones나 마이클 존슨Michael Johnson 같은 단거리 스프린터들을 떠올려 보라. 그들은 넘치는 에너지로 충만해 있고 한계에 대한 도전 정신이 넘쳐나 보인다. 이유는 간단하다. 아무리 극도의 긴장감에 싸여 있더라도 100미터나 200미터 전방에 결승점이 보이기 때문이다. 우리도 스프린터들처럼 단거리의 연속으로 인생을 사는 법을 배워야만 한다. 일정한 기간 동안 완전하게 몰입한 다음에는 다음 도전에 대한 전투태세를 갖추기 전에 완전히 이완해 에너지를 재충전하는 법을 배워야 한다.

원칙3 프로선수들의 에너지 관리법을 배워라

스트레스는 인생의 적이 아니다. 역설적으로 스트레스는 성장의 열쇠가 된다. 근육의 힘을 키우기 위해서는 체계적으로 근육에 스트레스를 주어서 평균 수준이 넘는 에너지를 소비시켜야 한다. 그러면 운동 직후에는 근육 조직이 미세하게 찢어져 근육 기능이 약화된다. 그러나 24시간이나 48시간 정도 근육이 회복하도록 시간을 주면 근육은 더 강해지고 더한 자극에도 견딜 수 있게 된다. 이 원리는 신체적인 강인함을 기르는 데 널리 적용되고 있다. 우리 삶의 모든 차원의 근육들, 즉 연민, 인내심, 집중력, 창의력, 통합능력과 헌신성 등을 키우는 데도 마찬가지 원리를 적용할 수 있다. 이제 우리 앞에 놓여 있는 장벽은 더 이상 장벽이 아니다.

신체, 감정, 정신, 영적 근육을 단련하라

우리는 모든 차원에서 일상적인 한계를 뛰어넘어 에너지를 소비하고 다시 회복시킴으로써 성장한다. 일상적으로 요구되는 수준으로만 근육을 사용하면 근육은 성장하지 못한다. 그리고 나이가 들면서 힘이 없어진다. 신체적인 근육뿐 아니라 감정, 정신, 영적 '근육' 모두를 약하게 하는 것은 조금이라도 불편한 징조가 보이면 뒤로 한발 물러서는 태도다. 우리 인생에서 부딪치는 여러 가지 요구사항에 대처하기 위해서는 아직 능력이 불충분한 근육들을 체계적으로 생성하고 강화시키는 법을 배워야만 한다. 어떤 형태로든 불편함을 야기하는 스트레스는 그것을 적절히 회복할 때, 오히려 잠재해 있는 모든 차원의 에너지 용량을 확장시켜 준다. 니체는 이렇게 말했다. "우리를 죽음으로까지 몰고 가지 않는 한, 고난은 우리를 더 강하게 만들 뿐이다." '코퍼레이트 애슬렛'에게는 프로선수들보다 더 많은 에너지가 필요하며 더 큰 인내심을 가져야 하기 때문에 체계적인 훈련이 아주 중요하다.

원칙4 완전한 몰입을 위한 나만의 의식을 만들어라

변화는 어렵다. 우리는 습관의 동물이기 때문이다. 우리가 하는 대부분의 행동은 자동적이고 무의식적으로 일어난다. 어제 했던 방식을 오늘도 되풀이한다. 변화를 위해 노력할 때 가장 문제가 되는 것은 의식적이고 의지적인 노력이 오래가지 못한다는 점이다. 의지와 규율의 한계는 우리가 아는 것보다 더 뚜렷하다. 의지와 규율이 가능하려면 매번 자신이 무엇을 하고 있는지 자각하고 있어야만 하는데 대부분은 그렇게 오랫동안 집중할 수 없기 때문이다. 어느 새 예전의 습관이 자석처럼 우리를 끌어당긴다.

긍정적인 의식이란 내면의 가치에 의해 만들어져
반복을 통해 자동화된 행위다.

여기서 우리는 의도적으로 '의식ritual'이라는 단어를 사용하고 있다. 심사숙고해서 판단하고 또 체계적이고 구조적으로 행동을 조율해야 한다는 것을 강조하기 위해서다. 의지와 규율은 특정한 행위를 하도록 억지로 떠미는 것이지만, 일상의 '의식ritual'은 저절로 우리를 끌어당긴다. 이를 닦는 행위에 대해 생각해 보자. 우리는 매번

아침마다 이를 닦아야 한다고 스스로에게 강요하지 않는다. 이를 닦아야 한다는 건강한 가치가 일상적인 습관이 되어 우리를 자연스럽게 이끌고 갈 뿐이다. 그래서 의지적으로 노력하거나 굳이 그래야 한다는 생각 없이 아주 자연스럽고 자동적으로 매일 아침 이를 닦는다. '의식ritual'의 힘은 궁극적으로 많은 에너지가 필요하지 않은 곳에는 최소한의 에너지만 사용하고, 그를 통해 비축한 에너지를 전략적이고 창조적인 영역에서 쓸 수 있도록 해 준다는 점에 있다.

당신의 생활 곳곳을 한번 돌이켜 보라. 어떤 특정한 습관이 꾸준히 효율적인 에너지 사용을 도와주고 있음을 발견할 것이다. 당신이 건전한 식습관을 가지고 있다면 의도적으로 강요하지 않아도 건강이라는 가치에 따라 음식을 고르고 샀을 것이다. 식당에서도 평상시 식습관의 연장선에서 음식을 주문할 것이다. 적당한 몸매를 유지하고 있다면 그동안 업무와 일상에서 규칙적인 생활을 해 왔다는 증거다. 세일즈에서 큰 성공을 거뒀다면, 이미 당신은 전화를 걸기 전에 스스로가 자신감을 갖게 하고 거절을 당했을 때도 좌절하지 않도록 하는 정신적 준비 의식ritual을 행하고 있었을 것이다. 당신이 관리자로서 성공했다면, 직원들이 중압감보다는 도전정신을 갖도록 피드백을 주는 리더십을 가졌음을 의미한다. 또한 당신이 배우자나 아이들과 친밀한 유대감을 갖고 있다면, 그들과 함께 의미 있는 시간을 보내는 나름의 의식ritual을 가졌을 것이다. 업무상 아무리 과도한 일이 주어진다 할지라도 긍정적인 에너지를 유지할 수 있다면, 그건 규칙적으로 에너지를 회복시키는 방법을 갖고 있다는 증거다.

이처럼 긍정적인 의식ritual은 완전한 몰입에 사용할 에너지를 효과적으로 관리하게 해 주는 가장 파워풀한 수단이다.

몰입하는 삶으로의 변화

에너지의 중요성과 의식ritual의 의미를 아는 것과, 그것을 삶에 직접 적용하는 것은 또 다른 이야기다. 나이가 들면서 에너지 수요는 점점 많아지는 데 비해 에너지 용량은 부족해지는 현실. 이 상황에서 우리는 어떻게 다차원적 에너지를 키우고 유지시킬 수 있을까?

변화는 목표 - 현실 - 행동, 이 세 가지 단계를 통해서 이루어진다. 어느 한 가지도 빠져서는 안 된다.

변화 과정에서 첫 번째 단계는 '목표를 규정하는 것'이다. 습관적인 행동이나 현 상태를 유지하려고 하는 본능과 맞서 우리 삶에 변화를 가져오기 위해서는 영감inspiration이 필요하다. 우리에게 주어진 첫 번째 도전은 다음과 같은 질문에 대답하는 것이다. "어떻게 하면 내면의 가치에 부합하도록 내 에너지를 쓸 수 있을까?" 우리는 현대의 비정상적인 속도에 맞춰 인생을 살면서, 우리 내면의 가치가 무엇인지 반추하고 그것을 삶의 중심에 전면배치하기 위해 시간을 투자하지 않는다. 대부분의 사람들은 가장 중요한 것이 무엇인지 심사숙고해 선택하기보다, 눈앞의 위기를 무마하거나 다른 사람들의 기대치에 부응하는 데 더 많은 시간을 쓴다.

목표 규정 단계에서 우리는 고객들이 사적으로나 직업적으로 자신의 비전vision을 정의하고 인생에서 가장 중요한 가치를 명료하게 설정하도록 돕는다. 내면의 가치와 결합된 확고한 비전은 변화를 위한 고옥탄가의 에너지원이 된다. 비전은 삶에서 불가피하게 만나게 되는 폭풍에 맞서 안전하게 항해할 수 있도록 도와주는 나침반 구실을 한다. 당신이 누구인지 먼저 정직하게 들여다보지 않으면 변화를 구체적으로 진행시키기가 불가능하다.

두 번째 단계는 '진실을 대면하는 것'이다. 이 단계에서 우리는 고객들에게 다음과 같이 묻는다. "당신은 지금 에너지를 어떻게 쓰고 있습니까?" 사람들은 불쾌하고 불편한 현실을 피해가려는 경향이 있다. 대체로 우리는 일상적인 에너지 관리 방법에 따라 삶의 결과가 얼마나 판이하게 다를 수 있는지에 대해 대수롭지 않게 생각한다. 어떤 음식을 먹고 있는지, 얼마만큼의 알코올을 소비하고 있는지, 직장 상사와 동료나 배우자와 아이들에게 어느 정도 양질의 에너지를 쏟아 붓고 있는지, 업무에는 얼마만큼 집중력과 열정을 갖고 있는지 진지하게 생각하지 않는다. 대신 자신이 힘든 환경에서도 얼마나 분투하고 있는지 과장하고, 자신이 한 선택의 뻔한 결과를 인정하지 않고 그저 내일은 나아지리라는 막연한 장밋빛 기대를 한다.

진실과 대면하려면 먼저 신뢰할 만한 데이터를 모으는 것부터 시작해야 한다. 우리 연구소에서는 고객이 방문하면 가장 먼저 여러 신체적 테스트를 하고 식습관을 주의 깊게 살펴보며 이전에 신체적,

감정적, 정신적, 영적인 에너지를 어떻게 관리했는지 세세하게 측정할 수 있는 설문지를 작성하게 한다. 그리고 그들의 친구나 동료 5명에게 유사한 설문지를 주어 익명으로 작성하게 한다. 이 모든 자료를 통해 우리는 고객이 현재 가지고 있는 에너지 용량과 완전한 몰입에 방해가 되는 장벽에 대한 분명한 그림을 얻을 수가 있다.

당신도 자신의 진실과 대면할 수 있다.

먼저 http://www.PowerofFullEngagement.com에 접속해 우리가 제공하는 샘플 테스트를 체크하라. 응답의 결과로 얻게 되는 점수는 현재 당신이 어떤 성과 장벽을 갖고 있는지에 관한 기초 자료가 될 것이다. 더 나아가 완전한 몰입 목록Full Engagement Inventory을 통해 당신이 신체적, 감정적, 정신적, 영적 에너지를 어떻게 관리하고 있는지 상세 분석을 할 수도 있다. 이 테스트를 객관적으로 하기 위해서는 당신과 가장 친한 5명이 동일한 설문에 익명으로 답해야 한다. 진실과 대면하기 위해서는 가능한 포괄적이고 객관적인 자료를 모으는 것이 필요하기 때문이다.

세 번째 단계는 행동을 취하는 것이다. 현실의 당신과 목표하는 당신, 현재 당신의 에너지 관리법과 당신에게 주어진 과제를 성취하기 위한 이상적인 에너지 관리법 사이의 갭을 좁히는 것이다. 이 단계에는 긍정적인 에너지 의식ritual에 바탕을 둔 자기계발 계획을 세우는 것이 포함된다. 현재 당신이 갖고 있는 습관 중에는 유용한 것도 있고 소비적인 것도 있을 것이다. 소비적인 에너지 습관으로는 하루를 근근이 때울 수는 있어도, 결국 건강과 행복과 성과를 담보로 오랜 대가를 치러야 한다. 에너지의 분출을 위해 패스트푸드에 의존하고, 스트레스와 근심을 달래기 위해 담배나 술에 의존하고, 외부의 요구에 응하기 위해 맹렬히 여러 일을 닥치는 대로 하고, 도전적이거나 중압감을 주고 쉽게 성취하기 힘든 장기 프로젝트는 옆으로 제쳐두고, 사적인 인간관계에는 전혀 에너지를 쏟지 않는다. 이런 모든 선택의 결과는 시간이 지나면 하나하나 드러난다.

부정적인 습관과 판에 박은 일상사는 파괴적이고 해를 끼치는 반면, 긍정적인 습관과 일상사는 기운을 북돋우고 새로운 활력을 불어넣는다. 나이가 들면서 에너지 용량이 서서히 감소하는 것을 그저 비관적으로 바라볼 필요가 없다. 긍정적인 습관은 내면의 가치에 따라서 만들어진 것으로 특정한 시간에 정확한 행동을 하게 해 준다. 아리스토텔레스는 이렇게 말했다. "반복적으로 행동하는 것, 그 자체가 바로 우리다." 달라이 라마도 이렇게 말했다. "오래도록 친숙해지게 훈련을 하면 만들어지지 못할 것은 없다. 훈련을 통해서 우리는 변화할 수 있다. 우리는 우리 자신을 변화시킬 수 있다."

우리 고객이었던 로저 B.는 주의 깊게 생각하지 않고 매일 가볍게 선택하는 모든 것이 어떻게 에너지를 손상시키고 활동을 저하시키고, 궁극적으로는 전혀 몰입하지 못하는 인생으로 끌고 가는지 생생하게 보여준다. 앞으로 여러 장을 통해서 우리는 당신 자신의 에너지는 물론 다른 사람들의 에너지까지 활성화하고 집중하게 하며 정기적으로 재충전할 수 있는 체계적인 프로그램과 모델을 제시할 것이다. 이 훈련과정을 통해 로저 B.는 변화하였다. 다른 수천 명의 고객이 그랬던 것처럼, 당신의 인생도 변화될 수 있기를 희망한다.

마음에 새겨둘 것

· 시간이 아니라 에너지를 관리하는 일이 성공의 기본 바탕
이다. 성과의 뿌리는 효과적인 에너지 관리에 있다.

· 훌륭한 리더는 조직의 에너지를 조율하는 사람이다. 리더
는 먼저 자신의 에너지를 효과적으로 관리할 줄 알아야 한
다. 그리고 다른 사람들의 에너지를 활성화시키고 집중시
키고 투자하게 하고 소통시키고 재충전하고 확장시켜야
만 한다.

· 완전한 몰입이란 성과를 보장해 주는 최선의 에너지 상
태다.

· 원칙1: 완전한 몰입은 4가지 차원의 에너지가 상호작용하
면서 가능해진다.

· 원칙2: 당신이 쓸 수 있는 에너지는 무한하지 않다.

· 원칙3: 프로선수들의 에너지 관리법을 배워라.

· 원칙4: 일상화된 긍정적인 의식ritual은 완전한 몰입과 높
은 성과의 관건이다.

· 지속적인 변화를 위해서는 목표 규정, 진실과의 대면, 행
동, 이 세 단계 과정이 필요하다.

로저 B. 이야기

플로리다 주 올랜도Orlando에 있는 우리 연구소를 처음 찾아 왔을 때, 로저는 성공가도를 달리고 있는 중간 관리자의 전형이었다. 당시 42세였던 그는 대규모 소프트웨어 기업의 영업 관리자였다. 연봉은 여섯 자리였고 서부 4개 주를 책임지고 있었으며, 8개월 전에는 부사장으로 임명되었다. 6년 동안 무려 4번이나 승진한 것이었다. 아내 레이첼은 39세였고, 대학시절 만나 20대 중반부터 사랑을 나누었다. 둘은 결혼한 지 13년이 되었으며, 슬하에 9살 앨리사와 7살 이사벨 두 딸을 두었다. 아내 레이첼은 심리상담 교사로 일하고 있었다. 그들은 피닉스Phoenix 교외 대여섯 채 집들이 모인 독립 단지 내의 직접 설계한 집에서 살고 있었으며, 바쁜 업무와 두 아이를 거두는 일로 삶은 빡빡하기 그지없었다. 그러나 그런 삶조차 그들이 열심히 일한 결과였고, 겉으로는 아무런 문제도 없었다.

로저가 우리 연구소에 온 이유는 그의 상사가 로저의 업무 수행 능력에 불만을 품고 있었기 때문이었다. 로저의 상사는 그가 방문하기 전에 우리에게 이렇게 귀띔해 주었다.

"지난 수년 동안 로저는 한마디로 뜨는 별이었죠. 도대체 왜 이렇게 됐는지 모르겠습니다. 2년 전 회사는 탁월한 리더십이 필요한 자리에 그를 승진시켰습니다. 그때부터 전에는 A급이던 그의 업무 수행능력이 C+ 정도로 내려가더군요. 그러더니 그의 영업능력 전체에 변화가 생겼습니다. 아주 실망스러웠죠. 희망을 완전하게 버린 적은 없지만, 무슨 방법을 내지 않는 한 로저는 더 이상 필요 없는 존재가 될 겁니다. 로저를 다시 예전처럼 만들어 준다면 그보다 더 기쁜 일은 없을 겁니다. 로저는 재능이 많은 좋은 사람입니다. 그를 떠나보내야 하는 건 정말 싫습니다."

우리 프로그램 과정에서 핵심적인 부분은 겉으로 보이는 고객의 생활 이면에서 어떤 일이 벌어지고 있는지 면밀하게 관찰하는 것이다. 현실을 직시하기 위해서 우리는 그의 행동 패턴과 4가지 차원의 에너지 소비와 재충전 패턴을 조사하는 '완전한 몰입 목록Full Engagement Inventory'을 작성하게 했다. 로저는 지난 몇 년간의 건강 검진 기록과 임의로 선택한 3일 동안 무엇을 먹었는지 세세하게 작성하는 영양 프로필을 기록했다. 그리고 심폐 기능과 몸의 강인함과 유연성과 비만도, 콜레스테롤 수치 같은 신체적인 테스트를 했다.

테스트 결과 로저는 5가지 성과 장벽performance barrier을 가지고 있는 것으로 나타났다. 낮은 신체 에너지, 인내심 부족, 부정적 감정,

인간관계의 깊이 결여, 삶에 대한 열정 부족 등이었다. 로저는 다른 동료들이 작성한 설문 결과에 승복하지 않으려 했지만, 본인이 작성한 설문 결과 역시 동료의 평가보다 나을 것이 없었다. 우리가 발견한 성과 장벽은 모두 에너지 관리 소홀에 기인한 것이었다. 에너지 용량이 부족하기 때문일 수도 있고, 충분히 재충전하지 못하고 있기 때문일 수도 있으며, 둘 다일 수도 있었다. 게다가 그가 가진 5가지 성과 장벽은 다차원적인 요소들의 영향을 받고 있었다.

기본이 되는 신체 에너지를 채워라

로저의 경우, 성과 장벽의 주요 요인은 신체 에너지 관리 소홀이었다. 고등학교와 대학시절에 로저는 농구와 테니스를 즐겼고 멋진 몸매에 대한 자부심도 있었다. 그는 의료기록란에 2.5~4.5kg 정도 몸무게가 불었다고 적었지만, 다른 설문에서는 고등학교를 졸업하고 12kg이나 늘었다고 실토했다. 그의 신체 비만도는 27로 우리 연구소를 찾는 성인 남자고객의 평균치 정도였지만, 동일 연령대에 비해서는 25% 많은 수치였다. 젊었을 때는 상상할 수 없었던 일이지만 중년의 상징처럼 벨트 밖으로 아랫배가 흘러넘치기 시작하고 있었다.

혈압을 재보니 150/90으로 고혈압 조짐이 있었다. 이미 주치의가 식습관을 바꾸고 운동을 해야 한다고 충고한 터였다. 콜레스테롤 수치는 235였는데, 이상적인 수치보다는 분명 높은 것이었다. 담배는 10여 년 전에 끊었지만, 심하게 스트레스 받을 때는 가끔 피운다고 털어놓았다.

"전혀 문제될 게 없습니다. 그 정도도 흡연이라 할 수 있나요?"

로저의 식습관을 보면 체중이 불고 에너지 수치가 낮은 이유를 알 수 있다. 로저는 다이어트를 하려고 거의 아침을 걸렀다. 하지만 점심때가 되기도 전에 살을 빼겠다는 결심은 깨지고, 블루베리 머핀을 주문해 두 잔째인 커피와 함께 먹는다. 사무실에 있을 때는 대개 샌드위치나 샐러드로 점심을 해결하지만, 그것만으로 부족하다고 느낄 때는 가끔 커다란 냉동 요구르트를 디저트로 즐기기도 한다. 출장을 나가면 햄버거와 프렌치프라이를 먹거나, 운전하면서 피자 몇 쪽을 먹기도 한다.

오후 4시가 되면 에너지가 현저하게 고갈되는 걸 느껴 쿠키를 한 움큼 정도 먹는다. 그의 사무실에는 쿠키가 떨어질 날이 없다. 달착지근한 쿠키와 스낵을 먹고 나면 에너지가 반짝 살아나는 듯하지만 이내 다시 고갈되어 간다. 에너지가 고갈되면 변덕스러움과 집중력 모두에 현저히 영향을 미친다. 저녁식사는 하루 중 가장 성대하게 먹는데, 이것이 체중이 부는 1차적인 이유였다. 보통 7시 30분이나 8시에 식탁에 앉는데 이때쯤이면 허기를 참을 수 없는 지경이 되어 그릇이라도 씹어 먹을 태세다. 보울에 가득 담긴 파스타나 치킨 스테이크 같은 부드러운 고기, 감자, 여러 종류의 드레싱을 화려하게 곁들인 샐러드와 많은 양의 빵을 먹는다. 그리고 잠자리에 들기 전에 당분이 많이 든 스낵을 먹기도 한다.

운동은 과식으로 인한 결과를 상쇄시키고 부정적인 감정을 해소하고 정신을 새롭게 하는 좋은 방법이었을텐데, 정작 로저는 운동을 꺼려 왔다. 로저는 운동할 시간도 그럴만한 에너지도 없다고 잘라 말했다. 로저는 매일 아침 6시 30분에 집을 나선다. 그는 통근 시간 1시간 15분만으로도 녹초가 돼 버리기 때문에, 조깅을 하거나 지하실에 있는 헬스 자전거에 앉는 것 따위는 전혀 하고 싶지 않다고 했다. 헬스 자전거는 로잉 머신이나 노르딕 트랙 같은 여러 헬스기구들과 함께 지하실 구석에 처박혀 있었다.

지난 크리스마스 때 레이첼은 로저에게 사무실 근처에 있는 헬스클럽 회원권을 선물로 주었다. 개인 트레이너에게 교습도 받을 수 있는 회원권이었다. 첫 주에 로저는 세 번 헬스클럽에 나갔고 기분도 좋아졌다. 그러나 두 번째 주는 한번밖에 가지 못했고, 한달이 되자 아예 포기해 버렸다. 날씨가 따뜻한 토요일이면 로저는 골프장엘 갔다. 코스를 따라 걷는 걸 싫어하진 않았지만, 파트너가 카트로 이동하길 원했다. 일요일 아침에는 가벼운 산책이라도 하고 싶지만, 가족에 대한 의무사항 때문에 그럴 수 없을 때도 많았다. 그 결과 몇 년에 걸쳐 그의 인내심은 현저하게 줄어들었다. 2층 정도 계단을 오르내리는 것조차 꺼리게 되어, 엘리베이터가 고장난 날에는 어떻게 해야 할지 아주 난감했었다고 한다.

하루의 스트레스를 풀기 위해 저녁에 집에 돌아오면 마티니를 찾았고 식사중에도 한두 잔의 포도주를 곁들였다. 하지만 그럴수록 몸은 더 피곤해질 뿐이었다. 몸은 피곤한데 제시간에 잠자리에 들기도 힘들어, 불을 끄게 되는 시간은 거의 밤 12시 30분이나 1시가 되어서였다. 마지막으로 한 번 더 이메일을 체크하고 잠을 청하지만, 대여섯 시간 정도조차 제대로 숙면하지 못했다. 일주일에 적어도 한두 번은 잠자리에 들지 못하고 실랑이를 하다가 결국 수면제를 털어 넣기도 했다.

로저는 저녁에 고객과 만날 때는 술을 많이 마신다고 했다. 대개 고객과의 저녁은 늦게 시작해서 밤 늦게 끝나는데, 칵테일 리셉션으로 시작해 식사 내내 서너 잔의 와인을 마시는 건 예사였다. 필요 없는 수백 칼로리를 섭취할 뿐 아니라 다음날이면 완전히 녹초가 된 상태로 눈을 뜬다.

로저 역시 카페인 없이는 하루를 버티기가 힘들었다. 오전에는 두 잔 정도로 자제하려 했지만 특별히 지치는 날에는 세 잔 정도 마셨다. 두 번이나 커피를 끊으려고 했지만, 두통이 심해 그만두었다. 우리 연구소를 찾기 전의 영양상태 일지를 작성하면서 그는 오후에 마시는 두 세 잔의 다이어트 콜라도 카페인 섭취에 포함된다는 것을 알게 되었다. 로저가 하는 모든 선택은 계속 누적되어 유용한 에너지의 양과 질, 집중력과 동기부여 면에서 대가를 치르게 했다.

공허한 질주

감정적인 면에서 로저가 갖고 있는 일차적인 성과 장벽은 인내심 부족과 부정적 감정이었다. 이같은 지적에 로저는 정신이 번쩍

들었다. 스스로를 쿨한 스포츠맨이라고 여겼던 지난날의 기억속의 자신은 항상 낙천적인 사람이었기 때문이었다. 고등학교 동창들은 그를 아주 친근하고 유머 감각이 있고 같이 시간을 보내고 싶은 친구 중의 하나였다고 기억하고 있었다. 사회 초년병 때, 그는 사무실 사람들을 즐겁게 해 주는 존재였다. 그러나 시간이 지날수록 유머감각은 사라지고, 신사적이고 잘못을 겸허하게 인정하던 그는 점점 빈정대고 모난 성격으로 변해 버렸다.

낮은 신체 에너지는 로저가 부정적인 감정에 쉽게 빠지게 만든 분명한 요인이었다. 동시에 긍정적인 감정을 느낄 수 있도록 해 줄 것이 그의 삶에는 거의 남아 있지 않았다. 회사생활 7년 동안 업무상 스트레스는 컸지만, 그만큼 성공의 기회도 많았다. 상사는 그의 후원자가 되어 기운을 북돋아 주었고, 그의 아이디어를 맘에 들어 했다. 로저에게 많은 재량권을 주었고, 성공의 사다리를 빨리 올라갈 수 있도록 도와주었다. 이처럼 상사의 긍정적인 에너지는 로저가 스스로 그럴듯한 사람이라 여길 수 있게 해 주었다.

그러나 경기가 주춤거리자, 비용이 삭감되고 정리해고가 시작되었으며 사람들은 적은 임금으로 예전보다 더 많은 일을 할 수밖에 없게 되었다. 상사는 로저와 만날 수 있는 시간이 줄었으며, 로저는 상사의 관심 밖으로 밀려났다고 느낄 수밖에 없었다. 이런 상황은 로저의 기분뿐 아니라 일에 대한 열정, 궁극적으로 로저의 성과에도 영향을 미치게 되었다. 에너지는 전염성이 강하며, 특히 부정적인 에너지는 자기증식을 한다. 균형을 잃은 리더는 다른 사람에게 영향을 미친다. 상사에게 잊혀지고 있다는 감정이 로저의 에너지에 깊은 영향을 미친 것만큼, 로저의 기분은 하급 직원들에게 커다란 영향을 미쳤다.

인간관계는 감정적인 회복을 위한 가장 파워풀하고 잠재적인 원천의 하나다. 오랫동안 로저는 아내 레이첼을 연인이자 가장 친한 친구라 여겨왔다. 하지만 함께 보내는 시간이 적어지면서 낭만과 친밀감은 옛 기억으로 멀어지고 성관계도 점점 뜸해져 갔다. 부부 사이는 점점 계약처럼 변해 버렸다. 둘이 나누는 대화라고는 고작 집안일에 대한 것, 누가 세탁물을 찾아오고 누가 저녁을 준비하며 누가 아이들을 방과 후 활동에 태워다 주는가 하는 것뿐이었다. 서로의 삶에서 진정 무엇이 일어나고 있는가 이야기하는 시간은 극히 드물었다.

레이첼도 직업을 갖고 있었다. 여러 학교에서 심리상담을 하는 것만으로도 버거운 일이었다. 게다가 작년에는 그녀의 아버지가 알츠하이머 증세를 보이더니 상태가 급속도로 악화되어 갔다. 그러다 보니 레이첼 역시 운동이나 긴장을 풀 만한 자신만의 시간을 가질 수 없었다. 틈날 때마다 아버지를 보살피느라 힘들어 하는 어머니를 도와드려야 했다. 두 아이의 어머니에, 전업 직장인에, 아버지 간병인 노릇까지 해야 하는 압박감은 레이첼의 에너지 탱크를 고갈시켜 갔다. 그 때문에 레이첼은 로저에게 별 도움을 줄 수가 없었다. 로저역시 레이첼이 겪고 있는 스트레스를 이해하지만, 상사에게서는 물론 아내로부터도 소외되고 사랑받고 있지 못하다는 느낌을 버릴 수는 없었다.

엎친 데 덮친 격으로 9살인 앨리사에게 문제가 생겼다. 학교에서 한 테스트 결과 학습장애 판정을 받은 것이다. 앨리사는 스스로를 바보라고 비하하기 시작했고, 그 결과 학교생활과 사회생활 모두에서 어려움을 겪고 있었다. 로저는 앨리사에게 더 관심을 쏟고 뭔가 자신감을 갖게 해 줘야 된다는 걸 알고 있었지만, 퇴근 후 앨리사에게 다가가 도움을 줄 수 있는 에너지를 스스로에게서 일으킬 수 없었다. 이제 7살인 이사벨은 그런대로 잘하고 있는 것처럼 보였지만, 로저의 피로는 이 이사벨과의 관계에도 영향을 미쳤다. 이사벨은 아빠와 함께 카드놀이나 모노폴리 게임을 하고 싶어했지만, 로저는 그때마다 핑계를 대 거절하거나 함께 텔레비전을 보는 걸로 대신할 뿐이다.

친구 관계를 유지하는 데도 시간이 모자란 건 마찬가지였다. 로저는 종종 가장 가까운 친구 세 명과 골프를 치러 갔지만, 만족스러운 휴식을 취했다는 느낌을 받을 수 없었다. 골프 코스에서는 왁자지껄 경쟁하고 끝난 후에는 담배를 피우고 맥주를 마셨지만, 진정한 우정을 나눈다기보다는 무의미한 친목 도모라는 느낌만 들었다. 레이첼도 로저의 골프 친구들을 못마땅하게 생각했고, 로저가 골프 치는 시간을 아까워했다. 토요일이면 대여섯 시간을 골프장에서 보내는 로저에게, 레이첼은 그럴 시간이 있으면 아이들과 놀아 주든지 자기를 도와달라고 불평을 했다. 로저는 피곤한 일주일을 보냈으니 그 정도 시간은 자기만을 위해 보낼 자격이 있다고 생각했지만, 레이첼의 말이 아주 틀린 게 아니었기 때문에 약간의 죄책감이 들었다. 레이첼은 자기만의 시간을 전혀 갖지 못했기 때문이었다. 아이러니컬한 것은 골프를 치든 주말을 집에서 보내든, 기분이 나아진다거나 재충전했다는 느낌을 받지 못한다는 것이었다.

집중을 위한 의미없는 싸움

로저의 세 번째 장벽인 빈약한 집중력은 그의 신체와 감정 에너지 관리법의 당연한 귀결이었다. 상사에 대한 불편한 감정과 피곤함, 레이첼에 대한 실망 그리고 아이들과 같이 시간을 보내지 못하는 것에 대한 죄책감은 늘어만 가는 업무에 정신적으로 완전하게 몰입하지 못하게 만들었다. 평사원으로 일했을 당시에는 전혀 문제되지 않았지만, 4개 주 40여 명의 직원을 관리 감독해야 하는 처지에서는 시간관리가 아주 어렵게만 느껴졌다. 로저는 자신이 비효율적이고 산만하게 일하고 있다는 사실을 절실히 깨달았다.

로저는 사무실에서 대개 50~75개 정도의 이메일과 12개 정도의 음성메일을 받는다. 근무시간의 절반을 외근하는 그는 언제라도 메일을 열어볼 수 있도록 PDA를 가지고 다닌다. 문제는 자신만의 업무에 착수하지 못하고 늘 다른 사람의 문제에 이런저런 대답만 해야 한다는 데 있었다. 이메일은 로저의 관심영역을 제한하고 있었다. 로저는 점점 주어진 과제에 오래 집중하기가 힘들어졌다. 로저는 한때 지금 모든 사무실에서 사용하고 있는 소비자 행동추적 소프트웨어를 고안할 정도로 창의적이고 원기왕성하며 에너지가 넘치는 사람이었지만, 이제는 장기 프로젝트에 투자할 시간 자체가 없어졌다. 대신 로저는 이 이메일에서 저 이메일로, 이런 요구사항에서 저런 요구사항으로, 이런 문제에서 저런 문제로 옮겨 다니며 살고 있을 뿐이었다. 성과도 보이지 않는 이런 일에 진을 빼고 나면 집중력이 현저히 떨어졌다.

대부분의 사람들처럼 로저 역시 회사 일을 사무실에서만 끝마치기가 힘들었다. 하루 일과를 끝내고 집에 돌아와서도 업무상 걸려오는 전화에 응대해야만 했다. 저녁에도 주말에도 이메일에 답신을 보냈다. 지난해 여름, 가족과 함께 처음으로 유럽 휴가 여행을 떠났을 때도, 매일 이메일과 음성메일을 열어보지 않을 수 없었다.

휴가중에도 매일 한 시간 정도 시간을 내서 이메일을 열어보고 답신을 보내지만, 휴가를 끝내고 집으로 돌아오면 천여 통의 이메일과 수백여 통의 음성메일들이 기다리고 있었다. 결과적으로 로저는 단 한시도 업무에서 완전히 벗어날 수가 없었던 것이다.

무엇이 진짜 문제인가?

현실은 이렇다. 로저는 인생의 많은 시간을 외적인 요구사항에 대처하는 데 보내야 했기 때문에, 진정 인생에서 원하는 것이 무엇인지에 대한 감성적 유대를 잃고 말았던 것이다. 우리가 '당신 인생에서 무엇이 가장 감성적인 열정과 의미를 끌어내느냐'고 물었을 때, 로저는 갑자기 공허해졌다. 스스로 인정하듯이 전보다 직위와 권위가 더 높아졌는데도 업무에 더 많은 열정을 쏟지는 못하고 있었다. 분명 아내와 아이들을 사랑하고 최우선으로 생각하지만, 그들과 함께 있는 것이 그다지 편안하지 않았다. 분명한 목적의식과 연결되어 있을 때 생겨날 수 있는 강한 에너지원이 로저에게는 결여되어 있었다. 내면적인 가치와 목적의식을 갖지 못했기에, 자신의 몸을 돌보거나 부족해진 인내심을 컨트롤하거나 우선적인 것에 시간과 주의를 집중시키지 못했다. 늘 바쁘게 살다 보니 자신의 선택에 대해 곱씹어 보는 데는 아주 적은 에너지만을 쓸 뿐이었다. 변화의 가능성이 별로 없기 때문에, 인생에 대해서 생각하는 것은 불편하기만 했다. 로저는 한때 인생에서 얻고 싶었던 것들을 대부분 가지게 되었지만, 피로와 좌절감과 과도한 업무에 대한 불만족에 시달리고 있었다. 결국 로저는 자신도 어쩔 수 없는 요인 때문에 희생자가 되었다고 하소연하였다.

저도 그런대로 괜찮은 사람입니다. 가족들을 위해서 할 수 있는 한 최선을 다하고 있죠. 물론 힘듭니다. 그렇지만 내가 맡은 책임을 다하려고 노력하지요. 주택 할부금이며 자동차 할부금도 제대로 갚아왔고, 아이들이 대학갈 때를 대비해 열심히 저축도 합니다. 몸매도 제대로 유지하고 싶지만, 출퇴근에 드는 시간이며 업무시간을 고려할 때 전혀 여유가 없습니다. 물론 체중이 분 건 사실입니다. 알다시피 바쁘게 살다 보면 건강식품을 찾아먹는 게 쉽지가 않죠. 매일 쿠키에 손을 대긴 하지만 그깟 쿠키 몇 개랑 가끔 먹는 요구르트가 해가 되면 얼마나 되겠습니까? 하루 한두 개피 정도의 담배나 저녁에 마시는 술 한두 잔은 그날의 스트레스를 풀도록 도와주는 하찮은 낙이라면 낙이라고 할 수 있지요. 중독은 아니니까요.

일할 때 그러면 안 되는데 자주 화를 못 참고 우울해집니다. 그렇지만 제가 원래 그런 사람이었던 건 아닙니다. 요즘 들어 회사가 지원을 많이 해 주지 않습니다. 비용을 삭감한다고 해서 모든 일이 다 해결되는 건 아닌데 말입니다. 그런 중압감 속에서는 업무에 집중해서 신명나게 일할 수가 없습니다. 아이들과는 시간을 많이 보내지 못해 미안합니다. 항상 가족들에게는 많은 빚을 지고 있다고 느낍니다. 레이첼 얘기처럼 저는 집에 있어도 진짜 있는 게 아니죠. 그렇지만 그건 레이첼도 마찬가지입니다. 아내랑 함께 했던 시간들이 그립습니다. 어떤 때는 내가 아주 무시당하고 전혀 관심도 못 받고 있는 것처럼 느껴지지요. 물론 레이첼이 여러 가지 할 일이 많고 힘들다는 거 압니다. 저도 제 인생이 더 행복하다는 느낌으로 가득 차길 바랍니다. 하지만 뭐가 바뀌어야 하는지 전혀 모르겠습니다. 더 나빠질 수도 있겠죠. 제 사무실에 있는 직원 중 절반이 이혼했습니다. 지난주에는 42세의 동료가 심장병으로 쓰러졌습니다. 바로 자기 책상에서 말이죠. 그렇지만 다시 앞만 보고 계속 나가야 되겠죠. 한발을 떼기 전에 또 다른 발을 내딛으면서 말이죠. 물론 이렇게 되리라 상상하지도 원하지도 않았습니다만 뭘 어떻게 해야 할지 전혀 모르겠습니다.

스트레스와 회복의 균형

활동과 휴식을 적절히 배합함으로써 최대의 성과를 얻을 수 있다는 개념은 인류 최초로 운동선수 훈련 매뉴얼을 쓴 그리스의 플라비우스 필로스트라투스(Flavius Philostratus, A.D. 170~245)에 의해 처음 고안되었다. 러시아 스포츠 과학자들은 1960년대에 이 개념을 올림픽 대표선수들에게 적용시켜 놀라운 성공을 거두었다. 오늘날 '일-휴식work-rest'의 비율은 훈련 시즌을 계획하는 데 핵심적인 개념으로, 전 세계 엘리트 운동선수들이 이 방법에 따라 훈련하고 있다.

'일-휴식'의 비율은 몇 년에 걸쳐 과학적으로 더욱 정교하고 복잡하게 발전했지만 기본 개념만큼은 처음 고안된 때와 똑같다. 신체가 특정한 활동을 하고 나면, 반드시 생화학적인 에너지를 보충해 주어야 한다. 이것을 '보상compensation'이라고 한다. 그리고 이런 보상이 일어날 때 소비된 에너지는 회복된다. 훈련의 강도가 높아지거나 성취해야 하는 일이 많을 때는 같은 정도의 에너지를 재충전해 주는 게 반드시 필요하다. 만약 이것이 제대로 이루어지지 않는다면, 운동선수들의 경우 경기력이 현저히 떨어지는 것을 느끼게 된다.

에너지란 간단히 말하면 활동의 동력이다.
인간의 기초대사는 에너지의 사용과 회복이다.

활동을 하려면 에너지가 필요하다. 그리고 소비한 에너지를 회복하려면 활동하지 않는 상태 그 이상이 필요하다. 에너지 회복은 건강과 행복을 줄 뿐 아니라 성과 그 자체를 지속적으로 가능하게 해 준다. 지난 몇 년 동안 우리와 함께 프로그램을 했던 프로선수들은 성과에 문제가 생겼을 때 우리를 찾았다. 문제의 원인은 대개 에너지의 소비와 회복의 균형이 깨진 데 있었다. 그들은 신체, 감정, 정신, 영적 차원의 에너지 중 한 차원 혹은 여러 차원에서 훈련이 과도했거나 아니면 부족했다. 두 경우 모두 잦은 부상, 질병, 근심, 부정적 사고, 분노, 집중력 부족, 열정의 감소 등 성과와 관련된 문제가 생겼다. 우리 연구소에서는 선수들이 효과적으로 에너지를 관리하도록 도와줌으로써, 획기적인 변화를 이루어냈다. 부족한 에너지 차원이 무엇이든 그 용량을 체계적으로 증가시켰을 뿐만 아니라, 에너지 회복 과정을 훈련 스케줄의 일부로 포함시켰던 것이다.

스트레스stress와 회복recovery 사이에 균형을 맞추는 것은 비단 경쟁적인 스포츠에서만이 아니라 우리 삶의 모든 국면에서 에너지를 관리하는 데 중요한 일이다. 에너지를 계속 소비하기만 하면, 에너지 탱크는 점점 고갈되어 간다. 에너지를 회복하면 탱크는 다시 채워진다. 충분히 회복하지 않은 상태에서 너무 많은 에너지를 소비하면, 에너지 탱크는 타버리거나 망가진다(남용하면 잃게 된다). 적당한 스트레스를 주지 않고 과도하게 회복시키기만 하면 에너지 탱크는 나약해지고 기능을 잃게 된다(사용하지 않으면 잃게 된다). 평상시라면 외부의 스트레스에 노출되어 있어야 할 한쪽 팔을 석고붕대로 감아두었다고 해 보자. 머지않아 사용하지 않은 팔의 근력이 감소하기 시작할 것이다. 일주일 동안 움직이지 않으면 근력은 현저하게 감소하고, 4주가 지나면 완전히 없어지고 만다.

이런 과정은 감정, 정신, 영적 에너지 차원에서도 똑같이 일어난다. 감정적인 깊이와 탄력성은 다른 사람들이나 스스로의 감정에 능동적으로 몰입할 수 있느냐에 달려 있다. 정신적인 예리함은 계속적으로 지적인 도전을 받지 않으면 감소하게 되어 있다. 영적인 에너지는 주기적으로 내면의 깊은 가치를 들여다보고 그 가치를 행동으로 옮기느냐에 따라 달라진다. 모든 차원에서 에너지 소비(스트레스)와 에너지 충전(회복)이 역동적인 균형을 이룰 때에야 완전한 몰입이 가능해진다.

에너지의 사용과 회복의 리드미컬한 반복은
삶의 가장 기본이 되는 파동이다.

파동이 강할수록 우리는 더욱 완전하게 몰입할 수 있다. 조직도 마찬가지다. 리더나 매니저가 회의를 온종일 이끌고 가거나, 야근을 하거나 주말에도 나와서 일을 할 만큼 늘 일에 파묻히는 분위기를 조성할수록, 시간이 지남에 따라 성과는 줄어들 수밖에 없다. 사람들이 주기적으로 에너지를 재충전할 수 있도록 하는 문화라야, 더 많이 헌신하도록 고취시킬 뿐만 아니라 생산성도 높아진다.

대부분의 사람들은 단선적인 삶을 살려는 경향을 보인다. 특히 정신이나 감정 에너지는 무한정 쓸 수 있다고 당연시 하는 경우가 많다. 그러다보니 이 무한한 두 차원만 활용하면, 신체 에너지나 영적 에너지를 투자하지 않고도 성과를 얻을 수 있으리라 추측한다. 우리는 점점 단선적인 인간이 되어간다.

인생은 직선이 아니라 파동이다

자연은 그 자체가 활동과 휴식을 번갈아 가며 파동이나 리듬, 물결 같은 움직임을 그린다. 밀물과 썰물, 계절의 변화와 움직임, 아침 저녁으로 뜨고 지는 태양이 그렇다. 마찬가지로 생명이 있는 모든 것은 그 생명을 지탱하는 고유의 리듬을 갖고 있다. 새들은 철따라 먹을 것을 찾아 이동하고, 곰은 겨울잠을 자며, 다람쥐는 겨울을 날 도토리를 열심히 주워 모으고, 물고기는 자기 고유의 규칙적인 리듬으로 펄떡인다.

인간 역시 여러 가지 리듬에 따른다. 자연이 갖고 있는 리듬이든 우리 유전자 속에 각인된 리듬이든 말이다. 계절적 리듬의 변화에 우리 몸이 따라가지 못해 생기는 것이 환절기 증상SAD이라는 질병이다. 우리의 호흡, 뇌파, 체온, 심박, 호르몬 수치, 혈압 등 모든 것은 고유의 건강한 리듬 패턴을 가지고 있다.

우리는 파동하는 우주에 사는 파동하는 존재다.
리듬은 우리가 물려받은 유산이다.

파동은 우리 존재의 아주 작은 단위에서까지 일어난다. 건강한 활동과 휴식의 패턴은 완전한 몰입, 최고의 성과, 지속적인 건강을 위해서 가장 핵심적인 능력이다. 반대로 선형성inearity은 궁극적으로 우리를 기능 장애와 죽음으로 내몬다. 건강한 사람의 뇌파나 심전도가 보여주는 물결치는 파동을 떠올려 보라. 반대로 영화에서 환자가 죽었을 때 심전도기의 파동이 잦아들며 삐~ 하는 소리와 함께 직선으로 바뀌는 장면을 떠올려 보라. 파동에 반대되는 것은 평평한 단선 즉 일차원이다.

광범위한 의미에서 활동과 휴식의 패턴은 하루 주기circa dies를 따르는데 이는 대략 24시간이다. 1950년대 초 유진 아세린스키 Eugene Aserinsky와 나단 클라이트만Nathan Kleitman이라는 두 연구자는 인간의 수면이 90~120분 간격으로 사이클을 이룬다는 사실을 알아냈다. 이 사이클은 아직도 뇌가 왕성하게 활동해 꿈을 꾸게 되는 얕은 수면에서 시작해, 뇌 활동이 잠잠해지고 기억을 심층적으로 저장하게 되는 깊은 수면으로 끝난다. 이런 리듬을 '기본 휴식 – 활동 사이클(BRAC)'이라고 부른다. 1970년대 연구가 발전되면서 잠잘 때뿐 아니라 깨어 있을 때에도 90~120분 정도의 간격으로 울트라 리듬(ultra rhythms, 하루에 여러 번)이 일어난다는 것이 밝혀졌다.

이 울트라 리듬이라는 개념은 하루 동안 일어나는 에너지의 밀물과 썰물을 설명하는 데 아주 유용하다. 심리학자들의 실험 결과 심박수나 호르몬 수치, 근육 탄력성, 뇌파 활동 등이 울트라 사이클의 처음 부분에 모두 증가하는 것으로 나타났다. 그러다가 사이클이 시작되고 한 시간 정도 지나면 이 수치들이 감소하기 시작했다. 90~120분 사이의 어느 지점에서 우리의 신체는 휴식과 회복을 갈망하는 것이다. 이런 신호는 하품이나 기지개 또는 꼬르륵 소리로 나타나고, 방치해 두면 긴장하고 집중력이 떨어지고 늑장을 부리고 딴 생각을 하며 실수가 잦아진다.

물론 의도적인 노력을 통해 이런 자연적인 사이클에서 벗어날 수는 있지만, 그러기 위해서는 비상사태에 대처하는 공격 – 회피 반응(fight-or-flight response: 외부적인 위험이나 자극에 직면했을 때 그것과 맞설 것이냐 혹은 도망칠 것이냐를 결정하는 경보반응. – 옮긴이)을 하고 스트레스 호르몬을 왕성하게 분비해야 한다.

그 결과 장기간에 걸쳐 우리 안에 독소가 쌓이게 된다. 우리 몸속에서 주기적으로 순환하는 스트레스 호르몬은 일시적으로는 우리를 각성시키지만, 시간이 지남에 따라 과민함, 공격성, 조바심, 성급함, 자아도취, 타인에 대한 무관심 같은 증상이 나타나게 한다. 이런 증상이 나타나는데도 오랫동안 회복의 요구를 무시하면, 만성적 두통, 어깨 근육 통증, 위장 장애, 심장 질환 등을 얻게 되고 심하면 죽음에까지 이르게 된다.

앞에서 설명한 대로 인간의 신체는 리듬을 타기 때문에, 생활이 너무 단선적으로 변하면 몸은 리듬을 만들어내기 위해 인위적인 수단을 찾게 된다. 예를 들어 인생에서 부딪치는 여러 가지 요구사항을 완수하기에 에너지가 충분하지 않아, 사람들은 카페인이나 코카인, 암페타민 같은 각성제를 찾게 된다. 또 자연스럽게 긴장을 완화시킬 수 없어, 알코올과 마리화나에 의존하고 잠을 청하려 수면제를 먹는다. 만약 당신이 하루 종일 각성된 상태로 있기 위해 대여섯 잔의 커피를 마시고, 스트레스를 풀기 위해 저녁에 술을 몇 잔씩 들이킨다면 당신은 이미 자기 삶의 일차원성을 감추고 있는 것이다.

포인트와 포인트 사이의 비밀

마라토너가 아니라 스프린터처럼 살기 위해서는 일상을 관리하기 쉽도록 생리적 요구와 자연의 주기적 리듬에 맞춰 잘게 나누어야 한다. 이런 통찰을 학문적으로 완성시킨 사람은 이 책의 공동저자이자 행동심리학자인 짐 로허Jim Loehr다. 짐은 세계 톱 랭킹의 프로 테니스 선수들과 나머지 숱한 조무래기 선수들이 나뉘는 기준과 이유를 알고자 했다. 그래서 짐은 오랜 시간에 걸쳐 세계적인 프로선수들의 경기 장면이 담긴 테이프를 보고 또 보며 유심히 관찰했다. 실망스럽게도 포인트 동안 선수들이 보여주는 습관에는 별다른 차이점이 없었다. 그러나 포인트와 포인트 사이를 주목하자 뭔가 뚜렷한 차이점이 보이기 시작했다. 대개 스스로도 의식하지 못하는 것 같았지만, 최고의 프로선수들은 포인트 사이마다 독특한 행동을 보여 주었다. 고개나 어깨를 추스르거나, 눈을 지그시 뜨고 어느 한 곳에 집중하거나, 숨을 고르거나 혼잣말을 하는 것 같은 행동말이다.

선수들은 본능적으로 포인트 사이의 짧은 시간을 최대한 에너지를 회복시키는 데 이용하고 있는 것이었다. 성적이 낮은 선수들에게는 이런 회복의 습관이 거의 없었다. 짐이 최고의 프로선수들에게 원격 심전도 측정 장치를 달게 하고 실험했을 때, 그들의 심박수 역시 놀라운 증거를 보여주었다. 경기중 포인트와 포인트 사이, 즉 16~20초에 해당하는 그 시간에 심박수가 분당 20회 정도로 급격히 떨어졌던 것이었다. 이처럼 아주 효과적이고 집중적으로 에너지를 회복하는 전형적인 습관을 발전시킴으로써, 선수들은 아주 짧은 시간 내에 탁월하게 에너지를 재충전할 수 있는 방법을 찾아냈던 것이다. 성적이 낮은 선수들은 포인트 사이에 별다른 습관이 없었고 포인트를 딴 것과 관계없이 심박수 역시 경기 내내 높은 수치를 나타냈다. 최고 프로선수들은 더 효과적으로 휴식하고, 다음 포인트에 더 잘 대비할 수 있도록 하는 의식ritual을 행하고 있었던 것이다.

포인트 사이 의식ritual의 결과, 격차는 아주 극적이었다. 재능과 실력이 엇비슷한 두 선수가 세 시간 동안 경기를 한다고 치자. 한 사람은 포인트 사이마다 정기적으로 에너지를 회복시키는 반면, 다른 한 사람은 그렇지 못하다. 분명 두 번째 선수가 신체적으로 쉽게 피로를 느낄 것이다. 그리고 피로는 부수적으로 다른 결과를 동반한다. 신체적으로 피곤해진 선수는 분노나 화, 실망감 같은 부정적인 감정에 쉽게 빠지게 되고, 그 결과 심박수도 높아지며 근육의 긴장도도 더해진다. 신체적인 피로는 또한 정신집중을 방해한다. 늘 똑같은 자리에 앉아 있는 직업군에서도 이런 현상이 나타난다. 책상에 하루 종일 앉아서 내내 긴장감에 싸여 일한다고 가정해 보라. 당연히 피로가 몰려들고 부정적인 감정에 빠지게 되어 결국에는 업무성과가 떨어진다.

짐은 테니스 선수를 통해 이 현상을 수치로 증명해 보였다. 테니스 선수의 심장 박동이 단선적이고 단조로워질수록 경기가 풀리지 않고 마침내 게임에서 지게 된다. 충분히 회복하지 않은 상태에서 계속 과도하게 에너지를 소비하면 심박수는 계속 높은 상태에 머문다. 반대로 심장박동이 계속 낮은 상태에 머물러 있다면 적당히 타협하고 있다는 증거로, 경기에 충분히 몰입하지 않고 있거나 거의 경기를 포기할 지경에 왔다는 신호다.

골프에서도 마찬가지다. 겉으로 보기에 신체적인 에너지를 덜 사용하는 것처럼 보이는 골프에서 역시 에너지 소비와 회복을 균형 있게 해 주는 의식ritual은 아주 중요한 역할을 한다. 잭 니클라우스 Jack Nicklaus는 기술이나 일관된 실력면에서 타의 추종을 불허하는 훌륭한 선수기도 하지만, 자신의 승리 요인을 정확하게 분석할 줄 아는 탁월한 능력의 소유자다.

　나는 주위가 아무리 산만해도 내가 하는 일에 강하게 몰입할 수 있는 능력을 타고 났다. 나를 산만하게 하는 게 무엇이든 그것을 철저히 배제할 줄도 안다. 나는 18번 홀까지 오로지 골프에만 집중한다. 물론 마지막 퍼팅을 끝내기 전에 정신 에너지의 흐름이 엉클어질 때도 있다. 하지만 나는 집중력의 피크에 도달했다가 다시 이완시키는 것을 내 마음대로 조절할 수 있도록 훈련해 왔다. 티샷을 치기 위해 공에 접근하는 동안 집중력은 예리해지고, 어떻게 쳐야 최단 경로로 갈 수 있을까 계산하고 측정하는 동안 그 집중력은 더욱 강해진다. 그리고 최상의 경로를 마음속에 그리면서 스윙을 할 때 집중력은 최고조에 올라, 공을 치는 것 외에는 아무것도 생각하지 않는다. 그리고 이 티샷에 심각한 문제가 있지 않는 한, 즉시 회복의 과정을 시작하여 옆 동료와 가벼운 대화를 하거나 마음을 가볍게 하면서 골프 코스를 걸어간다. 컨디션이 최고일 때나 최악일 때나 이 패턴을 항상 유지하려고 하지만, 분명한 건 게임이 잘 풀리지 않을 때 더 노력하게 된다는 것이다.

　스트레스와 회복의 균형은 어떤 일에서나 중요하다. 1998년 미국 육군은 전투능력 향상을 위한 실험에 착수했다. 이 실험의 개요는 3일 동안 저격수들이 얼마만큼 타깃을 맞출 수 있느냐 하는 것이었다. 한 병사에게는 3일 내내 혼신의 힘을 다해 타깃을 맞추라고 명령하고, 또 다른 한 명에게는 잠깐씩 낮잠을 자도 좋다는 허락을 내렸다. 첫 날, 쉬지 않고 목표물을 맞혀야 하는 저격수는 다른 병사보다 목표물에 더 많은 사격을 가했다. 둘째 날이 되자 전날 쉬지 않고 사격을 했던 병사의 사격 정확도는 현저히 떨어졌고, 잠깐씩 쉴 수 있었던 병사가 더 높은 성적을 올리게 되었다.

회복의 시간은 본질적으로 창조성과 긴밀하게 연관되어 있다. 음표들 사이에 공간이 있어야 음악이 만들어지고 문자들 사이의 공간이 있어야 문장이 만들어지듯이, 사랑과 우정, 깊이와 차원이 성장하는 곳 역시 일과 일 사이의 공간이다. 회복의 시간이 없는 우리의 인생은 존재감 없이 끊임없이 반복되는 행동의 연속일 뿐이다.

과도한 업무로부터의 회복

몇년 전 〈패스트 컴퍼니Fast Company〉지는 성공한 전문가들에게 어떻게 과중한 업무에 지치지 않고 성공할 수 있었는지에 대해 물었다. 거의 모든 사람들의 대답은 정기적으로 스스로를 원기왕성하게 해 주는 자기만의 독특한 습관이 있다는 것이었다. 쌍방향 텔레비전을 개발한 윙크 커뮤니케이션Wink Communication의 매기 와일더로터Maggie Wilderotter는 '사자 사냥'이라고 이름 붙인 재충전 방법을 가지고 있었다.

"직원들이 일하는 사무실을 어슬렁거리며 뭘 하고 있는지 물어봅니다. 그렇게 함으로써 평소에는 전혀 말할 기회가 없는 사람들과 접촉할 수 있게 되지요. 사자 사냥은 놀라울 정도로 마음의 긴장을 풀어 줍니다. 비록 얘기하는 시간이 30분도 채 안 되지만 앞만 보고 일하도록 부추기는 빡빡한 스케줄에서 잠시나마 벗어날 수 있게 해 주죠. 한 번도 일에 지쳐본 적이 없습니다. 그럴 지경까지 스스로를 내몰지도 않고요. 누구나 자신의 페이스로 일하면서 충분한 휴식을 취할 수 있습니다. 시간은 유한한 자원인데도 우리는 무한한 요구를 합니다. 나는 시간을 기회라고 봅니다. 그 자원을 어떻게 쓸까 하는 선택의 기회죠."

샌프란시스코에 있는 TBWA/Chiat/Day 광고대행사의 CEO인 카리사 비앙키Carisa Bianchi는 여행을 통해서 에너지를 재충전하고 있었다. "저는 비행기에서 절대 일하지 않습니다. 휴대용 컴퓨터나 이동전화도 가져가지 않습니다. 대신에 평소에 읽지 못했던 책을 읽거나 잡지를 보거나 음악을 듣습니다. 안 그러면 어디서든 일할 구실을 꼭 찾게 되니까요. 꼭 한 가지 이상 할 일이 생기게 되죠. 그렇지만 굳이 시간을 내서 업무에서 빠져나오지 않는다면 오히려 생산성은 떨어지고 맙니다."

풋볼 코치로 일하다가 지금은 경주용 자동차 회사를 운영하고 있는 조 깁스Joe Gibbs 역시 휴가를 통해 에너지를 재충전하는 방법을 갖고 있었다. "제 달력에는 가족들과 함께 여행을 갈 날짜에 표시가 되어 있습니다. 굵은 노란 펜으로 X표를 여러 개 해 두죠. 한 달에 한 번은 4일 동안 휴가를 즐깁니다. 크리스마스 시즌에는 9일 동안 시간을 내서 스키를 타거나 따뜻한 곳으로 휴가를 갑니다."

헤르만 밀러Herman Miller라는 가구회사의 부사장인 빌 노만Bill

Norman 역시 업무의 산만함을 최소화하면서 에너지 재충전의 시간도 벌고 업무에 생산성을 극대화하기 위해 스케줄을 아주 꼼꼼하게 관리하고 있다. "한 7년 전부터 음성메일과 이동전화를 사용하지 않고 있습니다. 일이 인생의 전부인 것처럼 사는 사람들이 있습니다만, 일을 떠나 진정 자신이 즐기는 일을 하는 것이 아주 중요하다고 생각합니다. 나는 풍경사진을 찍는데 자연의 경치에 렌즈를 클로즈업하다보면 기분전환도 되고 마음도 한 곳에 모아집니다. 사진을 찍는 일은 또한 사업 현장에서는 거의 쓰지 않는 뇌의 창조적인 세포를 훈련시켜 주는 역할도 하죠. 그렇게 되면 직관력도 키울 수가 있어 업무상 중요한 의사결정을 할 때 큰 도움이 됩니다."

나른한 조직에 생생한 에너지를 불어넣는 법

스트레스와 회복의 균형을 맞추는 것은 조직적 차원에서 특히 유용하다. 규모가 큰 이동통신회사에서 일하는 브루스 F.는 회사의 상급 관리자들과 함께 우리 프로그램을 찾았다. 브루스는 3~4시간에 이르는 마라톤 회의를 곧잘 주재하곤 했다. 브루스는 스스로도 그런 마라톤 회의가 아주 폭력적임을 인정했지만, 그 정도는 집중력을 발휘할 수 있어야 강한 관리자가 될 수 있다고 생각하고 있었다. 우리는 그에게 만약 생산성을 극대화하는 것이 목적이라면, 그런 방식은 장기적인 생산성 증진을 가져오는 팀 에너지 관리에 효과적이지 못하다고 지적해 주었다. 상급자의 강요에 의해 장기전 회의에 참석해야 하는 직원들 중에는 물론 다른 사람보다 집중력이 뛰어난 사람도 있을 것이다. 그러나 그 누구도 휴식 없이 회의 시작부터 끝까지 또렷한 정신으로 몰입할 수는 없다.

처음에 브루스는 회복이 필요하다는 우리의 충고를 탐탁치 않게 여겼다. 그러나 짐이 포인트와 포인트 사이의 아주 짧은 시간을 통해 집약적인 회복을 이루는 프로선수들의 이야기를 들려주자 마음이 동했다. 성적이 높아졌다는 이야기에 마음이 움직였던 것이다. 브루스는 우리 연구소 문을 나서자마자 근무시간중에라도 짧은 휴식 시간을 가져 보리라 마음먹었다. 그러자 거의 즉각적으로 신체 에너지가 넘쳐나는 것은 물론 더 긍정적인 감정을 느끼게 되었다. 천성적으로 열정적인 브루스는 주기적인 회복의 효과에 대한 열렬한 추종자가 되어 버렸다. 그리고 여러 형태의 휴식 방법을 실험하고 나서, 그는 업무에서 완전히 벗어나 에너지를 효과적으로 재충전시키는 자신만의 두 가지 방법을 발전시켰다.

브루스의 첫 번째 회복 전략은 회사 건물 10여 층의 계단을 오르내리는 것이었고, 두 번째는 저글링이었다. 우리 연구소를 떠난 후 얼마 안 있어 브루스는 공 3개로 저글링을 할 수 있게 되었고, 6개월 후에는 공 6개로 저글링을 할 수 있게 되었다. 그에게 저글링은 단순히 에너지를 회복시켜 주는 수단일 뿐 아니라 업무에서 받은 스트레스를 날려 보내고 나아가서는 취미로 즐기는 수준에까지 이르게 되었다.

우리 연구소를 찾은 지 몇 주 후, 브루스는 회의를 주관하는 종래의 방식을 완전히 바꾸었다. 90분 회의를 하고 나면 15분 동안 휴식을 취했는데 그 휴식시간에는 그 누구도 업무와 관계되는 이야기를 해서는 안 되었다. "사람들이 제게서 주도권을 가져갔습니다. 휴식시간 때문에 조직 전체의 분위기도 아주 부드러워졌습니다. 예전보다 짧아진 회의시간으로도 더 많은 것을 처리할 수 있게 되었고 더 즐겁게 일할 수 있게 되었죠."

휴식을 적대시하는 세상

로저는 자신도 의식하지 못하는 사이에 단선적인 삶을 살고 있었다. 휴식도 없이 하루 종일 업무에 시간을 쏟고 집으로 돌아오지만, 가정에서조차 에너지를 회복하기는커녕 끊임없이 정신 에너지를 낭비하고 있었다. 피로는 근심, 자기회의, 조바심을 일으켰고 기본적인 인간관계에서조차 감정적인 재충전을 위한 긍정적인 에너지원을 갖지 못했다. 스포츠 용어로 말하자면 로저는 정신적, 감정적으로는 트레이닝 과다, 신체적, 영적으로는 트레이닝 부족 상태에 있었던 것이다. 신체적인 활동과 운동에 별다른 에너지를 쓰지 않기 때문에 인내심과 강인함, 탄력성을 잃어버렸으며, 내면의 깊은 가치와 목적의식과의 단절 때문에 영적인 차원 역시 역동성 없는 일차원이 되고 말았다. 로저는 잠재적인 이 에너지원을 가꾸고 발전시키지 않았던 것이다.

로저는 우리 대부분과 그리 다르지 않다. 그가 이제껏 해 온 선택은 모두 사회적으로 용인되어 온 것이었다. 우리는 일과 활동을 장려하고 휴식과 재충전을 무시하는 세계에 살고 있으며, 휴식과 재충전이 성과를 지속적으로 유지하는 데 반드시 필요하다는 것을 인정하지 않고 있다. 생리학자이자 서카디안 테크놀로지Circadian Technologies의 대표이며《24시간 사회The Twenty-Four Hour Society》의 저자인 마틴 무어-에드Martin Moore-Ede는 이렇게 말한다.

문제의 핵심은 인간이 만든 문명이 요구하는 것과 두뇌와 몸으로 구성된 신체가 요구하는 것 사이의 갈등이다. 우리의 신체는 낮에는 사냥하고 밤에는 잠을 자며 해가 떠서 지기까지 수십 킬로미터 정도만을 갈 수 있게 만들어졌다. 그런데 우리는 지금 24시간 동안 일하거나 즐기고, 지구의 반대편까지 비행기로 가뿐히 날아가고, 생사를 가를 결정을 하고, 꼭두새벽부터 해외 주식시장에 접속해 주식을 거래하기도 한다. 기술이 혁신되는 속도는 그 결과를 예측하는 인간의 능력을 초과하고 있다. 우리는 기술발전과 기계의 활용에 더 무게를 두는 사회에 살고 있다. 인간의 변화와 구체적인 행위에 중점을 두는 인간중심의 시대는 지나가 버린 것이다.

역설적이게도 완전하게 몰입할 수 있는 능력은 주기적으로 에너지 몰입에서 벗어나게 하는 능력에 달려 있다. 이제 우리의 에너지 관리 방식에 대해서 전혀 새롭게 생각해야 할 때다. 사람들은 인생을 최종 목적지까지 도착하기 전까지는 절대 끝나지 않는 마라톤인 양 생각한다. 그래서 이제까지는 제한된 자원을 유지하고 보존하는 전략을 배웠다. 여러 업무에 적절하게 에너지를 분산시켜 소비하지만 어느 것에도 폭발적으로 몰입하지는 않거나, 회사에서는 에너지를 과도하고 쓰고 집에서는 남은 조금의 에너지로 버티는 방식이다. 혹은 로저처럼 시간이 지나면서 점점 삶의 모든 영역에 투입했던 에너지를 서서히 줄여 나가는 방식도 있다.

우리를 좀더 가깝게 연결시키려는 의도로 시작된, 끊임없는 기술발전은 우리를 절대 혼자 내버려 두지 않는다. 월트 디즈니사의 사장인 로버트 아이거Robert Iger는 이메일이 자신의 생활에 끼친 영향을 다음과 같이 말했다.

"메일은 완전히 내 근무시간의 리듬을 바꾸어 놓았습니다. 그래서 일어나자마자 컴퓨터를 켜지 않으려고 합니다. 안 그러면 신문 볼 시간도 없어지니까요. 잠자리에 들기 전에 마지막으로 메일을 확인하지만, 새벽 6시가 되면 무려 25통의 메일이 다시 쌓여 있습니다. 기술의 발전은 우리의 관심사항을 한정시켜 버립니다. 그냥 의자를 돌려 컴퓨터 앞에 앉게 됩니다. 무심코 말이죠. 그리고 메일에 답하다 보면 어느새 45분 정도는 훌쩍 지나가 버립니다. 어떤 때는 산더미 같이 쌓인 메일을 보고 처리하느라 의도적으로 사람들 만나기를 피하기까지 합니다. 이처럼 메일이 업무에 미치는 영향은 그 어느 때보다도 커졌습니다."

2000년 아메리카 온라인America OnLine이 실시한 조사에 의하면 응답자의 47%가 휴가 때도 노트북 컴퓨터를 들고 가며 26%는

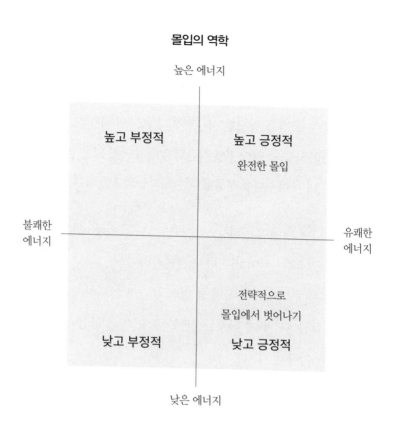

몰입의 역학

높은 에너지

| 높고 부정적 | 높고 긍정적 |
| | 완전한 몰입 |

불쾌한 에너지 — 유쾌한 에너지

| | 전략적으로 몰입에서 벗어나기 |
| 낮고 부정적 | 낮고 긍정적 |

낮은 에너지

휴가 때도 매일 이메일을 확인한다고 한다.

　우리는 이미 한때 우리의 삶을 규정했던 자연적인 리듬으로부터 벗어났기 때문에, 이제는 의식적이고도 세심하게 새로운 리듬과 사이클을 만들어 내야만 한다. 우리는 하루 중 트랙에서 발을 떼고 무엇의 간섭도 받지 않고 어떤 정보도 끼어들지 않는 정지 지점을 설정해야 한다. 무어 – 에드는 이를 '시간 고치time cocoon'라고 불렀다. 웨인 밀러Wayne Muller는 《안식일Sabbath》이라는 책에서 다음과 같이 썼다.

우리는 바쁠수록 스스로를 대단한 사람인 양 여기고 남들도 그렇게 생각할 거라 믿는다. 친구나 가족들에게는 별 소용도 없는 사람이 되어가면서, 지는 노을을 감상할 시간도 없다 (심지어 해가 지고 있다는 것도 모른다). 깊이 숨 한 번 들이쉴 시간도 없이 주어진 일을 숨가쁘게 해치운다. 이것이 우리 시대에 성공했다는 사람들의 전형이다.

밀러는 시편 23편이 전하는 단순하면서도 심오한 메시지와의 유대감을 우리 시대는 잃어 버렸다고 진단한다.
"나를 푸른 초장에 누이시며 쉴 만한 물가로 인도하시는도다."
간간히 몰입에서 빠져 나오는 것이야말로 다시 열정적인 몰입을 가능하게 해 준다.

현대인의 스트레스 중독

열에 들뜬 속도로 휴식도 없이 일하는 것은 분명 중독이다. 아드레날린이나 노르아드레날린, 코르티솔cortisol 같은 스트레스 호르몬은 각성 작용을 해 그럴싸한 추진력을 만들어낸다. 이것이 소위 아드레날린 항진adrenaline high이다. 이렇게 오랫동안 아주 맹렬히 일하다보면, 기어를 바꿀 수 있는 능력을 잃게 된다. 인간은 본래 외부의 요구가 많아지면 더 열심히 일을 한다. 반면 장기적으로 효율성을 높여주는 휴식이나 재충전 같은 요소들은 거부하게 된다. 그 결과 과속에 열중한 나머지 엔진을 끌 수 없는 지경에 이르게 된다.

로 앤 오더Law & Order의 책임 프로듀서로 6개 네트워크 텔레비전 시리즈를 맡고 있는 딕 울프Dick Wolf의 경우를 보자. 울프는 기자와의 인터뷰에서 쉬지 않고 34일 동안 일한 적이 있으며 4년 동안 한 번도 휴가를 가지 않았다고 말했다.

"정말 무서운 일은 이제 아예 멈출 수 있는 능력을 상실했다는 겁니다. 주말에 완전히 업무를 잊기 위해서 메인Maine 주로 여행을 떠났죠. 곧 일하지 않는다는 것에 대해 죄책감이 느껴지더군요. 항상 뭔가 일거리를 찾게 되죠. 플러그를 뽑고 식물처럼 아무것도 하지 않는다는 게 불가능해진 겁니다."

울프가 의식하지 못하고 있는 것이 하나 있는데 식물처럼 쉬는 것이야말로 사실상 에너지 재충전을 위해 가장 효과적인 방법이라는 것이다.

〈샬럿 옵저버The Charlotte Observer〉의 전 편집장이었던 마크 에드리지Mark Ethridge의 경우에도 일중독으로 인한 대가가 분명해 보였다.

"갈수록 강하게 느껴지는 건 내가 더 이상 지금 이 순간에 살고 있지 않다는 겁니다. 어떤 순간에도 내가 하는 일에 완전하게 몰입하지 못하고, 다음 일을 위해 서둘러 끝내려고만 합니다. 삶의 표면 위를 그저 스쳐 지나갈 뿐입니다. 정말 우울한 일입니다."

일을 포함해 모든 중독 행동은 에너지 소비 형태를 아주 단선적으로 만들어 버린다. 마약이나 알코올 중독에서 벗어나고자 하는 노력을 '회복recovery'이라고 부르는 것이 하나도 이상할 게 없다. "과로는 현대의 코카인으로, 이름도 없는 골칫거리다."라고 브라이언 로빈슨Bryan Robinson은 말했다. 그는 미국인의 25%가 빠져 있는 중독의 현상과 수치와 평가에 대한 책을 써 왔다. 브라이언은 이렇게 말한다.

"일중독은 도를 지나쳐 강박적으로 스스로에게 지나친 요구를 할 때 나타나며, 일에 대한 몰입과 이완을 규칙적으로 할 수 있는 능력이나 일이 아닌 다른 삶에 주의를 기울이는 능력을 상실해 버렸다는 증거다."

대부분의 중독과 달리 일중독은 사회적으로 권장되기도 하고 물질적인 보상이 따르기도 한다. 그러나 그 대가는 언젠가 반드시 나타나게 되어 있다. 스스로 일중독이라 말하는 사람들은 보통 사람들보다 알코올 남용 비율이 현저하게 높고 이혼이나 스트레스와 관련된 질병에 걸릴 확률이 높은 것으로 연구 결과 나타났다.

이 책을 쓰기 전 사전 조사를 위해 토니 슈워츠Tony Schwartz는 뉴욕 자택 근처에 있는 '익명의 일중독자들Workaholics Anonymous'이라는 모임에 참가했다. 토니 스스로도 자신의 업무 습관이 일중독이라고 할 만한지 호기심도 있었던 터였다. 토니는 교회 지하에서 다른 4명의 회원과 함께 테이블에 둘러앉았다. 그 모임은 십여 년 전 처음 생기고부터 한번도 그 이상 회원수가 늘어난 적이 없었다. 우리가 예상했던 것과는 너무 다른 모습이었다. 하긴 어떤 일중독자들이 따로 시간을 내서 그런 모임에 나가겠는가. 이 모임은 약 한 시간 동안 계속되었는데 토니가 자리를 뜨려 하자 그 중 한 명이 토니에게 다가와 의미심장한 미소를 지으며 이렇게 이야기했다.

"이 레지스탕스에 오신 걸 환영합니다. 뉴욕에만 5백만 명의 일 중독자들이 있습니다만 보시다시피 오직 4명이 거기서 회복되고 있는 걸 목격하신 겁니다."

신종 전염병, 과로사

성과가 줄어들고 신체적으로 쇠약해지는 이유는 에너지의 과도한 소비가 아니라, 오히려 에너지를 회복하지 않고 계속 소비하기만 하기 때문이다. 한자로 과로사(過勞死)는 말 그대로 '과도한 업무로 죽음에 이른다'는 뜻이다. 과로사의 직접적 사인은 대부분 심장 질환이나 뇌출혈이다. 첫 번째 과로사는 1969년에 보고되었다. 일본 노동청은 1987년에 과로사 신드롬에 대한 통계서를 발간했고, 다음 해에 '과로사 희생자를 위한 국가보호위원회'가 발족되었다. 일본에서만 한 해에 약 만 명 정도의 사람들이 과로로 사망한다. 과로사의 요인에는 대략 5가지가 있다.

· 정상적인 회복과 휴식 패턴을 방해하는 장기간 근무
· 정상적인 회복과 휴식 패턴을 방해하는 야간 근무
· 휴일이나 휴식도 없는 근무
· 휴식도 없이 높은 중압감을 주는 근무

· 고된 신체적인 노동을 요구하고 지속적으로 스트레스를 받는 근무

이 5가지 요인의 공통점은 주기적인 에너지 소비와 주기적인 회복이 없다는 것이다. 1년에 3,120시간 이상(주당 평균 60시간 이상)을 일하고 있는 일본의 근로자 수는 1975년에 3백만, 즉 전체 근로자의 15%이던 것이 1988년에는 약 7백만, 전체 근로자의 약 24%로 증가했다.

그 중 45세에 과로사한 근로자에 대한 연구 보고서를 한번 보자. 그는 13일을 계속 쉬지 않고 일했으며 어떤 때는 6일 동안 야간까지 일했던 것으로 나타났다. 그는 마쓰다Mazda 사에서 약 2분마다 한 대씩 생산되는 엔진 부품 조립 라인에서 일을 하고 있었다. 그 생산라인은 효율성을 극대화하기 위해 고안되었기 때문에 휴식이란 전혀 불가능한 일이었다. 이 보고서 작성자는 이렇게 논평했다. "이런 생산라인에서 일하는 근로자들은 전기충격을 면하기 위해 쉴 새 없이 바퀴를 굴려야 하는 생쥐와 같다…." 과로가 건강에 미치는 영향에 대해서 이와 비슷한 조사를 한 적은 없지만, 미국은 전 세계적으로 일본인들보다 주당 노동시간이 더 많은 세계 유일의 국가다.

〈유에스에이 투데이USA Today〉의 창설자이자 에너지와 정력이 넘치는 인물의 대명자로 알려진 낸시 우드헐Nancy Woodhull은 바쁘게 살면서 아주 성공한 사람으로 알려져 있었다. 낸시는 이렇게 말했다. "나는 수영장에서도 하릴 없이 앉아 있는 그런 사람이 아니에

요. 녹음기를 옆에 두고 뭔가 아이디어가 떠오르면 그 자리에서 녹음해 놓습니다. 그다지 스트레스 받는 일도 아니죠. 사람들은 나한테 '낸시 제발 좀 쉬어요.' 라고 말할 테지만 나는 이렇게 말하겠어요. '나는 지금 이런저런 아이디어들을 모으면서 에너지 충전을 하고 있는데요?' 라고 말이죠. 나처럼 녹음기를 곁에 두고 있으면 아주 더 생산적일 수 있을 겁니다. 이동전화나 컴퓨터도 마찬가지죠. 이런 기계를 가지고 있으면 시간을 쓸데없이 낭비할 필요가 전혀 없답니다. 내가 언제 어디에 있든 필요하면 누구든 나를 찾을 수 있으니까요."

이렇게 호언한 지 10년도 채 안 되어서 낸시는 암으로 세상을 떠났다. 그녀 나이 55세였다. 그녀가 일하던 습관과 암 사이에 모종의 관계가 있다고 결론적으로 단정하기는 어렵다. 하지만 그때까지 그녀의 근무 습관은 과로사로 죽은 일본인들과 전혀 다를 바가 없다. 건강하지 못한 식단, 수면 부족, 지나친 경쟁심, 부족한 신체 활동, 과도하게 지속된 스트레스 등 단선적인 행동 형태들이 질병에 걸릴 확률을 높이고 더 일찍 죽음에 이르게 했다는 믿을 만한 증거 자료들이 있다.

갑상선 질환은 과로사의 전조로 나타난다. 갑상선 질환이란 일차원적인 삶이 주는 스트레스에 대한 몸의 반응이다. 이 질환은 무리한 훈련을 하는 운동선수들한테서도 심심찮게 나타난다. 에너지 회복이 제한적으로 이루어지고 쉴 새 없이 자신을 몰아붙인 탓이다. 갑상선 질환에 걸리면 보통 때도 심장 박동수가 증가하고 입맛이 없으며 잠자리에 들기 힘들어지고 늘 혈압이 높으며, 쉽게 짜증이 나고 감정적으로 불안하며 의욕이 떨어지고 쉽게 다친다. 면역력이 약해져서 다른 질병에도 쉽게 감염된다. 우리 프로그램에 참가했던 고위 간부들한테서도 이런 증상들이 간혹 나타났다.

대형 소비재 회사의 중견 간부에 해당하는 윌리엄 D.는 앞서 예시한 장벽 중 하나를 가지고 우리를 찾아왔다. 그는 아침에는 에너지가 충만한 상태에 있다. 그래서 오전중에는 우선적으로 처리해야 할 일을 집중해서 한다. 점심 전까지 하루 업무의 약 70%를 처리한다고 한다. 그러나 오후가 되면 에너지가 현저하게 떨어지고 일에 대한 열정과 집중력도 저하된다. 저녁에는 거의 녹초가 되어서 집으로 돌아오고 가족에게 줄 수 있는 것이 아무것도 남아 있지 않다. 라임병(Lyme Disease, 진드기에 의해 감염되는 질환으로 두통, 권태, 피로감 등을 느끼다가 신경계 질병으로 발전한다. ─ 옮긴이)이나 만성피로증후군을 의심한 그는 주치의를 찾아가 여러 가지 테스트를 받았다. 질병은 아니었다. 단지 에너지 수요는 증가하는 반면, 윌리엄의 에너지 능력은 계속 감소하고 있었던 것이다. 50줄에 들어선 윌리엄은 30대나 40대에 가졌을 법한 탄력성을 거의 잃어버리고 말았다. 에너지를 쓰기만 했을 뿐 주기적으로 다시 회복시키는 데 별 관심을 두지 않았기 때문이다.

윌리엄은 우리 프로그램에 참가하면서 일하는 방식에 한 가지 간단한 변화를 주었다. 90~120분 정도 일하고 나면 가벼운 휴식을 취했다. 물을 마시든가 가볍게 뭘 먹기도 하고 산책도 했다. 이런 방법을 취한 지 2주가 지나자, 오후 동안에 쓸 수 있는 에너지가 약 30% 정도 증가한 것으로 나타났다.

몰입에너지 탱크를 늘려라

주기적으로 에너지를 재충전한다는 것은 필요한 만큼 완전하게 몰입할 수 있게 된다는 것을 의미한다. 그렇다면 우리의 능력을 초과하는 일이 주어진다면, 꽉 찬 에너지 탱크만으로도 충분하지 않게 된다면 과연 어떤 일이 벌어질까?

해답은 아주 역설적이다. 이제껏 당신이 들어왔던 이야기와는 정반대일 것이다. 에너지 능력을 키우기 위해서는 우리 스스로를 단계적으로 더 심한 스트레스에 노출시켜야 한다. 물론 그런 다음에는 적절한 회복이 뒤따라야 한다. 근육이 외부의 긴장에 도전해서 이제까지의 한계를 넘게 되면 '과잉 보상supercompensation'이라는 현상이 나타난다. 근육이 현재 갖고 있는 능력을 초과하는 도전에 부딪치게 되면 다음에 오게 될 자극에 대비해 더 많은 근육 조직을 만들어 내게 되는 것이다. 이것이 에너지의 팽창 양상이다.

한계를 넘어선 과도한 에너지를 소비하고
다시 회복시킬 때 모든 차원에서 발전이 가능하다.

근육은 신체뿐 아니라 정신, 감정, 영적인 모든 차원에 존재한다.

우리는 본능적으로 현재의 안락한 상태에서 벗어나는 것을 거부한다. 항상성Homeostasis은 안락한 상태를 유지하고자 하는 본능을 말한다. 인간의 생리 구조는 현상유지를 지향하게 되어 있다. 이런 안락한 상태가 도전을 받아 뭔가 불편한 상태가 되면 우리 몸의 경보 장치가 작동된다. 경각심이 생겨나, 다시 예전의 안락한 상태로 돌아가고자 하는 것이다. 이런 경보장치나 생리 체계는 실제 위험한 상황에서 자신을 방어할 수 있는 유용한 수단이 된다. 그리고 근육에 지나치게 다른 과도한 요구를 하면 부상을 입을 수도 있다. 그러나 늘 고만고만한 자극만 주어서는 성장과 발전을 기대할 수 없다.

능력을 키우려면 장기적인 성과를 위한
단기적인 불편함을 기꺼이 감수해야 한다.

이 원리를 마음에 적용시키면 장기적인 만족감과 행복을 얻을 수 있다. 심리학자이자 《몰입의 즐거움Finding flow》의 저자인 미하이 칙센트미하이Mihaly Csikszentmihalyi는 이렇게 말했다. "우리는 심리적인 에너지를 쏟지 않고도 쾌락을 느낄 수 있다. 하지만 진정한 즐거움은 오직 평소 이상의 관심을 투자하고 몰입할 때 얻을 수 있다. 우리 삶 속에서 최고의 순간은 우리의 몸과 마음이 어렵지만 가치 있는 것을 얻기 위해 자발적으로 노력해서 자신의 한계 그 너머로 나아갈 때 얻어진다."

우리들 대부분은 이런 경험을 가지고 있다. 어떤 활동이든 쾌락의 정도는 시간이 갈수록 줄어들게 마련이다. 그러나 변화를 두려워하지 않고 우리 자신을 새로운 도전 앞에 자발적으로 드러내 놓을 때, 마음속 깊은 곳으로부터 얻는 만족감은 그만큼 더 클 수밖에 없다.

안락한 영역에 기꺼이 도전하는 자발성은 그 안락함이 어느 정도냐에 달려 있다. 걱정거리가 많고 에너지나 물질적인 것이 부족하다고 느끼면 안락한 상태에서 자신을 내몰려 하지 않을 것이다. 에너지 탱크에 연료가 충분치 않고 심리적으로도 불안감을 느끼면 자신을 방어하기 위해서 그나마 가진 에너지라도 아끼고 제한된 용도에만 쓰려고 할 것이다. 이런 현상을 '수동적 소비defense spending'라고 하자. 가진 것을 영원히 지키려고 하기보다 지속적으로 발전시키고자 한다면, 살면서 닥칠 위험의 차원을 정확하게 계산하고 그에 필요한 에너지를 할당해야 할 것이다.

원치 않는 삶의 폭풍에 대처하는 법

살아가다보면 신체, 감정, 정신 그리고 영적인 차원에서 다양한 강도의 폭풍에 대면하게 된다. 그 폭풍의 힘이 신체적으로 감당할 수 없을 만큼 크면 뼈가 부러지든가 심장마비가 오거나 할 것이다. 그렇다면 우리가 제일 먼저 해야 할 일은 앞으로 또 올지 모를 더 큰 폭풍에 대비해 다친 곳을 보호하는 일이다. 팔이 부러지면 의사는 부러진 뼈를 보호하기 위해 석고붕대를 감아준다. 심장에 무리가 오면 무조건 침대에 누워 쉬라고 처방한다. 그렇지만 언제까지나 석고 붕대를 감고, 침대에 누워 있을 수만은 없다. 오랫동안 활동하지 않으면 급속도로 근육의 기능이 퇴화하고 근력이 줄어들기 때문이다.

'재활rehabilitation'은 체계적으로 예전의 능력을 회복해가는 것을 말한다. 접근하는 방법은 언제나 똑같다. 조금씩 천천히 스트레스의 양을 늘려 가는 것이다. 너무 한꺼번에 몰아붙인다든가 급하게 하면 부상당하기 쉽다. 팔이 부러졌다든가 심장에 무리가 왔을 때처럼 갑작스런 폭풍이 다른 모든 차원의 힘을 무너뜨렸을 때 모두 마찬가지다. 만약 당신이 폭력적인 범죄에 희생자가 되었거나 사랑하는 사람을 잃었거나 직장에서 해고당했다면, 당장 필요한 것은 치유하고 다시 추스를 수 있는 시간이다. 예전의 에너지 능력을 다시 회복하려면 처음 자리에서 우리에게 타격을 가한 이 세계가 요구하는 것에 자신을 조금씩 드러내야 한다. 충분히 치유가 된다면 우리는 이전에 가졌던 능력 이상의 새로운 힘을 얻게 될 것이다.

이런 원칙은 의식적인 선택을 통해 능력을 키우는 일에도 똑같이 적용된다. 엄마로부터 떨어져 혼자 걸어 보려는 아이를 보라. 아이는 몇 발자국을 떼다가도 다시 엄마를 쳐다보고는 아직도 엄마가 그곳에 있다는 것을 확인한다. 말하자면 아이는 현재 자기가 가지고 있는 안전한 울타리를 시험하는 것이다. 엄마가 아이에게 웃어주면 아이는 자신감을 얻고 감정적으로 불안감을 떨쳐내며 긍정적인 에너지를 재충전하게 된다. 아이는 다시 앞으로 발걸음을 떼면서 자신의 능력을 더욱 확장시켜 나간다. 만약 엄마로부터 그러한 자신감과 확신을 얻지 못하면 아이는 당황해서 몇 발자국도 못 떼고 다시 엄마에게로 돌아가고 말 것이다. 성인들 역시 이와 다르지 않다. 감정적으로 불안감을 느끼면 우리는 다시 되돌아가려고 한다. 회복이란 독소를 제거하고 재충전한 에너지를 갖고 다시 폭풍을 향해 들어가는 것이다. 위협보다 도전정신을 느낀다면 어떠한 위험과 불편한 요소를 감수하고서도 기꺼이 나아갈 수 있을 것이다. 우리가 로저에게 "당신은 충분히 스트레스에 노출되지 않았기 때문에, 일부 능력이 덜 개발된 상태입니다." 라고 말하자 그는 믿지 못하겠다는 표정으로 대꾸했다. "내 삶은 그 어느 때보다도 스트레스로 터질 지경입니다. 상사는 나를 믿거나 도와주지 않죠, 감독하고 관리해야 할 사람들은 더 많아졌죠, 필요한 지원은 점점 줄어들고 경쟁은 날로 심해지죠. 이보다 더한 스트레스가 어디 있습니까?" 우리 연구소를 찾은 고객들의 공통된 반응이다.

우리가 그들에게 준 대답은 이렇다. "당신의 능력을 키우려면 현재의 한계 너머로 자신을 떼밀고 나서 주기적으로 에너지를 회복시켜 주어야 합니다. 그래야만 비로소 성장하고 발전할 수 있습니다." 로저는 그 두 가지 모두를 하지 못하고 있었다. 로저는 신체적으로나 영적으로 자신의 능력을 새롭게 키우는 데 충분한 에너지를 투자하지 않고 있었다. 그 분야의 근육에 대한 트레이닝 부족 때문에 근육들이 계속 감퇴했던 것이다.

정신과 감정이라는 나머지 두 차원에서 로저는 에너지를 남용하고 있었다. 주기적으로 충분한 회복을 취하지 않고 과도한 스트레스를 부과하면서 과도한 트레이닝을 해왔던 것이다. 그 결과 로저는 당황하고 무기력해져 있었다. 그의 궁여지책은 그저 계속 몰아붙이는 것뿐이었다. 로저에게 필요한 것은 주기적으로 정신적, 감정적 에너지를 새롭게 하기 위해 채널을 바꾸고 독소를 제거할 시간이었다.

마음에 새겨둘 것

· 인간의 가장 기초적인 대사는 에너지를 쓰고 다시 회복시
키는 것이다. 우리는 이것을 파동이라고 부른다.

· 파동의 반대는 일차원이다. 휴식 없는 과도한 에너지 소비
나 충분한 에너지 소비 없는 지나친 이완이 그것이다.

· 스트레스와 회복의 균형은 개인적으로나 조직적으로 효
율적인 성과를 올리는 데 아주 중요하다.

· 신체, 감정, 정신, 영적인 성과 피라미드의 네 가지 차원에
서 건강한 파동을 유지해야만 한다.

· 신체적인 근육을 키우는 방식과 감정, 정신, 영적인 능력
을 키우고 발전시키는 방식은 동일하다. 자신을 보통의 한
계를 넘어선 스트레스에 체계적으로 노출시킨 다음 충분
히 회복시켜 주는 것이다.

· 에너지 능력 확장이라는 장기적인 보상을 위해서는 단기
적인 불편함과 고통을 기꺼이 감수해야 한다.

불꽃을 계속 타오르게 하라

신체 에너지는 운동선수나 건설 노동자, 농부들에게 더 중요해 보인다. 나머지 대부분의 사람들은 몸보다 뭔가 고귀한 정신노동을 하고 있다고 여기기 때문에, 성과를 위한 신체 에너지의 중요성은 흔히 과소평가된다. 대부분의 직종에서 신체는 효율적인 성과라는 방정식에서 철저히 배제되어 왔다. 그러나 신체 에너지는 대부분의 시간을 책상에 앉아서 보내는 사람에게도 기본적인 에너지원이 된다. 비단 각성이나 활력의 핵심에 놓여 있을 뿐만 아니라, 감정을 조율하고 집중력을 유지하며 창조적으로 사고하고 임무에 지속적으로 헌신할 수 있는 능력을 갖는 데 영향을 미친다. 리더나 관리자들은 종종 이런 신체 에너지를 과소평가하고도, 아랫사람들이 최선의 상태에서 성과를 올릴 수 있으리라 기대하는 어처구니 없는 실수를 저지르고 있다.

우리가 처음 로저 B.를 만났을 때, 그는 평생 에너지 관리라는 주제에 대해서 생각해 본 적이 없었고, 신체적 차원에 대해서는 더더군다나 관심을 두어 본 적도 없었다. 로저는 잠을 더 자거나 정기적으로 운동을 하면 분명 기분이 더 나아질 거라는 것을 알고 있었지만 그럴 시간이 없었다. 식단 역시 그다지 건강하지 못하다는 것을 알고 있었지만 굳이 바꾸어야 할 이유를 찾을 수 없었다. 대신 이런 선택이 어떤 결과를 가져올지 생각하지 않으려 했다. 로저가 느끼는 것이라곤 대부분 바쁘다는 것 그리고 망연자실한 기분뿐이었다.

가장 기본적인 차원인 신체 에너지는 산소와 글루코오스glucose의 상호작용을 통해 생겨난다. 구체적으로 보면 우리의 에너지 탱크의 크기는 호흡 패턴과 우리가 먹는 음식, 수면의 양과 질, 정기적인 회복의 정도, 건강상태에 따라 달라진다. 신체 에너지 소비와 회복의 균형을 리듬감 있게 맞추면 에너지 수위를 상대적으로 계속 보존할 수 있다. 안락한 영역을 넘어 몸에 스트레스를 주고 다시 회복시키면, 우리에게 요구되는 것을 완수하기에 능력이 부족할 때마다 신체적인 능력을 확장시킬 수 있다.

우리 삶에서 가장 중요한 리듬은 우리가 당연한 것으로 생각하는 호흡과 식사다. 호흡이 중요하다고 생각하는 사람은 거의 없다. 그러나 공기를 충분히 들이마실 수 없는 상황, 즉 음식이 기도에 걸리거나 폐기종 같은 질병으로 고생한다거나 물살에 휩쓸려 허우적거릴 때는 그 중요성을 절감하게 된다. 심지어 호흡 패턴이 달라져도 우리는 별 신경을 쓰지 않는다. 예를 들어, 걱정거리나 분노는 전형적으로 호흡을 빠르게 하는데 이는 눈앞의 위협이나 불안 요소에 대응하는 생리적인 반응이다. 그러나 이런 호흡 패턴이 반복되면 가용 에너지를 감소시키고 정신적, 감정적 평정 상태를 재구축하는 능력에 손상을 끼친다. 분노나 근심을 진정시키는 가장 간단한 방법 중 하나가 복식 호흡인 이유가 바로 여기에 있다.

이처럼 호흡은 에너지를 끌어내고 깊이 이완시킴으로써 자기조절을 위한 중요한 수단이 된다. 숨을 깊이 들이마시는 것만으로도 파워풀한 회복의 흐름이 만들어진다. 셋을 셀 동안 숨을 들이쉬고 여섯을 셀 동안 내쉬는 걸 반복하면, 몸은 물론이거니와 마음과 감정 역시 각성 상태가 누그러지고 차분해진다. 깊고 부드러우며 리듬감 있는 호흡은 에너지와 각성, 집중력의 원천이 되는데, 이완, 평정, 고요함과 같은 궁극적으로 건강한 파장을 일으키기 때문이다.

식습관에도 전략이 있다

우리 삶에서 신체 에너지의 두 번째 중요한 원천은 먹는 것으로부터 생겨난다. 섭취한 음식물은 글리코겐으로 분해되어 에너지로 전환되는데, 제대로 먹지 않아 나중에 치러야 하는 대가는 너무나 분명하다. 요즘 사람들은 오랫동안 굶주려 본 경험이 없을 테지만, 뱃속에서 꼬르륵 소리가 날 정도로 허기가 지면 업무의 효율성이 떨어지고 일이 제대로 손에 잡히지 않는다는 것은 알고 있을 것이다. 위가 텅 비게 되면 먹을 것 외 다른 것은 눈에 들어오지도 않는다. 반대로 주기적으로 과식을 하면 에너지를 과하게 충전하는 꼴이 되어 오히려 에너지의 질을 손상시키고 일과 건강 모두에 나쁜 영향을 준다.

고지방 음식이나 설탕 그리고 단순 탄수화물 식품도 에너지를 공급해 주기는 하지만, 야채나 곡물, 저지방 단백질과 복합 탄수화물 식품보다는 효율성이 떨어진다.

더 효율적인 식품을 섭취하면 체중이 감소하고 건강 상태가 개선되며 외모까지도 아름다워지는 여러 이점과 함께 긍정적인 에너지 변화를 가져올 수 있다. 우리 프로그램의 일차적인 목적은 고객들이 하루 종일 안정적으로 고옥탄가의 에너지를 유지하도록 도와주는 것이다. 아침에 일어났을 때는 허기를 느끼지 않는다 해도, 8~12시간 동안 아무것도 먹지 않은 우리의 몸 속 글루코오스 수치는 썰물처럼 빠져나간 상태다. 따라서 아침을 거르지 않는 것이 무엇보다 중요하다. 아침식사는 혈당 글루코오스 수치를 높이는 것은 물론 신진대사를 바로 활성화시켜 준다.

식사를 할 때는 글리세믹이 적게 함유된 음식을 섭취하는 것이 중요한데, 글리세믹은 음식에 들어 있는 당분이 혈액 속으로 유입되도록 하는 기능을 하기 때문이다(303쪽에 있는 글리세믹 인덱스를 참조하라). 혈액 속으로 당이 유입되는 속도가 느려질수록 에너지원은 더욱 안정적인 상태가 된다. 글리세믹이 많이 함유되지 않은 음식을 아침으로 먹게 되면, 고옥탄가의 에너지를 오래 지속시킬 수 있다. 고옥탄가와 지속성 높은 에너지원이 되는 글리세믹 저함유 식품으로는 곡물과 단백질 식품, 딸기, 배, 포도, 사과 같은 과일이 있다. 반대로 글리세믹 고함유 식품으로는 머핀이나 설탕 성분이 많은 시리얼 등이 있다. 이 식품들은 일시적으로 우리 몸에 에너지를 공급하긴 하지만 30분 정도가 지나면 이내 지치게 한다. 대개 아침식사로 버터 바르지 않은 베이글을 먹고 오렌지 주스를 마시면 건강에 좋다고 생각하지만, 베이글이나 오렌지 주스는 글리세믹이 비교적 많이 함유된 식품이기 때문에 안정적으로 에너지를 유지하기에는 빈약한 식단이다.

식사 횟수 역시 완전한 몰입과 효율적인 성과를 이루는 데 영향을 미친다. 하루 5~6회 정도 저칼로리 고영양의 음식을 섭취해야 안정적으로 에너지를 공급할 수 있다. 아무리 에너지가 풍부한 음식이라도 식사 후 4~8시간이 경과하면 충분한 에너지원이 될 수 없다.

뉴욕의 마운트 시나이Mount Sinai 병원에서 이와 관련된 실험을 한 적이 있다. 먼저 피실험자들을 시간을 알 수 없는 상황에 놓아둔다. 그리고 음식을 주고 아무 때라도 배가 고프면 먹게 한다. 그 결과 피실험자들은 평균 96분 간격으로 허기를 느껴 음식을 먹은 것으로 나타났다.

계속적으로 효율적인 성과를 내기 위해서는 일정한 시간 간격에 따라 음식을 먹을 뿐만 아니라, 2~3시간 에너지원으로서 효과가 지속되는 식품을 섭취해야 한다. 이렇게 먹는 비율을 조절하면 체중 관리는 물론 에너지 조절까지 효과적으로 할 수 있다. 너무 자주 너무 많이 먹는 것이나 너무 적게 먹거나 오랫동안 허기진 상태로 있는 것 모두 좋지 않다. 간식을 먹더라도 그 칼로리가 100~150kal 정도여야 한다. 그리고 굳이 간식을 먹게 된다면 호두나 밤 또는 해바라기씨 같은 견과류나 과일 같은 저글리세믹 식품을 먹거나, 200kal 이내의 초콜릿 바 같은 걸 먹는 게 바람직하다.

신체 에너지 능력을 최대화하기 위해서는 허기져 있어도 안 되지만, 너무 포만감이 들 정도로 먹어서도 안 된다. 적당한 정도의 만족감이 들 정도로 조절해야 한다. 그러나 대부분의 사람들은 식사 간격을 길게 잡기 때문에, 먹을 때는 과식하고 다음 식사 때까지 오래 공복감을 참는 등 두 극단을 왔다 갔다 한다(오른쪽의 '공복감 지수 hunger scale'를 참조하라). 식사 간격을 너무 길게 잡기 때문에 보상이라도 하듯 과식하게 되는 것이다.

저녁이 가까워질수록 에너지 용량은 줄어들고 신진대사도 느려진다. 하루를 기준으로 할 때, 이른 시간일수록 더 많은 칼로리를 섭취하고 늦은 시간일수록 더 적게 먹어야 하는 이유가 여기에 있다. 한 실험에서 7~12세의 어린이들을 대상으로 비만 정도에 따라 5개 그룹으로 나누어 조사해 보았다. 비만 정도와 관계없이 5개 그룹 아이들 모두 하루에 섭취하는 칼로리 양은 거의 비슷했다. 그런데 이들 사이에 한 가지 차이점이 있었다. 비만도가 높은 상위 2개 그룹의 아이들은 아침을 적게 먹는 대신 저녁을 많이 먹는 것으로 나타났던 것이다.

공복감 지수 Hunger Scale

10 음식 생각만 해도 구역질이 날 정도로 싫다.

9 움직이기 힘들 정도로 배부르다.

8 배가 불러 행동이 느리고 굼뜨다.

7 잠이 오고, 허리 벨트를 느슨하게 해야 한다.

6 배가 부르고 위에 음식이 가득 찬 느낌이다.

5 만족스러운 정도로 2~3시간 정도는 완벽한 컨디션을
    유지할 수 있다.

4 배가 고프지는 않지만 만족스럽지는 않다. 2시간 후면
    배가 고플 것이다.

3 배가 고프다. 뱃속에서 꼬르륵 소리가 난다.

2 뭐든 게걸스럽게 먹을 거 같다. 집중력이 떨어지고 약간
    머리가 아프다.

1 두통이 심하고 졸립다.

0 너무 배가 고파서 더 이상 배고픔을 느끼지 못한다.

미네소타 대학University of Minnesota에서 역시 비슷한 실험을 했
다. 하루 2,000Cal 정도를 동일하게 섭취하는 사람들을 비교해 보
았더니, 아침이나 오전중에 많이 먹는 사람들은 저녁이나 오후에 많
이 먹는 사람보다 상대적으로 피곤함을 덜 느끼고 체중 역시 일주

일에 1kg 정도 감소하는 것으로 나타났다.

또 한 가지 우리가 새롭게 발견한 사실이 있다. 신체 에너지를 새롭게 하는 중요한 원천인 물이 그 동안 과소평가되어 왔다는 점이다. 배고픔과 달리 갈증이 날 때는 얼마나 물을 마셔야 하는지 알 길이 없다. 갈증을 느낀다는 것은 우리 몸이 메마르고 건조한 지 오래라는 증거다. 최근의 생리학 연구에 의하면 하루에 물을 1.8ℓ 정도는 마셔야 중요한 업무를 수행하는 데 효과적이라고 한다. 근육의 3%만 건조해져도, 근력의 10%가 감소하고 근육 활동의 속도도 8% 정도 감소한다고 한다. 이렇게 부적절한 수준으로 근육이 건조해지면 근육의 집중력과 활동성이 떨어진다.

물을 마시면 몸이 건강해질 뿐만 아니라 장수할 수 있다. 호주에서 2만 명을 대상으로 조사를 해보니 하루에 200ml 컵으로 대여섯 잔 정도 물을 마시는 사람들은 한두 잔 정도밖에 안 마시는 사람보다 동맥경화로 죽을 확률이 현저히 낮았다. 체내에 수분이 모자라면 혈액의 점성이 높아져 동맥경화에 걸릴 가능성이 높아지기 때문이다. 그러나, 커피나 콜라 같은 카페인이 든 음료수를 마시면 심장 활동이 촉진된다는 것은 통계적으로 증명할 수 없었다. 당분이 많은 음식과 마찬가지로 카페인이 든 커피나 홍차, 콜라 등은 일시적으로 에너지를 증폭시켜 준다. 그러나 카페인은 이뇨작용을 하기 때문에 결과적으로는 체내 수분 양을 감소시키고 장기적으로 피로감을 증대시킨다.

조지 D. : 빈약한 신체 에너지

음반회사 중역인 41세의 조지는 창조적인 도전정신을 갖고 일해 왔으며, 자기 일을 사랑하는 사람이었다. 그러나 점차 일에 대한 열정이 수그러들고 20대에 가졌던 넘치는 에너지가 고갈되어 가는 것이 불만스러웠다. 그가 가지고 있는 첫 번째 장벽은 너무나도 분명했다. 신장 177cm에 체중 108kg. 그는 지난 10년 동안 체중이 약 22kg 가량 늘었다. 그의 비만도는 30%로 동일 연령대 평균보다도 10% 정도 과한 수치였다. 그 살집을 끌고 다니느라 에너지 패턴이 얼마나 왜곡됐을지 한번 상상해 보라. 우리를 찾는 고객들은 대개 대학시절 이후 5kg 정도는 체중이 분 상태다. 미국 보건성 통계에 따르면 미국인의 35%가 체중이 계속 늘고 있는 상태이고, 25%는 비만이라고 한다. 이는 지난 20년 동안 엄청나게 증가한 수치다. 우리는 먼저 조지의 식습관이 그의 기초 에너지 수치와 삶에 대한 열정에 어떤 영향을 미치고 있는지를 중점적으로 살펴보았다.

조사 결과, 조지는 지난 몇 년 간 아침식사를 예사로 거르거나 커피로 때우고, 점심은 샐러드나 베이글로 해결했던 것으로 나타났다. 그러다보니 오후 3시쯤이면 심한 공복감과 피로를 느끼기 시작했다. 그래서 서랍에 넣어둔 초콜릿이나 초코바를 먹거나, 직원 식당에 내려가 오전중에 제대로 된 식사를 하지 않았다고 스스로 합리화하면서 과자나 케이크, 캔디 바 같은 것을 먹어 치웠다. 저녁이 되면 부인이 무엇을 차려주든 맛있게 양껏 먹는다. 부인은 조지가 아주 배고픈 상태로 집에 돌아온다는 것을 알고, 음식을 푸짐하게 준비해 놓기 때문이다.

조지의 문제는 하루 중 가장 중요한 아침식사를 거르는 것에서 시작한다. 앞서 살펴보았듯이 고옥탄가의 아침식사는 혈액 내 글루코오스 수치를 증가시킬 뿐만 아니라 신진대사를 활성화시킨다.

구체적인 식단을 짜기 전에 우선 조지는 실험적으로 우리가 지정한 몇 가지 음식을 아침식사로 먹기 시작했다. 곡물 시리얼과 요구르트 그리고 단백질 파우더와 거품 우유, 바나나, 딸기, 블루베리 중 몇 가지를 골라서 아침식사를 했다. 커피는 한 잔으로 줄이고 커다란 머그잔에 커피를 가득 채우는 대신 책상 위에 항상 물병을 두게 했다. 오전중에는 에너지 바 한 개나 호박씨나 종합 너트류를 먹게 했는데, 이런 간식은 항상 가방이나 서랍에 준비해 두었다. 공항에서 갑자기 배가 고파지거나 자동차로 장시간 출장을 가야 할 때는 아주 요긴하게 쓰였다.

점심에는 사무실에서 두 블럭 떨어진 곳에 있는 고급 샐러드 바에서 여러 가지 신선한 과일과 야채와 건강식품을 먹었다. 그곳의 샐러드는 종류가 다양했기 때문에 질리지 않았다. 그리고 가끔은 치즈를 살짝 곁들여 입맛을 돋우기도 했다. 대개 배가 고파지는 오후 3시가 되면 감자 칩이나 단 것을 찾으러 직원 식당으로 내려가는 대신, 서랍에서 에너지 바를 꺼내 먹었다.

이제까지 조지에게 식사하면 떠오르는 것은 참을 수 없는 허기와 먹을 것으로 가득한 식탁이었다. 그러나 두세 시간 간격으로 조금씩 먹기 시작하면서 조지는 비로소 과식하지 않고도 만족감을 느낄 수가 있었다. 어딜 가든 물병을 들고 다니며 조금씩 마셨고 그 결과 하루 종일 크게 허기지는 때 없이 보내게 되었다.

저녁식사 시간에 먹는 메뉴는 별로 바꾸고 싶지 않았던 조지는 대신 부인에게 음식의 양을 줄여달라고 부탁했다. 처음 30일 동안 조지는 아주 의식적으로 만족감을 느낄 만큼만 정확하게 덜어 먹었고 그 이상 식탐을 내지 않았다. 우리는 조지에게 80 대 20 규칙을 지킬 것을 당부했는데, 이는 80%는 건강과 일을 위해서 먹고 나머지 20%는 자신이 좋아하는 것을 먹는 식생활 원칙이다.

조지 D.

성과 장벽: 낮은 신체 에너지
기대 효과: 지속적으로 높은 신체 에너지 유지

의식(ritual)

오전 07:00 아침식사 – 곡물 시리얼 또는 단백질 파우더가
              들어간 스무디
오전 10:00 간식 – 저가당 에너지 바 반쪽 또는 땅콩 한 줌
              혹은 과일 한 조각
오후 12:30 점심식사 – 근처 식당 샐러드 바

오후 03:30 간식 - 오전 간식과 동일

오후 07:00 저녁식사

오후 08:30 약간의 단 것 (예를 들면 냉동 요구르트 등)

액션 스텝(ONE - TIME ACTION STEPS)

· 쇼핑할 때마다 에너지 바, 과일, 해바라기 씨, 곡물 시리얼,
  플레인 요구르트, 단백질 파우더, 물 한 병을 산다.
· 부엌 싱크대에 있는 쿠키, 칩, 크래커 등 잡동사니 음식을
  모두 없앤다.
· 일요일 오후에 사무실에 가져갈 간식들을 가방에 싸 놓
  는다.

그는 일주일에 한번 정도는 저녁 8시 30분쯤에 허쉬 초콜릿 여
섯 조각을 맛있게 먹었고, 작은 컵에 든 냉동 요구르트도 즐겼다. 우
리가 제시한 식습관을 통해 조지는 칼로리 섭취는 서서히 줄여나가
는 대신, 먹는 종류와 시간만큼은 완전히 바꾸었다. 새로운 식단을
시작한 지 일주일 후 조지는 하루 종일 자신의 에너지가 눈에 띄게
상승하는 것을 느끼게 되었다. 더 많은 에너지를 갖게 되자 기분이
좋아지고 집중력도 개선되었다. 게다가 보너스처럼 약 6개월 후에
는 11kg 정도 체중이 줄었는데, 그 과정에서 허전한 느낌이 들지 않

았다. 비만도도 23%로 떨어졌다. 체중이 더 이상 붙지 않으면서 에너지 단계는 계속적으로 개선되었고, 자신의 인생을 스스로 컨트롤할 수 있다는 자신감도 얻게 되었다. 물론 파티에 가거나 휴일을 즐기다보면 규칙을 어길 때도 있지만, 조지는 1년이 다 되어갈 무렵까지 줄어든 체중을 유지했고 업무능력도 꾸준히 향상되었다.

24시간 리듬과 수면의 중요성

우리 인생에서 호흡과 식사 외에 회복을 위한 중요한 원천은 수면이다. 수면 역시 인간의 체온과 호르몬 수치나 심장박동과 같이 24시간 주기를 갖는다. 우리를 찾은 고객들 대부분은 수면 부족을 호소한다. 그러나 수면 부족이 업무나 사생활에서 성과와 몰입에 영향을 미친다는 것을 인식하는 사람은 드물었다.

조금이라도 수면이 부족하면, 다시 말해 불충분한 회복을 하면 신체적 강인함과 심근 능력, 기분 외에도 모든 에너지 차원에 영향을 끼친다. 이미 50여 편 이상의 연구 보고서를 통해, 수면시간이 부족할수록 반응 시간, 집중력, 기억력, 논리/분석적 사고와 같은 정신적인 활동이 점차적으로 저조해진다는 사실이 밝혀졌다. 필요한 수면 시간은 연령, 성, 유전적 특성에 따라 다르지만, 광범위한 과학적 조사에 따르면 평균 7~8시간 정도는 수면을 취해야 최적의 상태로 기능을 발휘할 수 있다고 한다. 몇몇 보고서를 보면 인간을 외떨어진 장소에 놓고 자연적인 빛을 차단시켜 시간을 알 수 없게 해도 자연스럽게 7~8시간 정도 수면을 취하는 것으로 나타난다.

심리학자인 댄 크립케Dan Kripke와 그의 동료들은 6년여에 걸쳐 백만 명의 수면 패턴을 연구한 바 있는데, 그 결과는 아주 드라마틱하다. 평균 7~8시간을 자는 사람들의 사망률이 가장 낮았고, 4시간 정도 자는 사람들은 이들보다 2~2.5배 사망률이 높았으며, 10시간 이상 자는 사람들 역시 사망률이 1.5배 높았다. 간단히 말해서 회복 시간이 너무 길거나 너무 짧은 쪽 모두 사망률 증가의 위험을 안고 있다는 것이다.

덧붙여 잠자리에 드는 시간대 역시 에너지 수준과 건강 그리고 성과에 영향을 미친다. 셀 수 없이 많은 연구 보고서들이 야간 근무를 하는 근로자들의 교통사고율이 낮 근무자보다 2배나 높고, 사업장에서의 사고율도 더 높은 것으로 보고하고 있다. 낮밤을 교대로 근무하는 근로자들은 동맥경화와 심장마비에 걸릴 확률이 낮에만 근무하는 근로자들에 비해 월등히 높은 것으로 나타났다. 지난 20년 동안 일어났던 산업 재해, 즉 체르노빌Chernobyl, 엑슨 발데즈 Exxon Valdez, 보팔Bhopal, 3마일 아일랜드Three Mile Island 등의 사고는 대부분 한밤중에 일어났다. 게다가 이때 책임을 맡고 있던 사람들은 오랫동안 충분히 수면을 취하지 못한 채 근속했던 것으로 나타났다. 1986년 챌린저호가 공중 폭발하면서 7명의 우주비행사들이 목숨을 잃었다. 당시 미 항공우주국NASA의 관리들은 관련자들이 20시간 이상 휴식 없이 격무를 지속해 왔는데도 휴식 시간 없이 우주선 발사를 강행하는 치명적인 판단 실수를 저지른 것으로 나타났다.

늦게까지 야근할수록 효율성은 떨어지고
업무상 실수도 잦아진다.

수면은 에너지를 새롭게 재충전하는 것은 물론, 세포가 성장하고 몸이 스스로를 수리하고 치유하는 시간이다. 이런 모든 일은 아주 깊은 수면에서 이루어지는데, 이때 나타나는 뇌파가 델타delta파다. 델타파 상태에서는 세포의 분화가 활성화되고 성장 호르몬이 왕성하게 분비되며, 손상을 복구하는 효소가 분비되고 긴장됐던 근육이 재생된다. 간단히 말하면 아주 깊은 회복의 시기에 우리는 더욱 성장하고 치유되는 것이다.

주기적인 휴식이 무엇보다 필요한 사람들은 오랜 수련의 과정을 거쳐 전문의가 되고자 하는 의과대학생들일 것이다. 이들은 때때로 낮밤을 가리지 않고 연속 36시간 동안 쉬지 않고 일하면서도, 주당 120시간 정도 공부를 한다. 1984년 기자인 시드니 시온Sidney Zion 은 딸이 뉴욕시립병원 응급실에 실려 갔다가 사망하자 장안의 화제가 되는 소송을 제기했다. 배심원들은 시드니의 딸이 경험 부족과 수면 부족으로 원활한 응급처치를 할 수 없었던 인턴과 레지던트들로부터 '아주 부적절한' 처치를 받고 사망했다는 결론을 내렸던 것이다.

시드니의 딸 리비가 죽은 지 3년 후 뉴욕 주가 제정한 새로운 법령에 따라 레지던트들과 응급처지 담당의들의 하루 8시간 이상 연속 근무가 금지되었고, 24시간 주기를 넘는 교대 배치를 하지 못하게 되었다. 2002년 전국 내과의조합 역시 미국 내 10만에 이르는 레지던트들의 근무 교대 주기를 24시간으로 한정시켰다. 이것은 완벽한 해결책이 되지 못한다. 일본에서는 근로자가 24시간 동안 쉬지 않고 근무하다 사망하면 과로사로 인정하게 되어 있다. 미국 국립과학원에 의하면 의료사고 중 상당수가 과도한 업무로 피로한 의사의 판단 실수로 일어나며, 그 수는 매년 10만 건에 이른다고 한다. 자동차 사고와 유방암, 에이즈로 사망한 사람을 다 합한 것보다 더 많은 숫자다.

의과대학과 병원 관리자들은 "레지던트들의 과도한 업무는 훗날 그들이 의사가 되어 헤쳐 나가야 할 과중한 압박감을 견뎌내는 데 도움이 된다"고 항변한다. 그러나 그들에게 이렇게 묻고 싶다. 한밤중에 24시간 이상 잠 한숨 자지 못한 운전사가 모는 트럭 옆에 나란히 달리고 싶은지, 30시간 동안 잠도 안 자고 훈련받은 젊은 조종사의 비행기를 타고 싶은지, 24시간 교대로 근무하는 사람이 야간에 혼자 책임지고 있는 핵발전소 옆에 살고 싶은지 말이다. 젊은 내과수련의들의 교대 시간을 길게 잡아서 장시간 근무시키는 것은 순전히 경제적인 이유에서다. 리비 시온 법령은 뉴욕 주에서만 시행되고 있는데, 줄어든 레지던트들의 근무시간에 따른 대체인력 비용은 연간 2억 2천 5백만 달러에 이른다. 그러므로 스트레스와 회복의 비율을 효율적으로 관리하게 된다면, 이런 비용을 줄이고 수많은 생명을 구할 수 있게 될 것이다.

심리학자이자 수면 연구가인 클라우디오 스탬피Claudio Stampi
는 피실험자들에게 밤에 오래 자지 못하게 하고 대신 4시간마다
20~30분간 짧은 낮잠을 자게 하는 실험을 했다. 짧은 낮잠은 전략
적인 회복의 방법이다. 낮잠을 잠깐씩 잔 피실험자들은 길게 잠을
들지 못했음에도 불구하고 24시간 내내 놀라울 정도로 높은 생산성
을 보이고 각성의 정도도 높은 것으로 나타났다. 이 경우에는 피실
험자들이 더 깊은 잠으로 빠지지 않도록 시간을 정확히 지켜야 한
다. 만약 30~40분 이상 잠을 자게 되면 피실험자의 상당수가 오히
려 낮잠을 전혀 자지 않은 경우보다 더 피로감을 느끼는 것으로 나
타났다.

조디 R. : 빈약한 집중력

올빼미족인 조디는 밤마다 제시간에 잠자리에 드는 게 무척이나
힘들고, 아침에 일어나기는 더더욱 힘들어했다. 그녀의 아버지 역
시 똑같은 증상을 보였는데 조디는 자신의 수면 습관이 유전일 거
라 확신하고 있었다. 조디는 새벽 1시가 되기 전에는 거의 잠자리에
들지 못했다. 문제는 출근하려면 새벽 6시에 일어나야만 한다는 것
이었다. 수면 시간은 고작 5시간 정도였다. 그런 생활을 반복하다보
니 조디는 항상 피곤한 상태에 있었고, 몰입 능력과 집중력에 현저
한 영향을 미쳐 특히 오전중에는 녹초가 된 것처럼 피곤함을 느끼

곤 했다.

우리는 먼저 조디가 매일 밤 잠자리에 들기 전 몇 시간 동안 무얼 하며 보내는지 조사했다. 조디는 이메일에 답신을 보내거나 혼자 조용히 있는 걸 즐겼고 소설도 자주 읽는다고 했다. 이런 일들은 조디 스스로가 인정하듯 꼭 필요한 일은 아니었다. 그래서 우리는 잠자리에 들기 전에 긴장을 이완시키기 위해 뭔가를 해보자고 제안했다. 목욕은 긴장을 이완시켜 주는 효과가 있고, 조디도 목욕을 좋아했기 때문에 잠들기 전 의식ritual으로 밤 10시에 목욕을 하기로 했다. 목욕이 끝난 10시 30분에는 부엌으로 내려가 카모마일 차를 한잔 마셨다.

조디가 잠자리에 들기 힘든 이유는 다음날에 대해 미리 생각하기 때문이었다. 10시 45분에 침대에 들어가면 그동안 사 모은 잡지(조디는 이 잡지들에 '카타르시스'라는 재밌는 이름을 붙였다)를 펼치도록 했다. 그 다음 10~15분에 걸쳐 마음에 드는 이슈를 쓰고, 그것을 어떻게 처리하고 싶은지 자신의 생각을 써내려가도록 했다. 잡지를 읽으면서 관심 가는 것은 무엇이든 종이에 쓰기 시작하자 다른 걱정거리를 잊을 수 있었다. 그리고 의식ritual의 마지막 단계는 15~20분 동안 소설이 아닌 것을 읽는 일이었다. 일단 소설에 빠지면 정신이 더 또랑또랑해지고 잠이 오지 않기 때문이었다. 대신 약간 이해하기 어려운 책을 읽기 시작하자 금세 졸리기 시작했다. 11시 15분이 되어 전등을 끄면 조디는 의식적으로 자기 인생에서 긍정적이고 편안한 마음을 갖게 하는 기억만을 떠올렸다.

두 번째로 해결해야 할 일은 아침에 일어나는 것이었다. 우리는 알람시계를 가능하면 침대에서 멀리 떨어진 곳에 두어서 알람을 끄려면 조디가 반드시 일어나야 하도록 했다. 아울러 몸을 깨우기 위해 일어나자마자 불을 켜게 했다. 일어나자마자 조디는 운동복으로 갈아입고 밖으로 나가 10~15분 동안 산책을 했다. 자연광에 노출되면 몸이 잠에서 깨어나게 되기 때문이다(수면이 좀 부족하더라도 건강 상태가 양호하면 성공적인 활동을 할 수 있으며, 30분의 심폐운동이나 근력 훈련은 30분의 부족한 수면 시간을 대체하는 효과가 있다). 마침내 조디는 아주 조금씩이나마 기꺼이 아침식사를 하게 되었다. 다른 올빼미족들처럼 조디 역시 처음에는 아침에 허기를 느끼지 않았지만, 조금이나마 아침을 먹자 조디의 신진대사가 활성화되는 데 큰 도움이 되었다.

조디 R.

성과 장벽: 집중력 부족, 피로감
기대 효과: 집중력 향상

의식(ritual)

오후 10:00 목욕
오후 10:30 카모마일 차 한잔 마시기

오후 10:45   자잘한 이야깃거리 쓰기

오후 11:00   난해한 책 읽기

오후 11:15   불 *끄기*

오전 06:00   기상(자명종은 최대한 침대에서 멀리)

오전 06:15   15분 가량 산책하기

오전 06:30   가벼운 아침식사

액션 스텝(ONE-TIME ACTION STEPS)

· 밤에 읽을 잡지를 산다.

· 소설이 아닌 난해한 책을 세 권 산다.

새로운 의식을 만들어 실천한 첫 2주 중 5~6일 동안 조디는 여전히 새벽 1시까지 잠이 들지 못했다. 그러나 그 후 며칠이 지나자 11시 15분에 불을 끄고 바로 잠들어 평균 7시간 정도 잘 수 있었다. 조디의 에너지와 감정 상태는 극적으로 좋아졌다. 밤에 잠을 잘 자게 되자, 아침에 일어나는 것이 그다지 힘들지 않았다. 처음에는 짧은 산책조차 싫어했던 그녀였지만, 이제 아침 산책은 그녀의 하루 의식 중에서도 가장 즐거운 시간이 되었다. 산책은 에너지를 충만하게 할 뿐만 아니라 그날 하루에 대해 조용히 계획할 수 있는 좋은 기회가 되었다.

4주가 지나자 조디의 생활은 완전히 바뀌었다. 밤마다 규칙적으로 11시 15분에 잠이 들었고, 나중에는 자명종 없어도 일어날 수 있게 되었다. 더 중요한 것은 조디의 전반적인 기분이 좋아지고 그 누구보다도 더 생생하게 하루 종일 집중력을 유지할 수 있게 되었다는 점이다.

당신만의 하루 리듬

당신은 의대생이나 레지던트가 될 필요도 없고, 장시간 일할 필요도 없다. 피로와 회복 부족은 당신의 몰입 수준, 나아가 성공에까지 영향을 미친다. 잠을 잘 때 여러 사이클을 거치듯이, 업무 시간 동안에도 몰입의 폭은 다양하다. 에너지의 상태는 90~120분 간격으로 심리적인 각성을 조절하는 울트라 리듬과 연결되어 있다. 그러나 불행스럽게도 현대인들은 자연적으로 발생하는 이 리듬을 더 이상 자각하지 못할 만큼 무시하고 있다. 매일같이 우리에게 쏟아지는 요구에 따라 스스로를 긴장시키고 소모하느라, 회복이 필요하다는 몸의 신호에 관심을 기울일 여유가 없다.

인위적으로 개입하지 않는 한, 우리의 에너지는 밀물과 썰물처럼 주기적으로 차고 기운다. 오후 3~4시쯤 되면 24시간 주기 리듬과 90~120분 주기의 울트라 리듬 모두 저조해진다.

일본의 수면 연구가인 요이치 쓰지Yoichi Tsuji와 토시노리 고바야시Toshinori Kobayashi는 사람들이 하루 중 가장 피로감을 많이 느끼는 이 시간을 '한계점the breaking point'이라고 불렀다. 그들의 연구에 의하면 하루 중 그 어느 때보다 이 한계점에 사고 발생률이 가장 높다. 24/7이라는 숫자로 표현되는 현대 세계에서는 거의 사라지고 없지만, 지난 수 세기 동안 여러 문화권에서 오침을 제도화한 이유가 여기 있다.

미 항공우주국NASA이 자체 운영하는 '피로감 측정 프로그램'은 40분 정도의 짧은 낮잠은 평균적으로 약 34% 가량의 업무수행 개선을 가져오고 각성의 정도는 100% 정도 향상된다고 보고하고 있다. 하버드Harvard 대학 연구원들이 한 최근 연구를 보면, 계속된 업무로 집중력과 효율성이 50% 가량 떨어진 피실험자들에게 1시간 가량 낮잠을 자게 했더니 최고의 성과를 올릴 수 있게 되었다고 한다. 윈스턴 처칠Winston Churchill은 세계적인 지도자들 중에서도 낮잠의 전략적 가치를 분명하게 이해한 사람이었다.

점심과 저녁식사 사이에는 30분 정도 낮잠을 자야 한다. 옷을 벗고 침대에 들어가라. 나는 항상 그렇게 한다. 낮에 자기 때문에 일을 덜 한다는 생각은 하지도 말라. 그것은 상상력이 빈곤한 사람들의 바보같은 생각일 뿐이다. 오히려 더 많은 일을 할 수 있다. 하루를 이틀처럼, 혹은 적어도 하루를 하루하고 반나절 정도처럼 보낼 수 있다. 나는 그렇게 확신한다. 2차대전 개전 이후 나는 오히려 매일 낮잠을 자야 했다. 그것이 내가 영국수상으로서 전쟁을 승리로 이끌고 가야 할 책임을 다하는 유일한 길이었기 때문이다.

오늘날 비즈니스에 종사하는 대부분의 사람들에게는 이런 사치가 전혀 소용에 닿지 않는 일일 것이다. 하지만 아주 잠깐이라도 휴식을 취하는 것은 하루 내내 에너지를 안정적으로 유지하는 데 아주 중요하다. 하루 중 어떤 방법으로든 에너지 회복을 할 수 있는 휴식 시간을 가진 고객들은 한결같이 저녁때까지도 지치지 않고 안정적으로 에너지를 쓸 수 있었다고 증언한다.

브루스 R. : 일과 사생활의 균형

브루스는 스스로 일중독자임을 인정했다. 잡지사에서 성공가도를 달리고 있는 37세의 그는 아침 7시면 어김없이 회사에 나와 대부분의 시간을 책상에서 보내고 오후 7시 이전에는 거의 퇴근을 하지 않았다. 게다가 가끔은 집에까지 일거리를 가지고 가서 저녁 늦게까지 일하기도 했다. 브루스는 다른 동료들보다 월등하게 많은 시간, 거의 주당 80시간을 일에 몰두하는 것을 자랑스럽게 여겼다. 물론 브루스는 이런 스케줄 때문에 자신과 가족들이 치러야 하는 대가를 잘 알고 있었다. 일 처리 속도는 변함이 없었지만, 그는 매일 쉼 없이 달리는 끝도 없는 레이스 속에서 자신 내면에서 점점 더 화가 치밀고 날카로워진다는 것을 느낄 수 있었다.

그에게는 7살, 4살 그리고 2살 난 아이가 있었고 부인은 두 번째 아이를 가지고는 직장을 그만두었다. 아내는 브루스가 가족들을 전혀 보살피지 않는 게 불만이었다. 브루스 역시 아버지로서 더 많은 것을 해주지 못하고 있다는 것에 대해서 자책하고 있었다. 브루스의 아버지는 굴지 기업의 중역으로 가족은 거의 안중에도 없었던 사람이었다. 그래서 브루스는 어린시절부터 아버지의 부재에 대해 뼈저리게 느끼고 있었다. 그러나 브루스 역시 업무와 사생활에 균형을 잡기 위해 우리를 찾았지만, 자신이 사랑하는 일을 희생하고 싶지는 않았다.

그는 세계적인 프로선수들이 고도로 잘 짜여진 회복 습관을 어떻게 만들어갔는지에 대한 자료들을 보고서야 마음을 움직였다. 주기적인 이완이 업무 효율에 더 도움이 된다는 얘기에 설득된 것이다. 천성적으로 체계적인 브루스는 재충전 의식을 만들어나가는 실험을 기꺼이 시작했다. 우리는 브루스에게 '당신에게 가장 중요한 것은 완전히 채널을 바꿔 일에서부터 완전히 빠져나올 수 있는 회복 형식을 찾아내는 것'이라고 설명해 주었다.

업무와 전혀 관련이 없고 긴장이 쫙 풀리는 것이 없느냐고 묻자 브루스는 구두를 닦는 일이라고 대답했다. 브루스의 사무실은 맨해튼 중심부의 고층빌딩에 있는데 사무실에서 세 블록 정도 가면 구두 닦는 곳이 있었다. 브루스는 일주일에 세 번 오전 10시에 사무실에서 나와 그곳으로 걸어갔다. 구두닦이 중에서도 특히 브루스가 마음에 들어 하는 분은 낙천적인 성격을 가진 70대의 할아버지로 항상 구두를 닦으면서 그에게 멋진 이야기를 들려주곤 했다. 재미있는 대화를 나누는 동안 구두는 어느새 반짝반짝 윤이 나게 닦여 있었고, 브루스는 그 20분의 시간이 너무나 유쾌했다. 하지만 일주일에 다섯 번이나 구두를 닦을 수는 없는 일이라 며칠은 10층 사무실에서 계단으로 내려가 사무실 근처에 있는 스타벅스 커피전문점엘 갔다. 그곳에서 즐기는 커피 한 잔 역시 브루스의 기분을 상쾌하게 만들어 주었다.

브루스 R.

성과 장벽: 일과 사생활의 불균형
기대효과: 가족과 함께 하는 시간을 만들고, 일에 쫓기고 있다는 감정상태를 개선

의식(ritual)

오전 10:00   회복을 위한 휴식 – 구두 닦기, 스타벅스 커피
　　　　　　전문점 가기
정오 12:00   사무실에서 음악을 들으며 점심 먹기
오후 03:00   회복을 위한 휴식 – 깊은 심호흡
토요일 오전 6:00~8:00, 일요일 오후 8:00~10:00
이 시간에만 업무 관련 일을 할 수 있음

액션 스텝(ONE-TIME ACTION STEPS)

· 매일 휴식 시간을 업무 스케줄에 넣을 것

점심 식사 때는 밖으로 나가지 않는 대신 식사하는 15~20분 동안은 절대 일에 손대지 않기로 했다. 클래식 광인 브루스는 사무실에 워크맨을 가져다 식사시간마다 베토벤이나 모차르트를 들었다. 이것 말고 회복의 방법으로 새롭게 시도한 것은 요가였다. 오후 3시가 되면 그는 사무실 문을 닫고 신발을 벗고 10분 동안 바닥에 정좌한 채 심호흡을 한다. 이런 조그만 휴식을 판에 박은 듯 일상적으로 하기까지 4주가 걸렸고, 그때부터 놀라운 변화가 시작되었다.

시간이 흐르면서 브루스는 다른 두 가지 회복 의식ritual을 보탰다. 그것은 효율적인 주말 이용법이었다. 일을 완전히 손에서 놓을 수 없지만 가족들과 최대한의 시간을 보내기 위해서, 주말만큼은 정해진 짧은 시간에만 집중해서 일을 하기로 했던 것이다. 먼저 토요일 오전 6~8시, 아직 식구들이 잠들어 있는 시간을 집중 업무 처리시간으로 삼았다. 이 시간에는 사무실에서 일하는 그 어느 때보다더 집중력이 높았다. 토요일 아침에 집중적으로 일을 마치자 주말을부담 없이 보낼 수 있게 되었다. 그리고 특별히 급한 일이 아니면 토요일이나 일요일에는 사무실에 가지 않았다.

그리고 일요일 저녁 8~10시 사이, 아이들이 모두 잠자리에 든 시간을 이용해 일을 했다. 이 시간에 브루스는 주말에 온 이메일을살펴보고 내주 계획을 짤 수가 있었다. 물론 브루스가 새로운 스케줄을 완벽하게 다 지킨 것은 아니었다. 일이 처진다 싶거나 마감시간에 쫓기는 듯한 불안감이 들 때면 낮 동안의 휴식을 빼먹기도 했고, 어떤 주말에는 내내 업무 생각에 빠져 있기도 했다. 그러나 그런 날이면 저녁 때 더 피곤함을 느꼈고 가족들과의 유대감도 엷어지는 듯했다.

마지막으로 브루스가 특별히 세운 휴식 계획은 바로 여행이었다. 본래 브루스는 비행기를 오래 타는 것을 싫어했고 비행기 안에서는 스트레스가 심해지고 에너지가 고갈되는 듯한 느낌을 받곤 했다. 특히 9.11 테러 이후 그 느낌은 더 심해졌다. 그는 이런 느낌을 바꾸고 회복을 위한 긍정적인 원천을 제공하기 위해서 아주 재밌는 책들만 골라 비행기에 들고 탔다. 비행기 안에서 브루스는 오로지 책만 읽었다. 그러자 전에 없이 여행을 즐기게 되었고, 비행기를 타는 일도 더 이상 곤욕스러운 것이 아니었다.

넘어야 할 장애물을 계속 높여라

적당한 운동을 통해서 얻는 이점이 너무나 많음에도, 대다수의 사람들이 전혀 운동을 하지 않는다는 사실은 새삼스러운 얘기도 아니다. 강인함과 인내심은 이제까지의 안락하고 편안한 울타리를 박차고 나와 낯선 불편함을 감수해야 얻어지는 것이다. 그리고 이런 과정을 거쳐 뭔가 눈에 띄는 결과를 얻기까지는 시간이 필요하다. 그러나 그러기 전에 대부분의 사람들은 제풀에 포기하고 만다.

근육 강화 훈련과 심폐기능 강화 훈련은 건강에도 유익하며 에너지 수준과 성과에도 깊은 영향을 미친다(105쪽 박스 참조). 1960년대 케네스 쿠퍼Kenneth Cooper의 《에어로빅스Aerovics》가 발간된 이후, 사람들은 균형 잡힌 건강을 위해서는 에어로빅이나 꾸준한 운동을 하는 것이 최선이라고 생각했다. 그러나 우리 연구소의 실험과 경험에 의하면 꾸준한 운동보다는 일정한 간격을 두고 하는 인터벌 트레이닝interval training이 더 효과적이라는 사실이 밝혀졌다. 인터벌 트레이닝은 1930년대 유럽에서 육상 선수들의 속도와 지구력을 증강시키기 위해 도입되었다. 짧은 시간 동안 강도 높은 훈련을 한 다음 다시 짧은 시간 동안 휴식하며 에너지를 재충전하는 방식이다. 이 훈련 방법이 기본적으로 전제하는 바는 적절한 휴식기를 삽입해 주어야 나중에 더 강도 높은 일을 성취할 수 있다는 것이다.

그러므로 일주일에 3~5일은 하루 20~30분 동안 휴식 없이 심박수 최대치의 60~85%에 이르도록 운동하는 것이 가장 바람직하다. 최근 하버드와 콜롬비아 대학이 공동으로 연구한 보고서에 따르면 완전히 호흡이 안정된 다음에 60초 이내의 강도 높은 에어로빅 동작을 하면 긍정적인 효과가 있다고 한다. 이런 식의 에어로빅을 약 8주간 실험해 본 결과, 피실험자들의 심폐기능이 월등히 개선되었고 상황에 따라 심박수가 유연성 있게 변하며 기분까지 전환시켜 주는 것으로 나타났다. 뿐만 아니라 면역기능이 향상되고 혈압도 떨어지는 걸로 나타났다. 우리는 인터벌 트레이닝이 신체적인 트레이닝뿐 아니라, 일상에서 우리가 대면하는 도전에 맞서 항해하도록 실용적으로 응용할 수 있다고 믿는다.

우리 연구소는 오래 전부터 인터벌 트레이닝을 훈련 과정의 핵심에 두었다. 구체적인 형태는 여러 가지다. 단거리 달리기, 계단 오르내리기, 자전거 타기와 바벨 들기 등 숨이 찼다가 다시 평상시의 수준으로 돌아오기를 리듬감 있게 반복할 수 있는 운동이면 된다.

운동과 성과의 상관관계

듀퐁사에서는 기업 차원의 피트니스 프로그램에 6년 이상 참가한 사람들의 경우 결근율이 47.5%나 줄었다는 데이터가 나왔다. 또한, 이들 참가자들은 다른 직원들에 비해 태업일 역시 14%나 줄었으며, 이를 회사 전체로 따지면 12,000일이나 된다.

〈인간공학Ergonomic〉지의 연구에 의하면 육체적으로 건강한 사람이 그렇지 않은 사람에 비해 정신적 성과 또한 현저히 높은 것으로 나타났다. 육체적으로 건강한 근로자들은 집중력과 기억력이 필요한 작업에서 그렇지 못한 사람에 비해 불량률이 27% 가량 낮았다.

재임 기간이 9개월 이상 되는 중역 80명을 대상으로 한 한 조사에 의하면, 규칙적인 운동을 통해 22% 정도 체중 감량에 성공한 사람들은 그렇지 않은 사람에 비해 복합적인 의사결정 능력이 70% 가량 향상되었다.

캐나다의 한 생명보험회사가 직원들을 대상으로 한 피트니스 프로그램에 참여한 63%는 업무 시간 동안 신체적인 긴장이 풀리고 피로감이 줄어들며 인내심이 강해진 것으로 나타났다. 그 중 47%는 좀더 기민해지고 상사나 동료들과의 인화력이 현저히 좋아졌으며, 일에 대한 보람도 훨씬 커졌다고 답했다.

유니언 퍼시픽 레일로드Union Pacific Railroad에서 꾸준한 운동을 시작한 직원 중 75%는 집중력과 전반적인 업무 생산성이 향상되었다고 밝혔다.

제너럴 모터스General Motors는 피트니스 프로그램에 참여하고 있는 근로자들의 경우 업무에 대한 불만과 산업재해 발생률이 50% 가량 감소하고 손실시간lost time도 40% 가량 감소했다고 밝혔다.

주류회사 쿠어스Coors Brewing Co.는 자료를 통해 기업 차원의 피트니스 프로그램에 대한 투자액 1달러당 간접수익이 6.15달러에 달한다고 밝혔다. 에퀴터블 생명보험Equitable Life Assurance, 제너럴 밀즈General Mills, 모토로라Motorola 등의 기업들 역시 투자액 1달러 대비 간접수익이 적어도 3달러에 이른다고 보고하고 있다.

인터벌 트레이닝은 에너지 능력을 키우고
스트레스에 대한 적응력을 높여, 우리 몸이 더 효율적으로
회복하도록 하는 중요한 훈련 방법이다.

에너지 소비와 에너지 회복은 모두 능동적인 생리 작용이다. 우리 경험에 비추어 보면 신체적이든 감정적이든 정신적이든 또는 영적이든 에너지 소비를 단선적으로 하면, 성과는 최적의 상태 이하로 떨어지고 시간이 지날수록 에너지는 파괴적으로 변화한다. 완전한 몰입은 우리 인생에서 마주치는 여러 요구사항에 빠르고 유연하게 대처하는 능력뿐 아니라, 빠르고 효율적으로 다시 안락함의 상태로 복귀하는 능력까지도 포함한다.

삶의 근육을 강인하게 단련하라

근력 훈련은 심폐 훈련과 마찬가지로 중요한데, 근육의 강도는 노화나 에너지 감소와 연관이 되기 때문이다. 평균적으로 마흔이 넘어 정기적으로 근력 운동을 하지 않으면, 일년에 0.2kg 정도씩 근육을 잃게 된다고 한다. 1980년대 중반부터 터프츠 대학Tufts University의 연구진들은 노인들을 대상으로 근력 훈련 효과를 실험해 보았다. 결과는 놀라운 것이었다. 1990년 미국의학협회 저널에 실린 연구 보고서를 보면, 이 실험에 참여한 노인들은 86~96세에 이르는 만성적인 질환에 걸린 시설 노인들이었다. 이들 중에는 지팡이나 보행기에 의지해야 하는 사람도 있었다. 그런데 일주일에 3일씩 약 8주간 근력 강화 훈련을 한 결과, 근력이 평균치보다 무려 175% 증가했고 균형감각 역시 48% 가량 증가한 것으로 나타났다.

터프츠 대학의 연구진 중 한 명인 미리엄 넬슨Miriam Nelson은 최근 다시 55~70세에 이르는 여성 중 한번도 운동을 안 해 본 사람들을 대상으로 또 다른 연구를 했다. 일년 후, 여전히 운동을 하지 않은 사람은 골밀도가 2% 감소했고 균형감각도 8.5% 정도 상실한 것으로 나타났다. 반면 일주일에 3일 정도 근력 훈련에 참가한 사람들은 골밀도와 균형감각이 모두 증가한 것으로 조사됐다.

결론적으로 말하자면, 근력 훈련은 모든 차원의 에너지를 증가시켜 주며, 신진대사를 활발하게 해 주고 심장을 튼튼하게 해 준다.

심리학자들이 대체적으로 공감하고 있는 사실은 다른 어떤 요인보다 근육 감퇴가 노화에 따른 활력 감소와 기력 상실의 원인이 된다는 것이다. 골밀도가 낮아지면 골다공증의 위험이 증가하고 뼈가 약해져 쉽게 부상을 당한다. 미국인만 해도 2천 5백만이 골다공증을 가지고 있다. 90세 전후의 여성 중 1/3은 골반뼈 골절로 고통을 받고 있는데, 유방암이나 자궁암, 난소암보다 골반뼈 골절로 인한 사망률이 더 높다.

신체 에너지 능력을 키우려면 의도적으로 몸을 힘들게 할 필요가 있다. 오랫동안 계속 앉아서 근무하는 현대의 화이트칼라 노동자들은 육체적인 힘을 쓸 일이 없기 때문에 굳이 몸을 움직여 신체적인 강인함을 기를 필요가 없어 보인다. 그러나 그 결과 나이를 먹어가면서 도전적이고 긴장감을 주는 상황에서 끌어다 쓸 수 있는 에너지가 부족해진다. 완전군장을 한 상태에서 강도 높은 훈련 프로그램에 참가한 군인들을 대상으로 오랜 기간 동안 실시한 연구 결과가 이를 증명해 준다. 이 프로그램에 참여하는 2백 명의 군인들은 포트 브래그 특별 전투센터의 정규 코스인 생존Survival - 도주 Evasion - 저항Resistance - 탈출Escape 코스, 즉 SERE를 통과해야 했는데 이는 미군이 행하는 훈련 중 가장 긴장감 높고 혹독한 훈련에 속한다.

바로 이 SERE 훈련 참가자들과 평균적인 훈련을 앞둔 사병, 전투비행 전의 공군 파일럿, 첫 점프를 앞둔 스카이다이버, 중요한 수술을 앞둔 일반인 환자 등을 비교해 본 것이 실험의 개요였다. 모든 피실험자들에게 나타난 상황 전과 중간 그리고 상황이 끝난 후의 호르몬 수치 변화를 측정하였다. 연구 결과 모두 긴장된 상황에 처해 있음에도 불구하고 SERE 훈련 참가자들이 다른 사람들보다 월등히 빨리 긴장에서 회복하고 다음 상황에 대비했다. 관건이 되는 요소는 주기적인 회복을 통해 과중한 스트레스에서 벗어나는 전략이었다. 연구 보고서를 작성한 모건C.A. Morgan III과 메이저 게리 헤즐렛Major Gary Hazlett은 다음과 같이 결론을 내렸다.

가혹한 훈련은 실제 전투에서의 업무수행 능력을 향상시킨다. 스트레스 접종stress inoculation이라는 개념은 특정 바이러스에 대한 면역을 키우기 위해 예방접종을 하는 것과 비슷하다. 적당한 양의 백신을 주입하여 면역이 생기는 것처럼, 스트레스 접종은 인간에게 심리적, 생리적 체계를 활성화시킬 수 있을 정도의 스트레스를 주어 면역이 생기게 하는 것이다. 이때 투여하는 스트레스는 사람이 그에 압도되지 않을 수준이어야 한다. 만약 긴장과 스트레스 수위가 너무 높으면 인간은 거기에 너무 민감하게 반응해 다음번에 같은 정도의 스트레스를 받아도 효과적으로 대처해 나가지 못한다.

스트레스를 최소화하거나 회피하는 것은 회복 없는 과도한 스트레스만큼이나 에너지 능력에 치명적이다. 의학저널 〈란셋Lancet〉에 실린 한 연구 보고서는 대략 15가지 종류의 질병으로 병원에 입원한 환자 16,000명에게 나타나는 신체적 변화에 주목했다. 결론적으로 환자의 질병 원인이 무엇이든 의학적인 상태가 어떻든, 오랫동안 침대에 누워 쉬는 것은 환자에게 아무런 이득이 되지 않는 것으로 밝혀졌다. 침대에 누워 쉬기만 하면 오히려 에너지 회복이 늦어지고 어떤 경우에는 상황이 더 악화되기도 한다. 허리 디스크나 심장 질환 또는 전염성 간염 등 통상 침대에서 오래도록 휴식을 취해야 한다고 여기는 질병의 경우도 마찬가지였다.

프랭크 K. : 스트레스를 이기는 인내력 부족

프랭크의 1차적인 성과 장벽은 스트레스를 견디는 인내력이 부족하다는 것이었다. 프랭크는 조금이라도 압박을 받으면 다른 사람들을 거칠게 대하고 쉽게 화를 냈다. 대규모 유통업체의 신규 사업부 책임자로 승진한 그는 다른 사람에 대해 자주 비판적이었고 동료들에게도 곧잘 화를 냈다. 뛰어난 재능의 소유자임에도 불구하고 프랭크는 이런 장벽 때문에 자신의 능력을 최대한 발휘하지 못하고 있었다. 그가 직접 작성한 설문지를 보면 이런 정황을 쉽게 알 수 있다.

프랭크는 운동하는 것을 싫어했다. 46세인 프랭크는 젊은 시절에 비해 체중이 9kg 정도 불었음에도 여전히 자신이 관리 감독하는 부하직원들보다 훨씬 에너지가 넘쳐났다. 아내가 강하게 요구하는 바람에 마지못해 조깅을 해 보기도 했지만, 몇 주 지나지 않아 조깅의 단조로움에 별 흥미를 느끼지 못하고 그만두게 된다.

우리는 프랭크에게 정기적으로 운동을 하면 업무의 긴장감도 줄어들고 감정과 기분도 더 잘 조절할 수 있다고 설득했다. 또한 그런 효과를 보려면 그는 이제껏 시도해 보지 않은 충분한 시간을 두고 열정을 가져야 함을 상기시켜 주었다. 프랭크는 약간은 회의적이었지만 게임을 한다는 기분으로 60일 동안 우리가 제시한 운동 프로그램을 열심히 실천했다. 무엇이든 판에 박은 듯 일상적인 습관이 되게 하려면 최소 60일은 필요하기 때문이었다. 프랭크는 집에서 가까운 헬스클럽의 두 달치 회원권을 끊었다.

프랭크 K.

성과 장벽: 스트레스를 이기는 인내력 부족

기대 효과: 평온함, 자기 조절능력

의식(ritual)

월요일 오전 07:00   산책

화요일 오전 06:30   산책, 근력 훈련

금요일 오전 07:00   산책/조깅

일요일 오전 11:00   인터벌 트레이닝, 근력 훈련

액션 스텝(ONE-TIME ACTION STEPS)

· 심박측정기 구입하기

· 새 운동복 구입하기

다음으로 우리는 프랭크가 인터벌 트레이닝 프로그램을 짜도록 도와주었다. 새롭게 운동을 시작하는 관건은 운동량과 강도를 아주 천천히 조금씩 늘려가는 것이다. 우리는 프랭크가 직접 심박측정기를 가지고, 스트레스를 받았을 때와 에너지가 회복될 때의 심박수 패턴을 측정하게 했다. 그의 나이와 이제까지 전무했던 운동 경력을 토대로 프랭크는 자신의 목표 심박수를 140으로 잡았다(심박수의 목표량을 정할 때는 반드시 주치의의 진단을 받을 필요가 있다). 맨 처음에는 빨리 걷는 것만으로도 목표 심박수에 도달했다. 프랭크는 60초간 빠른 속도로 걸은 다음 심박이 90으로 떨어질 때까지 계속 천천히 걸었다. 이렇게 박동수를 높였다 낮추며 걷기를 약 20분 동안 계

속 반복했다. 20~25분간 쉬지는 않되 무리하게 몰아치지 않음으로써, 몸이 스트레스를 견디고 효과적으로 회복하게 하는 방법을 터득시키고 있었던 것이다.

그러자 즉시 프랭크는 인터벌 트레이닝 방식의 걷기 운동이 조깅보다 훨씬 더 몰입하기 쉽고 지루함 없이 계속할 수 있음을 절감했다. 빨리 걸을 때는 약간 벅찬 느낌도 들었지만 그만두고 싶은 정도는 아니었다. 운동을 시작한 지 2주째부터는 이틀에 한 번꼴로 인터벌 걷기를 했다. 하루는 심박이 100~130을 오르내리더니 그 다음에는 100~140으로 오르내렸다. 시간이 좀 지나자 프랭크는 마침내 140이라는 목표에 도달하기 위해, 달리기 시작했다.

처음으로 프랭크는 일주일에 3일 정도는 조깅할 수 있게 되었고 시간은 월, 수, 금 오전 7시로 못박았다. 그렇게 이른 시간이 아니고는 달리 시간을 낼 수 없었기 때문이었다. 그리고 일주일에 두 번은 근력 훈련을 했다. 근력 훈련은 기본적으로 강약을 조절하는 운동이라고 할 수 있다. 일정한 무게의 아령을 들어올리고 내리는 동안 근육은 긴장을 받기도 하고 이완되기도 한다. 근력 훈련은 우리 신체 부위 중 주로 어깨, 등, 가슴, 이두근, 삼두근, 그리고 다리 근육에 집중된다. 방법은 적당한 무게를 가해 각 부위의 근육을 8번에서 12번 정도 반복해서 긴장 - 이완시키는 것이다. 프랭크는 전보다 더 도전적인 상황에 자신을 노출시켰다고 할 수 있다. 그러나 힘들어서 지치거나 그만두고 싶을 정도로 강도를 높이지는 않았다.

4주째 프랭크는 급하게 처리해야 하는 업무에 치여 3일 연속 운동을 빼먹었다. 그러자 놀랍게도 그는 운동이 그리워졌고 스케줄에 없는 일요일 오전에 헬스클럽에 나가 운동하기로 결심했다. 이번에는 약간 기분 전환하는 마음으로 헬스 자전거에 앉아 보았는데 그것 역시 마음에 들었다. 인터벌 트레이닝 방식에 따라 프랭크는 자전거 속도를 달리 해 페달을 밟음으로써 긴장과 이완을 병행했으며, 헤드폰을 꽂고 음악까지 즐겼다. 프랭크는 예전보다 더 도전적인 상황을 견뎌낼 수 있다는 것이 놀라웠으며 같이 운동하는 사람들과도 친분을 쌓게 되었다. 그래서 프랭크는 일주일 중 일요일에도 운동을 했고 근력 훈련도 계속 해나갔다.

프랭크의 13살 난 아들은 자전거 타기를 좋아했다. 날씨가 따뜻해진 어느 토요일 오전 프랭크는 아들에게 함께 자전거를 타자고 제안했다. 옆 동네까지 16km 정도를 달리고 나서 아침을 먹고 다시 자전거를 타고 되돌아왔다. 아들과 함께 하는 이 시간은 놀랄 정도로 즐거웠고, 둘은 앞으로도 계속 타리라 약속했다. 이제 아들과 함께 자전거를 타는 일이 토요일 오전의 일과가 되었고, 부자 모두에게 아주 소중한 시간이 된 것은 물론이다.

약 8주가 지나자 프랭크는 토요일과 일요일을 제외하고는 매일 운동을 했다. 운동이 그의 인생에서 커다란 의미를 갖게 된 것이다. 우리가 프랭크에게 장담했듯이 운동은 신체 에너지뿐만 아니라 정신과 감정 에너지를 회복시키는 데 효과적인 원천이 되었고, 업무를 할 때도 예전의 날카롭고 비판적인 태도가 누그러졌다. 게다가 프랭크는 원래 에너지가 넘치는 사람이었기 때문에 낮 동안에 과하다

싫게 일을 해도 저녁에 그다지 피곤함을 느끼거나 스트레스를 받지 않았다.

마음에 새겨둘 것

· 신체 에너지는 삶의 불꽃을 타오르게 하는 기본적인 에너지원이다.

· 신체 에너지는 산소와 글루코오스 간의 상호작용을 통해 얻어진다.

· 신체 에너지를 좌우하는 가장 중요한 두 가지 요소는 호흡과 영양이다.

· 하루에 5~6회 가량 저칼로리 고영양분 음식을 먹어야 글루코오스와 다른 필수 영양소를 안정적으로 공급해줄 수 있다.

· 매일 1.8ℓ의 물을 마시는 것은 신체 에너지를 효율적으로 관리하는 데 아주 필수적인 요소다.

· 하루 7~8시간은 수면을 취해야 신체 기능을 최적의 상태로 만들 수 있다.

· 일찍 잠자리에 들고 일찍 일어나면 그날 하루를 최상의 컨디션으로 만드는 데 도움이 된다.

· 인터벌 트레이닝은 신체적인 능력을 키우고 더욱 효과적

으로 몸을 회복하는 법을 익히는 데 효과적이다.

· 완전한 몰입을 유지하기 위해서는 90~120분마다 회복을
위한 휴식시간을 두어야 한다.

위협을 도전으로 변화시켜라

신체 에너지는 우리의 감정적 기술과 재능을 점화시키는 원료다. 최적의 상태로 성과를 내기 위해서는 먼저 긍정적이고 즐거운 감정, 즉 일에 대한 즐거움, 도전의식, 모험심, 기회라는 감정을 일으켜야 한다. 위협이나 결함으로부터 생겨나는 여러 감정들, 즉 불안감, 공포, 분노, 슬픔, 좌절 등의 감정은 독소가 되어 우리 몸에서 코르티솔이라는 스트레스 호르몬을 분비시킨다. 우리들은 감정 지능EQ을 '긍정적인 에너지와 완전한 몰입을 위해 감정을 기술적으로 관리하는 능력'이라고 본다. 구체적인 언어로 바꾸어 말하자면, 긍정적인 감정에 연료를 제공하는 '감정 근육'인 자신감, 자기규율, 사회성, 공감 능력 등이 그것이다. 좀더 작은 감정 근육에는 인내심, 개방성, 신뢰, 즐거운 마음 등이 있다.

최고의 성과를 위해 감정 근육을 이용하려면, 신체 근육과 마찬가지로 규칙적인 운동을 통해 이를 강화시키고 주기적으로 이완시켜 주어야 한다. 몸의 심폐기능이 감퇴되거나 과도한 스트레스에 노출시키면 이두근이 지치게 되는 것처럼, 감정 에너지도 회복 없이 계속 쓰기만 하면 고갈되어 버린다. 외부의 요구에 대응하는 우리의 감정 근육이 약하거나 충분하지 않으면, 현재의 능력을 넘어서까지 몰아붙이고 나서 회복시키는 의식ritual을 고안해서 감정 근력을 체계적으로 강화시켜 나가야 한다.

신체 에너지와 감정 에너지 능력은 서로 밀접하게 연결되어 있다. 외부적인 요구 때문에 우리가 갖고 있는 신체 에너지가 고갈되기 시작하면, 우리 몸은 그것을 비상사태로 감지한다. 그래서 높고 부정적인 에너지 사분면(28page 참조)으로 이동하여, 외부적인 요구에 대처하지 못하고 있다는 경각심을 불러일으킨다. 로저 B.의 인생이 바로 그런 경우였다. 로저는 신체 에너지를 재충전하는 데 전혀 관심을 두지 않았기 때문에 시간이 지남에 따라 그의 에너지 탱크에 있던 연료량이 감소했다. 그리하여 로저가 직장과 가정생활에서 느끼는 압박감은 점점 증가하고 있었다. 직장 상사에게 무시당하고 있다는 생각과 자신의 업무능력에 대한 불만 그리고 가족들로부터 소외당하고 있다는 느낌을 갖게 되면서 로저는 근심, 좌절, 자기방어로 가득 차게 되었던 것이다. 에너지 측면에서 보자면 부정적인 감정은 그 대가가 크고 비효율적이다. 휘발유를 마구 먹어대는 자동차처럼 부정적인 감정은 아주 빠른 속도로 우리의 에너지 탱크를 바닥낸다. 한 조직이나 기업의 리더나 관리자들이 부정적인 감정을 갖고 있으면 그렇지 않은 경우보다 두 배 정도 더 큰 영향력을 발휘하게 되는데, 부정적인 감정은 전염성이 아주 강하기 때문이다. 이들이 다른 사람들에게 공포감이나 분노 또는 자기방어 심리를 조장하면, 기업 전체의 성과가 현저하게 떨어진다. 분노나 좌절 같은 부정적인 감정이 오래 묵으면 만성적인 어깨 통증이나 두통에 시달리게 되고, 심장질환이나 암과 같은 질병에 걸릴 확률이 높아진다.

유전병리학자인 데이비드 스노우든David Snowdon은 노트르담 수도원의 수녀 678명을 대상으로 한 연구에서 위와 같은 상관관계를 밝힌 바 있다. 스노우든은 알츠하이머병에 걸린 수녀들과 그렇지 않은 수녀들을 비교해 그 원인을 찾아내고자 했다. 그는 실험대상으로 삼은 수녀들이 20대 초반 수도원에 입회할 당시 작성했던 자기소개서를 분석해 보았다. 이 사적인 기록을 토대로, 스노우든은 수도원에 입회할 당시 행복감이나 사랑, 희망, 감사와 만족 같은 긍정적인 감정으로 가득 차 있었던 수녀들이 그렇지 않은 수녀들보다 더 오래 그리고 풍성하게 살았음을 알아냈다. 그리고 이 수녀들 중 질병으로 사망한 숫자는 상대적으로 긍정적인 감정 표현이 적었던 수녀들의 절반 정도밖에 되지 않았다. 스노우든의 연구는 부정적인 감정 중에서도 가장 최악인 좌절과 절망이 알츠하이머병을 일으킬 가능성을 2배로 증가시킨다는 다른 연구 결과와도 일치한다. 스노우든은 학자로서뿐만 아니라 개인적으로도 이 연구결과에 깊은 영향을 받았다. 그는 보고서에서 이렇게 쓰고 있다.

"화가 날 때마다 빨리 심리적인 안정을 찾기 위해 의식적으로 더 노력하게 되었다. 부정적인 감정에 오래 빠져 있지 않으려고 한다. 적어도 평상시의 상태나 그것보다 더 건강한 상태로 회복하려고 계속 노력하게 되었다."

로저의 경우, 심각한 질병은 생기지 않은 상태였지만 가끔 두통이나 목덜미에서 등에 걸친 고질적인 통증이 신경 쓰일 정도로 심해졌고 심각한 경우도 가끔 있었다. 그는 비록 처음에는 상사에게 떠밀려 우리 연구소를 찾았지만, 점차 부정적인 에너지가 그의 생활에서 어떤 결과를 가져왔는지 관심을 갖기 시작했다. 그는 심하게 긴장하거나 고민거리가 있을 때면 집중력이 약해지고 인내심이 없어지고, 그 결과 동료들과의 관계가 불편해지고 성과도 줄어들고 있었다. 오후가 되면 심각할 정도로 녹초가 되고 왜 일을 해야 하는지 동기조차 말라버리는 걸 느꼈다. 무슨 일이든 긍정적으로 몰입할 수 있을 만큼 마음이 편하고 스스로가 잘 통제되는 날도 있었지만, 그런 날은 점점 줄어만 갔다.

부정적인 감정이 성과에 미치는 영향은 특히 스포츠에서 뚜렷하게 나타난다. 존 맥켄로John McEnroe와 지미 코너스Jimmy Connors, 이 두 테니스 선수를 떠올려 보라. 다혈질의 맥켄로는 경기 도중에 실수를 하거나 공이 아슬아슬하게 터치라인을 건드려 아웃이 되면 라켓을 집어던지는 등 버럭 화를 내고 신경질을 부리곤 했다. 맥켄로와 마찬가지로 원래 다혈질이었던 코너스는 경력이 쌓여감에 따라 열정을 가지고 경기를 즐기는 선수가 되었다. 반대로 맥켄로는 경기를 즐기기보다는 나이를 먹어가면서 다혈질 기질이 오히려 더 심해졌다. 코너스는 경기를 하나의 기회이자 모험으로 생각하면서 에너지를 끌어올렸고, 맥켄로는 계속 방어적인 자세로만 경기에 임했던 것이다. 맥켄로는 마치 살기 위해서 피 흘리며 싸우는 야수 같았다.

어느 단계까지는 맥켄로가 가진 부정적인 감정이 경기에 별다른 영향을 미치지 않는 것처럼 보였다. 코너스가 경기를 더 즐겼을지는 몰라도, 두 선수 모두 수년 동안 연속 세계 랭킹 1위에 머물렀고 수차례 그랜드 슬램을 정복했다. 그렇다면 긍정적인 감정이 더 나은 성과의 연료가 된다는 증거가 어디 있는가? 해답은 지속성에 있다. 냉정하게 평가하자면 맥켄로보다는 재능이 떨어지던 코너스는 39세 생일에 U.S.오픈 준결승에 진출했다. 그리고 40세가 되기 전까지 테니스계에서 은퇴하지 않고 계속 경기에 출전했다. 이에 비해 맥켄로는 6년 먼저 그러니까 34세에 은퇴를 했다. 코너스는 맥켄로보다 자신의 감정 에너지를 더 효율적으로 관리했기 때문에, 더 오랫동안 세계 최고의 선수로 남을 수 있었다. 게다가 그는 경기를 즐겼다.

오늘날 맥켄로는 자신이 높고 부정적인 에너지 사분면(26쪽 참조)에 속해 경기를 함으로써 어떤 손해를 보았는지 인정한다. 맥켄로는 감정을 잘 조절할 수 있었던 선수들과 자신을 비교하면서 이렇게 쓰고 있다.

"경기중에 내가 했던 눈에 띄는 행동들은 모두 화를 참지 못해서 나온 것이다. 그런 행동이 과연 나에게 도움이 되었을까? 전혀 그렇지 않다. 그렇게 하지 않았더라면 더 잘할 수 있었을 거라는 아버지

말씀이 옳았다. 그렇지만 나는 내가 가진 재능이나 그 어떤 것에도 안주할 수 없었다."

맥켄로는 지금에서야 자신의 화를 컨트롤하지 못했기 때문에 1984년 프랑스 오픈 결승에서 이반 렌들Ivan Lendl에게 패할 수밖에 없었으며 "내 인생 최악의 실패이자 손실! 나는 화를 내느라 내 에너지를 모조리 써버리고 말았다."고 자서전에서 고백하고 있다. 이런 체험 때문에 그는 종교를 갖게 되었고, 다음 경기였던 윔블던 대회에서 전혀 새로운 모습을 보여주었다. "올 잉글랜드 클럽에서 있었던 첫 번째 경기부터 프랑스 오픈 때 같은 짓은 절대 하지 않으려고 마음먹었다." 맥켄로는 이 해 윔블던 대회에서 승리했다. 토너먼트로 치러지는 경기 내내 자신의 기질을 잘 조절하였음은 물론이다.

긍정적인 감정은 개인적인 차원뿐 아니라 조직 차원에서도 성과에 불을 붙이는 효율적인 연료다. 갤럽에서 관리자와 고용인들을 대상으로 한 여론조사 결과를 보면 직장인들의 생산성과 가장 직결되는 1차적인 요인은 바로 직속상사와의 관계였다. 직장인들이 얼마나 높은 생산성을 낼 수 있는가는 상관이나 직장 내 다른 동료들로부터 받은 관심 정도에 따라 현저히 달라졌던 것이다. 직속상사나 다른 동료로부터 받은 인정이나 칭찬, 격려는 바로 그 주의 생산성과 직결된다. 다른 말로 하면 긍정적인 에너지로 서로 의사소통할 수 있는 능력이야말로 성공적인 경영 관리의 핵심이라고 하겠다.

몇 년 동안 로저는 직속상사가 자신에게 관심을 가지고 지켜봐 주며 신뢰하고 있다는 자신감을 업무 수행의 동력으로 삼았다. 뒤에서 불어오는 순풍 덕분에 로저는 자신의 가치를 신뢰할 수 있었고, 고객들을 대할 때도 긍정적일 수 있었으며 결과적으로 세일즈맨으로 성공을 거둘 수 있었다. 성공은 성공을 먹고 자란다. 맨 처음 성공에 불을 지핀 긍정적인 감정을 계속 강화하면서 말이다. 그 반대도 성립한다. 상사가 예전보다 관심을 덜 보이고 회사 차원의 지원도 줄어들자, 로저가 일에 대해 가졌던 즐거움과 안정감은 물론 자신감과 몰입의 정도, 궁극적으로 성과까지 위축되었던 것이다.

로저의 감정 에너지가 부정적으로 변해갈수록 로저는 자기 상사에게 받았던 것과 똑같이 자기 직속 직원들에게 관심을 가지지 않음으로써 그들의 사기를 떨어뜨렸다. 당신 인생에서 이제껏 멘토 역할을 해주던 누군가를 떠올려 보라. 남자든 여자든 그가 당신에게 불어넣어준 에너지는 긍정적인 것이었나, 부정적인 것이었나? 누군가 옆에서 칭찬하고 도전 의식을 고취시켜주고 물심양면으로 도와준다면 성취동기가 커지겠는가, 작아지겠는가? 반대로 비판하고 판단하고 불안감을 조성한다면 어떻게 되겠는가?

즐거움과 감정적 재충전의 파워

간단히 채널을 바꾸는 것만도 효과적인 감정 재충전 방법이다. 지난 십여 년 동안 트레이닝 프로그램을 진행해오면서, 우리는 사람들이 감정을 풍요롭게 하고 마음을 즐겁게 할 수 있는 활동에 그다지 관심을 갖지 않는 것을 보고 새삼 놀랐다. 우리 연구소의 트레이닝 프로그램에 참가하는 고객들에게 인생에서 얼마나 자주 기쁨과 깊은 만족을 느끼는가 물어보았다. 가장 일반적인 대답은 "거의 없다"였다. 당신의 인생에 대해서 잠시 생각해 보라. 당신은 일주일에 과연 몇 시간을 순전히 즐거움과 재충전을 위해 쓰고 있는가? 충분히 휴식을 취하고 이완된 상태로 있는 시간이 과연 몇 %나 되는가? 최근에 모든 일에서 손을 놓고 완전하게 휴식해 본 적이 언제인가?

즐겁게 만족감을 얻을 수 있는 활동은 어떤 것이든 긍정적인 감정을 일으킨다. 저마다의 관심분야에 따라 노래, 정원 가꾸기, 춤, 요가, 독서, 운동, 박물관 견학, 콘서트 관람을 하든, 그도 아니면 그냥 조용히 혼자서 시간을 보내거나 혼자 명상을 하든 선택은 당신에게 달려 있다. 그러나 그 동안의 연구에 의하면 어떤 활동을 하건 그것에 우선순위를 두고 다른 무엇으로부터도 방해받지 않는 신성불가침의 것으로 만들어 시간을 투자해야 한다. 그런 활동의 보상으로 얻는 쾌락보다 더 중요한 것은, 그런 활동을 통해서 실제로 꾸준하고 지속성 있는 성과를 얻을 수 있게 된다는 점이다.

감정적 재충전에서 깊이와 질은 또 다른 문제다. 그것은 얼마나 그 활동에 깊이 몰입하여 스스로의 감정을 풍부하고 활기차게 하느냐에 달려 있다. 예를 들어 보자. 많은 사람들은 에너지를 이완시키고 휴식하는 손쉬운 수단으로 텔레비전을 선택한다. 그러나 대부분의 텔레비전 시청은 정신적으로나 감정적으로 영양가 없는 정크 푸드를 먹는 것과 다를 바가 없다. 일시적으로 휴식할 순 있으나 질 좋은 영양분을 섭취하는 것이 아니기 때문에 오히려 더 많은 감정 에너지를 소진하게 된다. 미하이 칙센트미하이의 연구에 의하면, 오랫동안 텔레비전을 시청하면 불안감이 높아지고 의기소침해진다.

반대로, 감정적 회복의 원천이 더 깊고 풍부할수록, 우리의 에너지 탱크를 더욱 많이 채울 수 있고 스스로도 더 탄력적으로 변한다. 감정적인 재충전을 효과적으로 하면 극도의 압박감 속에서도 더욱 효과적으로 성과를 올릴 수 있게 된다.

에리카 R. : 불안, 완벽주의

에리카는 비교적 규모가 큰 로펌의 유능한 변호사였다. 그러나 그녀는 과도한 업무로 인한 압박감에 늘 시달리고 있었고, 자기가 처리한 일이 잘 되었는지 늘 걱정이 떠나질 않았다. 가정에서는 13살, 11살 난 두 아이와 많은 시간을 함께 할 수 없는 데 대한 죄책감이 심하다고 호소해왔다. 에리카의 인생은 끊임없는 의무감으로 점철되어 있었고, 에리카는 그 모든 의무사항을 하나같이 아주 진지하게 받아들이고 있었다. 에리카는 자기가 소화해야 할 숱한 업무와 의무사항을 지키기 위해, 아주 꼼꼼하게 시간을 쪼개 썼고 자기평가에도 아주 엄격했다. 그러다보니 변호사로서 유능하다는 명성은 얻었지만 너무 엄격하고 무뚝뚝해 보인다는 소리를 들었다. 다른 파트너들 역시 그녀를 존경하기는 했지만 거리감을 두었으며, 비서들은 그녀와 함께 일하는 걸 꺼렸다.

에리카에게 필요한 핵심 이슈는 능력을 키우는 것보다는, 오히려 스스로를 이완시키고 자연스럽게 내버려 두는 일이었다. 우리를 찾은 여느 여성 고객들처럼 에리카 역시 자기만의 시간은 전혀 갖지 못하고 있었다. 에리카에게 인생에서 가장 행복했던 때가 언제냐고 묻자 두 아이를 가졌을 때라고 대답했다. 그 외에 떠오르는 것이라곤 고교 시절 댄스파티나 결혼식이 전부였다. 그것들은 모두 십여 년 전의 일이었다. 그녀 자신도 의기소침하게 인정하듯, 에리카는 한 번도 진정 즐겁게 휴식해 본 적이 없었다. 가족과 휴가를 떠나도 아이들에게 가능한 한 여러 곳을 보여주려고 여행가이드 역을 자처할 뿐, 해변에 앉아서 쉬는 것조차 상상할 수 없었다.

우리는 에리카에게 그녀 스스로 부과한 의무들에서 벗어나 자신만을 위한 시간을 내서 감정 에너지를 재충전할 수만 있다면, 개인적으로나 대인관계에서나 업무에서나 더 효율적일 것이라고 충고해 주었다. 에리카는 이른 아침에 운동을 하고 있었지만 그것 역시 즐거움의 원천이 되지는 못했다. 에리카는 일주일에 네 번 정도 출근 전에 헬스클럽에 가서 30~40분 정도 쉼없이 스텝 머신을 밟거나 헬스 자전거를 타곤 했다. 단조롭긴 하지만 아이들이 일어나기 전까지 운동을 계속했다. 운동 역시 여러 의무사항 중 하나가 되었던 것이다.

에리카 R.

단련시켜야 할 감정 근육: 유연성

성과 장벽: 불안, 지나친 엄격함

기대 효과: 즐거움, 조화

의식(ritual)

월, 수, 금 - 점심은 식물원에서 먹기

화 - 점심시간에 댄스 클래스에 참여하기

토요일 오전 9:00~11:00 - 정원 가꾸기

액션 스텝(ONE-TIME ACTION STEPS)

· 당장 댄스 클래스 등록하기

· 읽고 싶은 소설책 세 권 사기

우리는 에리카에게 진정 즐길 만한 신체적 활동이 없느냐고 물었다. 어려서 발레를 배웠는데 훈련이 너무 혹독해서 그만두었다는 에리카는 모던 댄스나 재즈, 아프리카 춤을 좋아한다고 대답했다. 우리는 에리카에게 일주일에 적어도 2번은 댄스 클래스에 참가해서, 그것을 하루 업무를 마감하고 가정으로 돌아가는 터닝 포인트로 삼으라고 조언해 주었다. 에리카는 그러겠다고 동의했다. 오래지 않아 댄스 클래스에서 춤을 추는 일은 에리카에게 아주 특별한 즐거움이 되었고 업무에서 완전히 해방된 기분을 갖게 된 것은 물론, 그토록 열렬하게 갈구하던 무언가를 찾았다는 느낌도 갖게 되었다.

달리 즐길 만한 게 또 없느냐는 질문에 그녀는 어렸을 때는 소설을 좋아했지만 어른이 되면서 순전히 여가를 위해 소설을 읽지는 못했다고 대답했다. 에리카에게 또 즐거움이 될 만한 일은 자연 속에서 시간을 보내는 것이었다. 숲을 거닐다보면 깊이 재충전되는 기분이 들지만 이 역시 좀처럼 시간을 낼 수 없는 일이었다. 우리는 이두 가지 일을 결합시킬 수 있는 방법을 고민했다. 에리카는 기후가 온화한 곳에 살고 있었지만, 수 년간 시간을 절약하기 위해 사무실에서 점심을 해결하고 있었다. 에리카는 도시락을 가방에 넣고 사무실에서 5분 떨어진 곳에 있는 식물원에 가서 45분 동안 벤치에 앉아 소설을 읽으면서 점심을 먹기로 했다. 그리고 토요일 오전에는 두 시간 동안 정원 가꾸는 일을 하기로 했다.

처음 그녀가 이 두 가지 일과를 실천하는 것은 모범생이 학교 수업을 빼먹는 것처럼 낯설었다. 그러나 댄스 클래스와 정원 가꾸기, 식물원에서 점심 먹기 등의 일과는 그녀의 기분을 좋게 만들었고 그녀 역시 그 일과에 자연스럽게 끌리기 시작했다. 그 결과 에리카의 업무에도 적잖은 변화가 생겼다. 자신의 업무를 처리해야 할 스트레스로 받아들이지 않고 지적인 도전으로 받아들임으로써, 일을 성취할 때마다 충분한 만족감을 얻을 수 있었다. 여전히 에리카는 일을 할당하고 지시하는 입장이었지만, 자신의 일을 돕는 사람들의 멘토 역할도 함께 할 수 있었다. 다른 사람들에게 용기를 주고 사기를 북돋아 주었으며 능력을 최대한 발휘할 수 있도록 도와주게 된 것이다. 댄스 클래스에서 시간을 보낸 후 집으로 돌아와 저녁에는 일에 대해서 모두 잊고 남편과 아이들과 함께 더 편안한 시간을 보낼 수 있게 되었다. 어쩌다 댄스 클래스에 가지 못하거나 수목원에서 점심을 먹지 못하게 되는 날이면, 오후 시간에 업무 효율성이 떨어지고 스트레스가 쌓이는 것을 느낄 만큼 에너지 회복의 시간이 무엇보다 중요한 삶의 일부가 되었다.

무너진 바로 그곳에서

때에 따라서, 우리는 스스로 원치 않는 도전적인 상황이나 감정적 폭풍에 맞부딪친다. 이를 어떻게 관리하느냐에 따라서 폭풍은 우리를 완전히 파괴할 수도 있고 성장의 기회가 될 수도 있다.

2001년 9월 11일 아침 세계무역센터에 있다가 살아난 사람들에게 닥친 폭풍보다 더한 정도로 미국인의 감정적 능력을 시험한 것은 없었을 것이다. 제프리는 우리 연구소의 오랜 고객으로 세계무역센터에서 몇 블록 떨어진 곳에 위치한 금융회사의 영업부장이었다. 첫 번째 비행기가 무역센터 건물에 충돌했을 때 제프리는 건너편 46층 창문에서 공포에 질린 채 그 광경을 목격했다. 제프리 회사의 거래처 두 곳이 그 건물에 있었다. 제프리는 동료들과 직원들이 우왕좌왕하지 않도록 진정시키면서도, 십여 명의 친구와 동료들이 바로 그 불타는 건물에 갇혀 있을 거라는 데 생각이 미쳤다. 제프리는 두 번째 건물마저 무너지자 12km를 걸어서 집으로 갔다. 아내와 10개월 난 딸을 보자마자 마침내 그는 펑펑 눈물을 쏟고 말았다. "그때 저는 완전히 제정신이 아니었습니다."

그 후 수 주일 동안 제프리는 걷는 것조차 힘들게 느껴질 정도로 의기소침해졌다. 매일 회사에 일하러 가긴 하는데 일을 할 동기를 불러일으키기가 어려웠다. 그러나 얼마 안 있어 제프리는 몸을 계속 움직여야 예전의 상태로 돌아갈 수 있고 감정의 회복을 위한 동력이 생기리라는 데 생각이 미쳤다. 여러 가지 압박감에 싸여 있었던 제프리는 평소보다 더 많은 에너지 능력이 필요하다고 생각했다. 그래서 업무 외의 일의 강도를 높여야겠다고 결심했다. 매일 밤 딸아이와 함께 열심히 놀아주었고 업무로 지치고 기분이 저조할 때에도 딸아이와 기꺼이 시간을 보냈다. 어떻게 보면 제프리는 아주 급박한 일을 옆으로 밀쳐두고 있는 것처럼 보였다. 그러나 제프리는 아이와 함께 시간을 보냄으로써 재충전의 원천을 끌어내고 있었던 셈이다.

제프리가 경험한 것 중에서 가장 특이하고 전혀 예기치 못했던 일은 바로 친구와 동료의 죽음을 직면하면서부터 일어났다. 9.11 테러가 있은 후 석달 동안 그는 한 주에 두세 번의 장례식과 추도식에 참석해야 했다. 테러로 희생된 사람들은 대부분 20대나 30대였다. 수십 명의 친구와 동료들의 장례식에 참석하는 것은 고통스럽고 잔인하며 아주 힘 빠지는 일이었지만, 역으로 스스로의 감정이 치유되고 성숙해지는 것을 느꼈다.

"물론 그렇게 장례식에 참석하다 보면 쉽게 일상으로 복귀하기가 힘듭니다. 하지만 힘든 그 시간이 그동안 내게 중요한 의미를 가졌던 사람들에게 감사와 존경을 표시할 수 있는 기회로 변하고 있음을 느꼈죠. 저와 똑같은 상황을 겪고 있는 다른 사람들도 마찬가지였습니다. 장례식이나 추도식을 통해서 제가 알고 있던 이들의 가족에게 제 진심을 표시할 수 있는 기회를 얻습니다. 그건 단지 비참한 경험 그 이상의 것이었고, 어떤 면에선 회복의 시간을 더 많이 가졌기 때문에 더 강해질 수 있었다고 생각합니다."

"물론 때로 슬픔과 비탄이 파도처럼 밀려와 아주 날카로운 아픔을 느끼기도 합니다. 우리 사무실 직원 중 몇몇은 9.11 테러에 너무 충격을 받아서 그 후로 직장에 나오지 않습니다. 오랫동안 연구소에서 스트레스와 회복 간의 균형을 어떻게 이룰 것인지 배웠지만, 그건 그저 내 자신을 조금 뛰어넘는 경험이었을 뿐입니다. 각자의 인생에는 아주 중요한 순간, 즉 어둠에서 빠져나오는 자기만의 방법을 구체화하는 소중한 계기가 있게 마련입니다. 지금 이 순간도 내겐 그 중 하나죠."

스트레스를 순화하는 관계의 따뜻함

에너지의 소비와 회복의 리듬 있는 균형을 만들어내는 것은 신체 에너지보다 감정 에너지의 경우가 더 복잡하지만, 둘 모두 성과와 완전한 몰입을 위해서는 매우 중요하다. 예를 들어 아름다운 우정을 키워가는 것은 긍정적인 에너지를 생성하고 재충전하는 데 큰 영향을 미친다. 갤럽 조사에 따르면 직장에서 꾸준히 효율적인 업무 수행을 가능케 하는 중요한 요소 중 하나는 직장 내에 한 사람 이상의 절친한 동료를 만드는 것이다. 견실한 인간관계의 파동 속에는 서로 주고받고, 말하고 들으며, 서로를 가치 있는 존재로 대하는 리듬감 있는 움직임이 포함되어 있다. 주기만 하고 받지 못하는 관계는 박탈감과 공허감만 준다. 이렇게 일방적인 관계는 진정한 인간관계라고 할 수 없다.

바바라 P.가 우리를 찾았을 당시 그녀는 37세의 독신이자 마케팅 부장으로, 바깥일에 도통 관심이 없고 친구도 별로 없었기 때문에 오랜 시간을 업무에 묻혀 살았다. 하루 일과가 끝나면 매일 녹초가 되다시피 했고 절망적인 기분까지 느끼곤 했다. 우리 프로그램에 참가해 자신이 갖고 있는 성과 장벽이 무엇인지 대면하면서 바바라는 자신의 인생에서 에너지 회복을 더 자주 시켜 주어야 기분이 나아지게 된다는 것을 비로소 깨달았다. 바바라는 매일 업무가 끝나면 근처 헬스클럽에 있는 에어로빅 클래스에 갔다. 앞서 지적했듯이 도전적인 신체 활동은 긍정적인 감정 재충전의 원천이 된다. 바바라는 에어로빅을 하고 나면 감정이 한층 긍정적으로 변하는 것을 느꼈다. 몸에 균형이 잡히고 건강이 좋아지자, 자신에 대한 기분도 나아지고 업무에서 실패하거나 외부의 요구가 많아도 그것을 더 잘 다룰 수 있게 되었다.

놀랍게도 바바라에게 가장 효과적이고 긍정적인 재충전의 원천은 인간관계였다. 에어로빅을 하면서 만나게 된 친구들과 정기적으로 함께 저녁식사를 즐기면서 웃고 수다 떠는 사이, 직장에서 오랫동안 고립되고 진정한 가치를 인정받지 못한다고 느끼던 바바라는 긴장이 풀어지고 진정으로 에너지가 충전되는 느낌을 받았다. 친구들이 그녀의 인생에 시간과 관심을 투자해주는 것만큼 바바라 역시 친구들에게 자신의 관심과 시간을 기꺼이 투자했다. 친구들과 함께 시간을 보냄으로써 감정적으로 풍요로워진 바바라는 풍부해진 에너지의 샘물을 다른 일에도 쏟을 수 있었다. 아침에 직장에 출근하면 활기찬 기분을 느꼈고 다른 때보다 더 업무에 집중할 수 있었다. 다른 사람들을 대하는 태도도 부드러워져 직장 내의 인간관계도 좋아졌다. 휴식도 없이 오랫동안 일을 할 때면 어느새 침착함을 잃어버리거나 부정적으로 변해 예전으로 돌아가는 것 같지만, 곧 긍정적인 감정이 생겨나 또다른 긍정적인 감정을 불러왔다. 바바라는 이제 분노나 후회, 좌절과 실망 같은 감정에 에너지를 낭비하지 않음으로써, 업무에 긍정적으로 몰입할 수 있게 되었다.

제드 R. : 인간관계의 깊이 부족

제드의 고민은 대인관계가 전혀 없는 것은 아니지만 거기에 시간과 에너지를 너무 야박하게 쓰고 있다는 것이었다. 48세의 제드는 중견 광고업체에서 창조적인 아이디어를 발굴하는 부서의 리더였다. 번뜩이는 기지에 말쑥한 외양으로 겉으로는 멋지고 성공적으로 보이지만 제드는 마지못해 시늉만 하고 있는 것 같은 공허함과 쳇바퀴 도는 느낌을 지울 수 없었다. 제드 스스로 인정하듯이 그의 생활에서 가장 부족한 것은 바로 깊이 있는 인간관계였다. 직장 동료와 사무실 직원, 아내와 아이들과도 얄팍하고 피상적인 관계만 맺고 있는 것처럼 느끼고 있었다. 제드는 언젠가 아내가 당신은 더 이상 쓸모없으니 결혼생활을 그만두자고 할까봐 두렵기까지 했다. 제드에게는 11살 난 딸이 하나 있는데 딸과도 거리감이 느껴졌다. 동료들이나 다른 직원들과 겉으로는 유쾌한 관계를 맺고 있지만 그 누구와도 깊이 있는 관계를 갖고 있다고 자신할 수 없었다.

제드는 자신의 인생에서 중요하다고 여겨지는 사람들에게 더 많은 시간과 에너지를 쏟을 수 있도록 일련의 의식ritual을 만들어야겠다고 결심했다. 먼저 토요일 오전 한 시간 반 동안은 열일을 제쳐두고 아내와 대화를 하고, 격주 수요일 저녁에는 밖에 나가 데이트를 하자고 제안했다. 혹시 둘 중 한 사람이라도 그 날 멀리 출장이나 여행을 가야 될 경우에는 그 다음주로 데이트 날짜를 다시 조정하기로 약속했다.

일요일 저녁에는 딸과 함께 외식을 했다. 그 시간에 아내는 근처 대학에서 웹 디자인 반을 수강할 수 있도록 했다. 제드는 딸과 함께 보내는 시간이 아주 행복했고 딸 역시 아빠와 함께 보내는 시간을 좋아해 기다리게 되었다. 제드는 아내나 아이와 시간을 보내면서 긍정적이고 활기찬 에너지를 얻을 수 있었고, 그 에너지를 업무에 투자해 효과적인 결실을 보게 되었다.

직장에서는 같은 사무실에 근무하는 부하 직원들과 매주 금요일 점심을 함께 하기로 했다. 전에 그가 그렇게 관심을 보여준 적이 없었기 때문에 직원들이 무척이나 감사해 한다는 것을 느꼈지만, 제드는 업무를 위한 식사가 아니라면 점을 분명히 밝혔다. 제드는 점점 직원들과 유대관계를 돈독히 할 수 있었는데 그들 중 몇몇은 그런 시간을 내주는 데 대해서 제드에게 여러 번 고마움을 표시했다. 몇 달이 지나자 이번에는 두 달에 한번 금요일 저녁 직원들과 함께 볼링을 치러 가거나 저녁식사에 초대하거나 함께 스케이팅을 즐기는 일을 업무처럼 규칙적으로 하기로 정했다. 그러자 서로가 형식에 얽매이지 않고 즐거운 시간을 보낼 수가 있었다. 제드는 가족과 동료들에게 아주 의식적이고 체계적으로 시간과 에너지를 쏟아부으면서 인간관계를 호전시키고 업무에도 더 많은 에너지를 쏟을 수 있게 되었던 것이다.

제드 R.

단련시켜야 할 감정 근육: 친밀한 인간관계

성과 장벽: 인간관계의 깊이 부족

　　기대 효과: 다른 사람들과 더 깊은 유대감을 쌓기

의식(ritual)

월요일 저녁 - 딸과의 저녁식사

격주 수요일 - 아내와의 데이트

토요일 오전 8:00~9:30 - 아내와의 대화

금요일 오후 1:00~2:00 - 직원들과의 점심식사

매달 첫 번째 월요일 오후 6:00 - 직원들과의 운동이나 저

녁식사 등

감정적인 능력을 자라게 하는 법

규칙적으로 에너지를 재충전했다 해도 때로 과도한 업무나 요구
사항이 우리의 감정적인 능력을 초과할 때가 있다. 자신의 한계를
넘지 않는 무게만을 들어올릴 수 있듯이, 감정에도 부정적으로 변하
지 않으면서 받아들일 수 있는 일정한 양이 있다. 신체 근육과 마찬
가지로 감정 근육을 강화시키기 위해서는 지금의 편안한 상태라는
한계를 뛰어넘은 다음 회복 과정을 거쳐야 한다.

완전한 몰입과 성과를 이루는 데 무엇보다 방해가 되는 요소는
불안감과 저조한 자긍심이다. 이런 감정이 생기는 데는 여러 복잡미
묘한 요인이 있지만, 긍정적인 에너지 의식ritual이야말로 자신감을
키우는 데 효과적일 수 있다.

주디스 F.는 유망한 디자인 사업을 하고 있었지만, 언젠가는 실패하리라는 걱정을 늘 안고 살고 있었다. 누구라도 자신을 속속들이 알게 되면 자기를 좋아하지 않을 거라고 불안해하기도 했다. 그 결과 주디스는 자발적이고 능동적으로 새로운 고객에게 먼저 다가가는 것을 주저하게 되었고, 그저 문의에 대답하는 데 그치곤 했다. 이렇듯 자신감이 없는 주디스는 강하게 자기 의견을 내세우는 고객에게는 행여 마음을 상하게 할까봐 디자인에 대해서 자신이 갖고 있는 이해와 감성을 제대로 설득하지 못했다. 그러자 마음 한 켠에 고객에게 세련되고 더 나은 디자인 감각과 정보를 주지 못하고 있다는 자괴감마저 생기기 시작했다.

우리는 주디스에게 자기만의 방식을 다른 사람이 어떻게 평가할까에 대해 노심초사하지 말고, 자기 내면의 깊은 곳에서 우러나는 가치에 초점을 둘 것을 충고했다. 그녀가 가장 중요하다고 여기는 가치는 진실함과 용기였지만, 그녀는 어느 것 하나 일상에서 제대로 실현하지 못하고 있었다. 디자인 사업을 해 온 몇 년 동안 알게 된 이웃들이나 업무상 친분 관계를 맺은 사람이 많았지만, 정작 주디스는 그들을 자신의 잠재 고객으로 만들지 못했다. 그들이 거절할까봐 두려운 나머지 아무 시도도 못하고 있었던 것이다. 주디스가 제일 먼저 새로운 의식ritual으로 해야 할 일은 매주 월요일과 수요일 오전 9시에 잠재 고객들에게 전화를 거는 일이었다.

주디스 F.

단련시켜야 할 감정 근육: 자신감

성과 장벽: 불안감, 자존감 부족

기대 효과: 사업을 확장하고 자신의 본능을 신뢰할 것

의식(ritual)

월, 수 오전 9:00 - 잠재 고객들에게 적어도 한번씩은 전문
적인 견해를 담은 안부전화 하기

금 오후 2:00~4:00 - 외국어 가르치기

모든 고객들에게 디자인 이슈에 대한 진실한 의견을 전달
하자.

패러다임 변화가 일어나면서 주디스는 상대방의 반응에 연연하
지 않고, 자기 의지에 따라 전화를 걸어 뭔가를 시도하는 것에 용기
를 갖게 되었다. 잠재 고객들에게 자신이 할 디자인의 중요한 쟁점
이 무엇인지 성실하게 설명하기 시작했고, 그것이 고객의 취향이나
의견과 다를지도 모른다는 우려는 털어 버렸다.

그러자 어떻게 하면 주변 사람들의 마음에 들까 전전긍긍하던
예전의 태도는 성실하게 진실을 보여주는 쪽으로 변화하기 시작했

다. 주변 사람들의 반응 역시 기대했던 것보다 훨씬 더 긍정적이었다. 잠재 고객 대부분은 주디스의 명석함과 명료한 디자인 아이디어를 인정하고 칭찬해 주었다. 이전에 가졌던 불안감은 이제 사라져 버리고 없다. 때때로 아주 까다로운 고객을 만나게 되면 갈등을 피하기 위해 예전의 경향으로 돌아가려는 자신을 발견하기도 했다. 그러나 시간이 지날수록 주디스는 사람들이 자신을 어떻게 보는가에 신경 쓰지 않고, 스스로 가장 중요하게 생각하는 가치에 따라 행동하면서 만족감을 얻고 내면적인 강인함까지 기를 수 있게 되었다. 단지 영업을 위해서가 아니라 진심으로 에너지를 쏟아 고객들을 대할 수 있게 된 것이다.

주디스가 두 번째로 만들어낸 의식ritual은 그동안에는 관심만 가졌던 한 가지 목표에 시간을 들여 헌신하는 것이었다. 자신이 그토록 하고 싶었던 대로 다른 사람을 위해 에너지와 시간을 투자하기로 한 것이다. 주디스는 몇 년 동안 속으로 묵혀두었던 힘을 사용할 기회를 가지게 되었다. 주디스는 언어에 뛰어난 재능을 가지고 있었다. 프랑스어와 스페인어를 능통하게 구사했던 것이다. 주디스가 사는 지역의 공립 고등학교에는 스페인어를 쓰는 학생들이 많았기 때문에 스페인어로 영어를 가르칠 수 있는 보조 교사가 필요했다. 주디스는 일주일에 한번 오후 시간을 내서 그곳에서 영어를 가르치기 시작했고 그 대가로 소중한 것들을 얻을 수 있었다. 자신이 누군가에게 도움을 줄 수 있고 뭔가 쓸모 있는 존재라는 느낌과 함께, 학교 당국이 보여주는 진심어린 감사와 많은 학생들이 보여주는 따뜻한 마음이 바로 그것이었다. 자원봉사는 업무의 성과와 직접적으로 연관되어 의도한 것은 아니었지만, 결과적으로 그녀의 인생을 긍정적인 에너지로 가득 차게 해 주었다. 그 에너지를 통해 디자인 사업에서 더 많은 새로운 고객을 얻었음은 물론이요, 자신의 일 자체에 대해서도 큰 자신감을 갖게 되었다.

앨런 D. : 공감 능력의 부족

우리 연구소를 찾는 고객들이 직장에서 갖는 가장 1차적인 장벽 중 하나가 바로 직장 상사나 동료들과 원만하게 지내지 못하는 것이다. 회사와 조직 내 리더와 관리자들이 갖는 큰 도전 역시 부하직원들과의 긍정적이고 원활한 인간관계였다.

대형 소비재 생산업체의 영업부 관리자인 앨런 D.는 업무를 재빠르게 파악하고 창조적으로 대처해 가는 자신의 능력에 대해서 자부심을 갖고 있었고, 어떤 프로젝트에 참여해도 주도적으로 일을 해나가는 편이었다. 그의 마음은 오로지 최선의 결과를 위해 노력한다는 생각 만으로 가득 차 있었다. 문제는 동료나 부하직원들은 앨런이 자기들을 정당하게 평가하지 않고 있으며, 앨런과는 말도 잘 통하지 않는다고 생각한다는 것이었다. 앨런은 완전한 몰입 목록 Full Engagement Inventory을 통해 똑똑하고 창조적이지만 거리감 있고 말도 잘 통하지 않으며 아주 깐깐한 사람이라는 평가를 받고 깜짝 놀랐다. 그러고는 곧 업무나 사람을 판단하는 자신의 기준이 너무 높아 그런 평가를 받은 것이라고 변명하기 시작했다. 그는 자기 부서 사람들의 이직률이 높은 것도 같은 이유라고 설명했다. 앨런은 다른 직원들과 어울리는 데 시간을 투자할 필요가 없다고 생각하고 있었다. 속내를 묻는 질문을 하자 앨런은 사적인 이야기를 하며 친밀감을 느끼는 일이 아주 불편하다고 털어놓았다. 그리고 프로젝트에 추진할 때, 다른 사람이 그 사안에 대해서 어떻게 느끼는가에 대해 관심 가져 본 적이 없다고 처음으로 털어놓았다.

특정한 감정적 능력이 다른 사람들보다 더 경직되어 있는 사람들이 있긴 하지만, 이들 역시 잠재적인 한계를 넘어서 감정 근육을 단련시킬 필요가 있다. 앨런의 감정 어휘 사전에는 공감empathy이라는 말이 존재하지 않았다. 이 감정 근육을 단련하기 위해서는, 즉 세상을 전혀 다른 차원에서 바라보는 것을 체험하기 위해서는 연습과 반복이 필요하다. 우리는 먼저 앨런의 논리적인 감성에 호소했다. 우리는 그에게 다른 사람이 말할 때 중간에 끼어들거나 즉석에서 판단해 버리는 버릇을 갖고 있다면, 어떻게 공정하게 그들의 능력을 평가할 수 있느냐고 물었다. 만약 앨런 당신의 행동을 보고 다른 사람들이 '저 사람은 내 말을 듣지도 않는구나' 하고 생각하게 된다면 누가 당신에게서 동기부여를 받고 최선을 다해 창조적으로 일하겠는가 물었다.

진정으로 공감하기 위해서는 자신의 아젠다를 일시적으로나마 접어두는 것이 필요하다.

앨런은 자신과 이야기하는 사람들의 입장이 되어 주의 깊게 그들의 말에 주의를 기울이겠다고 결심했다. 자신의 관점만을 고집하기보다는 조직적인 방법, 즉 상대방의 의견을 비판하지 않고 자신이 들은 이야기를 중간에 다시 정리해서 말하는 식으로 다른 사람의 의견을 존중하기로 했다. 그러자 다른 사람의 의견에 동의하지 않을 경우에는 굳이 존중하는 척 애쓰지 않고도 완곡하게 의견을 표현할 수 있음을 깨닫게 되었다. 앨런은 이런 식으로 말을 꺼냈다. "그게 왜 중요한지 알겠군요."라든가 "내가 말한 것이 어떤 식으로 들렸으리라 짐작합니다만…" 그리고 자신의 의견을 표현할 때가 되면 "다른 식으로 한번 접근해 보죠."라든가 "다른 식으로 접근하는 게 가능할 것도 같습니다만…" 하고 표현했다. 그리고 말을 할 때는 가급적 목소리 톤을 낮추려고 애썼다. 자신이 말이 다른 사람들의 에너지에 어떤 영향을 줄지 늘 염두에 두었기 때문이다.

이렇듯 개인마다 자신이 갖고 있던 스타일에 근본적인 변화를 가져오는 것은 아주 어려운 일이다. 앨런 역시 변화를 결심한 후 첫 몇 주 동안은 고전을 면치 못했다. 우리의 경험과 여러 연구결과를 통해서 보면 퇴보setback는 근본적인 변화를 하려고 할 때 나타나는 본능적인 현상이다. 변화를 시도하는 첫 번째 단계는 동기부여와 함께 그 일을 수행하기 위한 세부적인 계획을 세우는 일이다. 제임스 프로차스카James Prochaska가 지적했듯이 사람들이 자신의 인생에서 중대한 변화를 결심한다 하더라도 그 변화가 자리잡아가기까지는 여러 번 실패를 맛보게 되어 있다.

앨런 D.

단련시켜야 할 감정 근육: 타인의 의견에 대한 공감 능력

성과 장벽: 타인의 말을 경청하는 기술 부족

기대 효과: 좀더 깊이 있는 인간관계

의식(ritual)

오후 2:00 - 동료 사무실 들르기

끼어들어 말하지 않고 남의 말을 듣고 공감하기

자신이 들은 내용을 다시 한번 음미해보고 자기 언어로 새롭게 정리해보기 "당신이 말한 게 이런 뜻이죠?"

앨런이 시도했던 의식ritual은 그에게는 아주 낯선 방식일 수도 있기 때문에 처음에는 선택적으로 실천에 옮겼다. 그러나 한달이 지나자 다른 사람의 말을 들을 때 고개를 끄덕인다든가, 자신이 들은 이야기를 부연설명하기도 하는 등 예전에 비해서 감정적 공감 능력이 긍정적으로 변해가는 것을 느낄 수가 있었다. 그리고 이런 앨런의 태도 변화는 다른 사람들에게도 긍정적인 영향을 주었다. 앨런은 자기 동료들의 몸짓까지 변해가는 것을 느낄 수 있었다. 예전에 비해 허리를 더 곧추세우고 앉는다든가 하면서 좀더 생동감 있게 변

해갔다. 앨런 역시 다른 사람들과 대화를 주고받는 자신의 태도에 변화가 생기고 있음을 감지할 수 있었다. 다른 사람의 이야기에 더 관심을 갖고 들어 줄수록 사람들은 더 자유롭게 자신의 아이디어를 제시했고, 그는 자신이 예전에 가졌던 입장이나 관점이 항상 완벽하거나 정확하지 않았다는 점을 깨닫기 시작했다.

그 다음 앨런은 오후가 되면 자기 자리에서 일어나 다른 직원들의 사무실에 들르는 일을 습관으로 만들고자 결심했다. 처음에는 어색하고 쑥스러워 3~4분 정도로 짧게 머물다 오곤 했다. 대화 내용도 업무에 관한 것에 국한되었다. 그러나 이렇듯 짧고 사무적인 방문만으로도 동료들은 자신의 업무에 관심을 보여주고 있다는 데 만족스러워했다. 그리고 동료들이 진심으로 자신을 반겨주자 앨런도 더 긴장을 풀 수 있었다. 몇 달에 걸쳐 다른 사무실 방문 시간을 10~15분 정도로 늘려나갔다. 이 시간 동안의 대화는 에너지 회복의 원천이 되어 주었고 오랫동안 책상에 앉아 업무에 파묻혀 있던 긴장된 시간으로부터 채널을 바꾸어 주는 좋은 계기가 되었다. 앨런의 상관들과 경영진들도 예전에는 이메일로 주고받던 여러 가지 사업상의 이슈를 가지고 그의 사무실 문을 자주 두드리기 시작했다.

지난 몇 년 동안 합작사업을 추진했던 앨런은 다른 사람의 이야기를 관심 있게 들어주는 능력을 체계적으로 키우고 동료들과 개인적인 유대감을 공고히 함으로써, 난생 처음으로 다른 사람들의 관점에 대해서 흥미를 가지게 되었고 그에 따라 자신의 관점도 깊어지고 풍부해지는 것을 느끼게 되었다. 물론 아직까지 갈 길이 멀지만,

앨런은 이제 다른 사람을 고무시키는 유능한 리더가 되어 있다.

폴 M. : 조급함, 지나치게 비판적인 성격

폴은 인내심이 부족하고 쉽게 화를 내며 자신이 운영하는 헬스클럽의 종업원들을 지나치게 혹사시키고 있었지만, 그런 것을 대수롭지 않게 여기고 있었다. 그는 이렇게 말했다. "그래야 일이 잘 풀립니다. 그게 제 방식이죠.", "나는 아주 엄격하고 항상 결과를 중시하는 사람입니다. 우리같이 손님에 대한 서비스를 갖고 먹고 사는 업종에서는 사소한 일을 어떻게 잘 처리하느냐에 따라 죽고삽니다. 직원들을 확 휘어잡지 않으면 성공할 수 없습니다."

더 깊은 대화를 나누면서 우리는 폴에게 자신의 경영 스타일로 인해서 잃는 것이 무엇인지 곰곰이 생각해 보라고 했다. 그리고 클럽을 찾는 고객들에게는 화를 내거나 조급하게 굴지 않으면서, 왜 유독 종업원들에게만 그렇게 화를 잘 내고 조바심을 내서 부정적인 영향을 끼치는지 물었다. 손님은 소중하게 대하면서 왜 종업원들에게는 유독 혹독하게 하는지 대놓고 물었다.

아내 올리비아와 함께 우리 연구소에 왔을 때, 올리비아는 남편이 집에서도 곧잘 화를 내고 참을성 없이 행동한다고 지적해 주었다. 둘 사이에는 14살과 12살 난 두 아들이 있는데, 애들 모두 아버지가 화를 내는 것을 아주 무서워한다고 했다. 올리비아 역시 그의 불같은 성격이 두렵다고 고백했다. 그리고 2년 전 당시 10살이던 아들이 실수로 비행기에 아버지의 코트를 두고 내린 것을 두고 불같이 화를 낸 적이 있는데, 금방 화는 가라앉았지만 아들은 그 사건을 두고두고 잊지 못하고 있다고 알려주었다. 아내의 이야기는 폴에게 큰 충격을 주었다. 폴은 아이들과의 관계에 대해서 깊이 걱정하고 있었다. 그리고 두 아들에게 좌절감을 안겨주고 비판을 하는 아버지가 아니라, 대화가 통하고 늘 도와주고 격려해주는 아버지이고 싶다고 털어놓았다. 그리고 아들과의 관계뿐 아니라 종업원들과도 그렇게 되어야 한다는 점을 점차 깨닫기 시작했다.

우리는 즉시 신체적인 차원에서 폴의 행동에 영향을 줄 법한 요소를 찾아보았다. 헬스클럽의 사장답게 폴은 신체적으로 나무랄 데 없이 최상의 상태를 유지하고 있었다. 폴은 성공적인 사업을 유지하고 헌신을 다하는 모델이 되기 위해서는 자신을 쉼없이 몰아 부치는 것이 유일한 방법이라고 믿고 있었다. 폴은 매일 아침 눈을 뜨는 5시부터 운동을 했다. 자신의 조급함과 욱하는 태도에 대해서 더 면밀하게 바라보기 시작하자, 폴은 자신이 하루 종일 그런 경향으로 나아가고 있음을 알아차렸다. 우리는 폴에게 너무 무리한 페이스로 일을 하기 때문에 인내심이 부족해지는 거라고 지적해 주었다. 그리고 신체적인 능력을 유지하는 것뿐만 아니라, 정신적이고 감정적인 회복을 얻기 위한 수단이 되도록 운동 시간을 오전에서 정오로 옮길 것을 충고했다.

폴은 낮 동안에 시간을 내는 것을 주저했지만 한번 시도해 보기로 했다. 그러자 즉각적으로 자신의 에너지에 변화가 뚜렷하다는 것을 느끼게 되었다. 폴은 오랫동안 너무 이른 시간에 일어나 운동을 해치우는 데 익숙해져 있었기 때문에 오후가 되기도 전에 지치기 일쑤였지만, 운동 시간을 바꾸고 나니 날카로워지기 시작하던 오후 시간대에 긍정적인 에너지의 파도가 밀려오는 것을 느꼈다.

이런 변화에도 불구하고 스트레스를 많이 받을 때면 예전의 모습으로 되돌아가려 했다. 이를 마음에 담아 둔 폴은 인내심과 친절이라는 감정 근육을 강화하기 위해 새로운 의식ritual을 만들어 나가기 시작하였다.

폴은 공항에서 길게 줄을 서서 기다릴 때나 차가 막혀 오도가도 못할 때 또는 종업원이나 가족에게 실망하거나 화가 났을 때 "상냥함이 가장 중요하다"는 만트라(mantra, 주문)를 나지막이 외우기 시작했다. 아주 짧은 문장이었지만 곧 자신이 얼마나 큰 압박감과 긴장 속에 있는지 자각하게 해주었고 부정적인 감정의 무게를 덜 수 있었다.

안에서 화가 치밀어 올라올 때는 심호흡을 하고 어깨와 안면근육을 풀어주었다. 그러자 공격 – 회피 반응의 일환으로 일어나는 화가 누그러지는 것을 느꼈다. 일단 내면에서 일어나는 반작용이 줄어들자, 자신을 당황하게 만들었던 체험을 다른 사람의 기분을 즐겁게 해주는 데 사용하는 방법에 대해 생각하기 시작했다. 자신이 화를 내고 조급해 하던 행동을 빗댄 유머를 만들어 내기 시작했던 것이다.

자신이 운영하는 헬스클럽에서 비판적인 피드백을 하지 않는 것이 중요하다고 판단한 폴은 일명 '샌드위치' 기술을 사용하기 시작했다. 직원들의 성과를 순수하고 긍정적으로 관찰하면서 반응했다.

폴 M.

단련시켜야 할 감정 근육: 인내심

성과 장벽: 조급함과 지나치게 비판적인 성격

기대 효과: 보다 긍정적인 인간관계

의식(ritual)

"상냥함이 가장 중요하다"는 만트라(mantra, 주문) 외우기

복식 호흡, 근육 이완시키기

불안감을 기회로 전환하기

피드백을 위한 샌드위치 기술 터득하기

행동에 대해 책임지기

액션 스텝(ONE-TIME ACTION STEPS)

· 오전 5시의 운동 시간을 오후로 옮기기

비판적인 피드백을 해야 할 때면 설교조가 아니라 자기가 틀릴

수도 있다는 가능성을 염두에 두면서 토론 형태로 제시하기 시작했다. 폴의 이러한 노력은 마침내 다른 사람을 격려하고 고무하는 결실을 맺게 되었다. 단순히 더 친절하고 사려 깊게 행동하는 것뿐만 아니라, 자신의 말이 더 잘 전달되어 직원들이 두려움 없이 그것을 흡수하고 있다는 기대가 생겨났다.

평생 가져온 습관은 하루아침에 변하지 않는다. 그러나 폴은 성급함이나 부정적인 판단을 자제할 때마다 성취감을 느끼게 되었다. 또한 한순간 성질을 죽이지 못했을 때나 상대방에게 심한 말을 했을 때는 곧장 사과하고 가능한 빨리 자신의 행동을 수습함으로써 책임을 지는 것을 의식ritual의 한 요소로 만들어 나갔다.

모든 감정은 양면적이다

가장 깊은 감정적인 능력은 모든 영역의 감정을 다 체험할 수 있는 능력을 말한다. 마음은 서로 모순이 되는 두 개의 파장을 함께 갖지 못하기 때문에, 어느 하나를 선택하게 된다. 즉 특정한 감정 기술에 가치를 두면 그것과 반대되는 것은 무시하거나 버리게 되는 것이다. 엄격함을 과대평가하면 친절함이나 부드러움을 과소평가하게 된다. 반대일 수도 있다. 사실 친절함이나 엄격함은 모두 우리 삶에 중요한 감정 근육이다. 서로 다른 상반된 가치, 즉 자기통제와 즉흥성, 공정함과 연민, 관대함과 완고함, 개방성과 신중함, 열정과 박탈감, 인내와 신속성, 사려 깊음과 자유분방함, 자신감과 겸손함 등의 감정도 마찬가지다.

자신의 삶 속에서 얼마나 광범위한 영역의 감정 근육들을 가지고 있는지 한번 살펴보라. 대부분의 사람들은 다양한 스펙트럼의 감정 중 어떤 것은 아주 강하고 어떤 것은 아주 미약하다. 마찬가지로 상반되는 감정이 갖는 장단점에 대해 어떤 판단을 하고 있는지 자신에게 물어보라. 둘 중에 어느 하나를 선택하지 않고 모순된 두 감정의 가치를 모두 깊이 있게 평가하고자 하면 감정에 깊이와 풍요로움이 생긴다. 감정적으로 완전하게 몰입하기 위해서는 여러 가지 감정 상태가 서로 동시적으로 얽혀 있는 상태를 즐겨야 한다. 스토아학파는 이를 아나콜루시아anacoluthia라고 불렀다. 파격(破格)을 뜻하는 아나콜루시아는 어느 덕목도 그 자체만으로는 덕목이 될 수 없다는 뜻이다. 오히려 모든 덕목은 서로 어우러져 있다. 연민이 없는 성실함은 잔인함의 다른 이름일 뿐이다.

인간이란 복잡하고 모순된 것의 총화다. 실질적으로 우리는 불균형 상태에 있을 때마다 감정 에너지의 능력을 키우는 데 집중해야 한다. 궁극적인 우리의 목적은 우리가 지니고 있는 상반된 감정들 사이를 자유롭고 유연하게 걸어가는 것이 아니던가?

마음에 새겨둘 것

· 최선의 성과를 위해서는 먼저 긍정적이고 유쾌한 감정 즉, 즐거움, 도전, 모험심, 위기를 기회로 여기는 감정을 불러일으켜야 한다.

· 긍정적인 감정 근육은 자신감, 자기조절 능력, 풍부한 인간관계, 공감 능력 등이다.

· 부정적인 감정은 생존을 위해 필요하지만, 커다란 손실이 따르고 성과를 올리는 데도 도움이 되지 않는 비효율적인 에너지를 가져온다.

· 과도한 긴장의 순간에 긍정적인 감정을 불러일으키는 능력은 성공적인 리더십의 핵심이다.

· 최선의 성과를 가능케 하는 감정 근육을 활성화시키려면 정기적인 단련과 회복의 균형을 이루어야 한다.

· 즐겁고 만족스러우며 성취감을 주는 활동은 모두 감정의 재충전과 회복을 위한 원천이 된다.

· 인내심, 공감, 자신감과 같은 감정 근육은 이두근이나 삼두근을 단련하는 것과 똑같은 방식으로 단련할 수 있다. 즉 안락한 상태에서 벗어나 자신의 한계 너머까지 긴장시켜 주었다가 다시 회복시켜 주어야 한다.

적절한 집중력과 현실적인 낙관성

신체 에너지는 감정적인 능력과 기능에 기본 연료가 되기도 하면서, 동시에 정신적인 능력을 최대화하기 위해서도 필요하다. 성과와 몰입에 가장 방해가 되는 것은 집중력 부족이다. 최선의 성과를 올리기 위해서는 집중력을 일관되게 유지하고, 내적인 것과 외적인 것, 지엽적인 것과 광범위한 것 사이에서 초점을 잃지 않으면서도 유연하게 움직여야 한다. 덧붙여 역설적인 개념이긴 하지만, 세상을 있는 그대로 보면서도 목표하는 결과와 해결책을 찾으려고 긍정적으로 노력하는 현실적인 낙관성을 살려 주어야 한다. 적절한 집중과 현실적인 낙관성을 일으킬 수 있다면 자연히 성과는 따라온다. 낙관적인 정신 에너지에 연료를 제공하는 주된 근육은 정신적 준비태세, 가시화visualization, 긍정적인 자기 암시, 효율적인 시간 관리, 그리고 창의성 등이 있다.

신체적, 감정적인 능력과 마찬가지로 정신적인 능력도 에너지 소비와 회복의 균형으로부터 나온다. 적절한 집중력을 유지하고 현실적인 낙관성을 끌어내려면 간간이 관심의 채널을 돌려서 정신 에너지를 재충전해 주어야 한다. 최선의 상태에서 성공적인 활동을 하려면 정신 근육이 약해지지 않도록, 즉 관심영역이 협소해지고 비관적인 태도나 경직되고 협소한 관점을 가지지 않도록 하는 체계적인 훈련이 필요하다.

신체, 감정, 정신 에너지 능력은 서로가 서로를 양육한다. 수면 부족과 부적절한 건강상태 탓에 신체적으로 피로감이 누적되면 집중력이 약해진다. 근심과 실망, 분노 같은 부정적인 감정 역시 집중을 방해하고 낙관성을 훼손시키는데, 특히나 어려운 과제에 직면할 때는 더욱 그렇다. 심리학자인 마틴 셀리그먼Matin Seligman은 몇 년 동안 긍정적인 사고와 영업 실적의 상관관계를 연구해왔다. 셀리그먼은 ASQAttributional Style Questionnaire라는 설문 형식을 고안해서 사람들의 낙관성을 측정해 보았다. 대상은 메트라이프 생명보험사의 영업사원들이었다. 설문을 통해 얻은 점수가 실제 영업 실적과 들어맞았을까? 결론적으로 말하면 그렇다. 낙관성 지수가 50을 넘은 영업사원들은 비관성이 50을 넘은 영업사원들보다 지난 2년 동안 약 37% 높은 영업실적을 보였다. 낙관성 지수가 높은 상위 10%는 비관성 지수가 높은 상위 10%보다 영업실적이 약 88% 정도 높았으며, 역시 낙관성 지수 상위 50% 사람들의 이직률은 비관성 지수 상위 50% 사람들의 절반밖에 되지 않았다. 비관성 지수 상위 25% 이

내에 드는 사람들은 평균보다 3배 정도 이직률이 높은 것으로 나타났다.

셀리그먼이 '낙관적인 해석 스타일optimistic explanatory style'이라고 부른 것은 우리 연구소 용어로 하면 긍정적인 사고가 끌어오는 정신 에너지라고 할 수 있는데, 성공적인 세일즈맨이 가져야 하는 끈기를 가능케 해 준다. 물론 이런 정신적 요소가 모든 일에 대해서 하나같이 긍정적인 영향만 주는 것은 아니다. 식사나 휴식, 감정적인 지지 등 기본적인 요구가 제대로 충족되지 못하거나 외부의 위험요소를 감지했을 때, 부정적인 생각은 우리의 관심을 재빨리 그것으로 돌릴 수 있게 해준다. 관심을 기울이고 가능한 빨리 조치를 취한다면, 부정적인 신호는 우리 삶에서 유용한 역할을 할 수 있다. 상황을 정확하게 파악하고 부정적이거나 파괴적인 결과를 예측해 미연에 방지하는 것도 아주 중요한 일이다. 그러나 우리가 여기서 명심해야 할 것이 있다. 이런 부정적인 본능은 우리의 인식에 색깔을 덧씌우거나, 문제 해결은 생각도 않고 방어적인 자세만을 고집하는 비관주의와는 사뭇 다르다는 것이다. 매일 성과를 위협하는 도전적인 상황이 닥치는 상황에서는, 부정적인 생각이 한결같이 손상을 가져오고 비생산적으로 작용하기 쉽다. 우리가 부딪히는 도전적인 상황에 더 잘 대처할 수 있게 하는 것은 분명 현실적인 낙관성이다.

잠시 생각을 접어두라

이제까지 정신 에너지의 주기적인 회복의 중요성만큼 평가절하된 것도 없을 것이다. 대부분의 직장환경은 명시적으로든 암묵적으로든 책상에 고개를 파묻고 더 오래 일하는 것이 높은 생산성을 가져오는 최선의 방책이라고 믿고 있다. 하루 종일 책상에 앉아 일만하는 대신, 규칙적으로 휴식을 취하고 대낮에 잠깐 업무 외의 활동을 하는 것은 전혀 고려하고 있지 않다.

문제는 정신노동이 많은 양의 에너지를 사용한다는 데 있다. 뇌의 무게는 우리 몸 전체의 겨우 2%를 차지할 뿐이지만, 몸 전체가 소비하는 산소의 25%를 사용한다. 따라서 정신적인 회복이 불충분하면 판단 착오, 창의성 저하, 위험상황에 대한 대처 능력 저하 등의 결과를 가져온다. 정신적인 회복에서 관건이 되는 것은 의식과 생각에 간간이 휴식을 주는 것이다.

《레오나르도 다빈치처럼 생각하기How to Think Like Leonardo da Vinci》의 저자인 마이클 겔브Michael Gelb는 "당신은 언제 최고의 아이디어를 얻는가?" 라는 질문을 몇 년 동안 수천 명의 사람들에게 던져 보았다. 대부분의 대답은 "샤워중에", "침대에서 쉴 때" "숲 속을 산책할 때", "음악을 들을 때" 등이었다. 우리 역시 고객들에게 같은 질문을 던진다. 그에 대한 대답 역시 위와 비슷하게 조깅할 때나 명상할 때 혹은 꿈을 꾸거나 해변에 앉아 있을 때였다. 겔브는 "대부분의 사람들이 최고의 아이디어를 얻는 시간은 근무시간이 아니다."라고 결론지었다.

겔브는 레오나르도 다빈치처럼 아이디어가 풍부하고 생산적인 예술가들은 작업중에 간간이 휴식을 갖는다고 지적했다. 밤에 늘어지게 자는 게 아니라 낮 동안 여러 번 고양이 잠을 자 두는 것이다. 다빈치는 '최후의 만찬'을 작업할 당시 작업을 의뢰한 후견인이 좀더 열심히 일을 해달라고 부탁할 정도로 낮 동안 여러 차례 몇 시간씩 꿈을 꾸듯 휴식을 취했다고 한다. 다빈치는 후견인에게 이렇게 대답했다. "위대한 천재는 일을 덜할 때 오히려 더 좋은 것을 떠올리는 법이죠." 다빈치는 또 《미술에 관한 소고Treatise on Painting》에서 이렇게 말한다. "언제라도 작업에서 손을 놓고 휴식을 취하는 것은 좋은 일이다. 그러고 나서 다시 작업에 임하게 되면 생각이 더 맑아진다. 쉬지 않고 작업만 하면 결국에 가서는 판단력을 잃고 만다."

창의성과 회복의 상관관계

인간의 뇌는 각 부분마다 다른 파동을 갖는다. 1967년 노벨의학상을 받은 신경외과 전문의 로저 스페리Roger Sperry는 뇌의 좌반구와 우반구가 각각 서로 다른 정보처리 방식을 가지고 있음을 밝혀냈다. 좌반구는 언어를 관장하며, 논리적이고 단계적이며 순차적으로 정보를 처리해 논리적인 결론을 얻는다. 스페리의 연구에서 획기적인 것은 독특한 특성을 가지고 있으면서도 그동안 진가를 인정받지 못했던 우반구의 특성을 밝혀낸 것이다. 우반구는 시각과 공간 지각력을 관할하고 사물을 직관적으로 파악하는 능력과 부분과 전체를 연결시키는 능력을 가지고 있다. 좌반구는 일차원적이고 선형적인 규칙에 따라 정보를 분석하는 데 반해, 우반구는 시간에 제한을 받지 않고 직관적인 도약과 돌발적인 통찰력으로 문제를 푸는 경향이 있기 때문이다.

스페리의 연구가 보여주듯 의도적으로 해결책을 찾으려고 할 때가 아니라 마음을 느슨하게 하고 있을 때 최고의 아이디어가 떠오르는 경우가 더 많다. 간간히 우반구를 활발하게 사용하면 거의 늘 이성적이고 분석적인 좌반구의 능력만 사용하는 대부분의 업무에서 벗어나 정신 에너지를 회복하는 데 아주 효과적이다.

창의적인 과정은 그 자체가 파동을 갖는다. 19세기 후반 독일 심리학자이자 물리학자인 헤르만 헬름홀츠Hermann Helmholz를 비롯한 많은 학자들은 창의성을 일련의 단계로 정의하려고 시도했다. 그 결과 창의성의 과정에는 5가지 단계가 있는 것으로 나타났다. 통찰insight - 몰두saturation - 배양incubation - 계발illumination - 검증verification이 그것이다. 미술대학 교수인 베티 에드워즈Betty Edwards는《오른쪽 뇌로 그림그리기Drawing on the Right Side of the Brain》와《내면의 예술가로 하여금 그리게 하라Drawing on the Artist Within》에서 뇌 좌반구와 우반구의 사유 양태를 순환시킬 때 창조성이 생겨날 수 있다는 놀라운 통찰력을 보여주었다.

창의적 사유 과정 중에서 몰두와 검증 단계는 논리적이고 분석적인 좌반구의 능력과 관계가 있다. 몰두 과정에서는 복잡한 자원들 속에서 단계적이고 조직적으로 정보를 수집한다. 또한 검증 단계에서는 정보를 분석하고 분류하여 이룬 창의적인 도약을 다시 이성적인 언어로 변화시킨다. 이 외 세 가지 단계 즉, 통찰(최초의 영감), 배양(아이디어에 대한 궁리), 계발(돌파구)은 모두 우반구와 관계가 있다. 이 세 가지는 베티 에드워드가 "잠시 생각을 접어두기"라고 말한 상태, 즉 의도적으로 해답이나 해결책을 찾으려고 노력하지 않는 순간에 일어나는 경향이 있다. 그녀는 또 이렇게 쓰고 있다. "각각의 5단계 중에서 창의적인 과정은 대부분 무의식적인 차원에서 일어난다. 그리고 때로는 좌반구가 의식적이고 논리적으로 해결책을 찾으려고 노력하다 끝내 지쳐버린 그 순간에 일어난다." 간단히 말해서 고도의 창조성은 몰입과 이완, 생각에 몰두하기와 생각을 접어두기, 활동과 휴식 사이의 리듬감 있는 움직임에서 나온다. 이 공식의 양 변은 모두 꼭 필요한 것으로 어느 것 하나만으로는 절대 충분하지 않다.

제이크 T. : 상상력 고갈

35세의 제이크는 의류회사의 광고와 마케팅 전략을 기획하는 자기 사업체를 운영하고 있다. 제이크의 회사는 X세대와 Y세대 소비자들을 겨냥한 발랄하고 시각적인 상품 광고에 강한 것으로 알려져 있었다. 오랫동안 성공가도를 달리던 이 회사는 경기침체와 새로이 시장에 진입한 대규모 광고회사들 때문에 힘든 상황을 맞게 되었다. 기질적으로 에너지가 넘치고 야망에 찬 제이크는 자신을 더 몰아붙이고 직원들에게 더욱 창의적인 결과물을 내도록 다그침으로써 위기에 대처하고 있었다. 그러나 실망스럽게도 이런 노력은 오히려 더 생산성을 떨어뜨리는 결과로 나타날 뿐이었다. 일하는 시간을 더 늘리고 더 강도 높게 일에 헌신하지만, 그것이 곧장 창의적인 결과로 이어지지 않는 것이었다. 급기야 제이크는 우리 연구소를 찾아왔다. 개인적인 좌절과 피로감도 이유였지만, 자기 회사의 핵심이 되는 젊고 창의적인 마인드의 팀이 그 장점을 잃어가는 것처럼 보였기 때문이다.

제이크의 회사는 처음부터 기대 이상의 성공을 거두었기 때문에, 침체의 원인이 경영자로서 제이크의 재능이나 조직적인 테크닉이나 재능에 있는 것은 아니라고 판단되었다. 우리가 보기에 제이크는 너무 과도하게 일을 하고 있었다. 더 창의적이고 더 생산적인 인간이 되기 위해, 자신과 직원들을 쉴 새 없이 몰아부치고 있었던 것이다.

우리는 제이크에게 충분한 회복 없이 너무나 많은 정신 에너지를 쓰고 있는 것이 문제고, 해결책은 생각을 잠시 접고 더 느긋한 휴식시간을 갖는 것이라고 제안했다. 그리고 업무 외에 달리 즐기는 활동이 없는지를 물었다. 제이크는 몇 차례나 강조해서 자신은 일을 가장 사랑한다고 대답했으며, 과거 몇 년 동안 일 외에 다른 것에는 거의 시간을 쓰지 않았다고 대답했다.

대화를 계속하자 제이크는 대학 시절 화가가 되려고 했지만 그것만으론 먹고 살기 힘들 것이라는 결론을 내려 그림 그리는 것을 완전히 접었다고 했다. 그렇긴 해도 그림 그리는 일은 아주 즐거웠으며, 도전적이고 완전히 몰입할 수 있었다고 고백했다. 우리는 제이크에게 다시 그림을 그리라고 격려해 주었다. 우리의 격려에 힘입어 제이크는 필요한 도구들을 사고 다시 그림을 그리기로 했다. 저녁에 집에 돌아오면 너무 피곤해서 그림을 그리기 힘들었지만, 아침에 일찍 일어나 이젤 앞에서 한두 시간을 보낸다는 생각에 기분이 좋아졌다. 그림은 그의 마음속에서 업무에 대한 압박감을 없애주었고 창의성을 관할하는 우반구를 활성화시켜 주었다. 실제 그림을 그리는 도중에 몇 번이나 업무에 관련된 마케팅 문구가 떠오르기도 했다. 뿐만 아니라 오전 근무시간이 더 흥겨워졌고 상상력도 더 풍부해졌다.

제이크가 두 번째로 포함시킨 회복 의식ritual은 요가였다. 고등학교와 대학시절 농구선수로 활약했던 제이크는 20대에 요가를 통해 활력을 얻었지만, 30대에 접어들고서는 업무에 치이기도 하고 깍지를 끼거나 무릎을 비틀고 몸을 구부리는 요가 동작이 지루하게만 느껴져 그만두었다. 대학시절 농구 코치에게서 스트레칭 방법의 하나로 요가를 배웠기 때문에 이미 그런 동작들은 익숙해져 있었다. 그는 우리와 함께 트레이닝을 하면서 새로운 요가 동작을 배워 자기 운동 일과에 추가했다. 다른 고객들처럼 그도 요가를 다시 시작하자 정신적, 감정적으로 이완되고 신체적으로도 에너지가 재충전되는 것을 느끼게 되었다. 제이크는 근무시간 중 두 차례 정도 요가를 하며 휴식을 취했다. 사무실 문을 닫고 10분에서 15분 정도 여섯 가지 동작의 간단한 요가를 하고 나면 오후 내내 몸이 개운했고 직원들도 요가를 하면 좋겠다는 생각이 떠올랐다.

제이크는 사무실에 요가를 할 수 있는 방 하나를 마련하고 일주일에 한번 직원 전체를 대상으로 요가와 명상 강습을 하기로 했다.

제이크 T.

단련시켜야 할 정신 근육: 창의성

성과 장벽: 상상력 고갈

기대 효과: 에너지 충전, 창의성 고취

의식(ritual)

월, 수, 금 오전 5:30~7:30	그림 그리기
월~금 오전 10:30~10:45	요가
월~금 오후 1:00~1:30	밖에 나가서 점심 먹기
월~금 오후 4:00~4:30	요가

액션 스텝(ONE-TIME ACTION STEPS)

· 사무실에서 요가를 할 수 있는 공간 확보

· 탁구대 사기

멀리 출장을 가더라도 꼭 요가를 할 수 있는 시간을 따로 냈는데, 이른 아침이나 저녁 먹기 전 그리고 하루 근무가 끝나는 시간에 요가를 하곤 했다. 제이크는 사무실 사람들을 위해 탁구대를 비치해두었고, 점심은 꼭 밖에서 먹으면서 그 시간이나마 업무에서 완전히 벗어나자고 제안했다. 우리의 제안에 따라서 새로운 의식ritual을 만들어가면서, 제이크는 직원들이 얼마나 오랫동안 업무에 몰입하느냐보다 얼마나 질 높은 에너지를 업무에 쏟느냐에 더 관심을 두게 되었다고 말했다.

물론 처음에는 업무중에 너무 자주 쉬게 하는 게 아닌가 걱정을 하기도 했다. 실제 몇몇은 제이크의 새로운 방침을 악용해서 업무에 늑장을 부리기도 했다. 그러나 제이크는 때로 늑장을 부리는 것이 오히려 창의성을 향상시킬 수 있는 또 하나의 방법일 수도 있다고 생각하게 되었다. 스스로도 업무시간 전에 그림을 그리고 오후 업무시간 사이에 요가를 함으로써 에너지와 생산성의 양과 질에 변화를 가져왔음을 상기하였다. 이처럼 휴식과 이완의 방법은 업무의 집중력만 향상시킨 것이 아니라 제이크 삶 전반에 걸쳐 새로운 창조성을 가져왔다.

몇 달 후 회사의 분위기는 몰라보게 달라졌다. 더 활력 있고 즐거워졌으며, 영감으로 가득 차게 되었다. 제이크 스스로도 더 활력이 넘치는 걸 느낄 수 있었고 마케팅 전략의 상상력도 아주 높아졌다. 결과적으로 제이크가 운영하는 회사는 예전보다 훨씬 더 분주해졌다. 제이크 스스로의 말처럼 마치 회사 전체가 잠에서 깨어난 것 같았다.

뇌는 무한한 기관

학계의 여러 연구 결과들을 종합해 볼 때 인간의 뇌는 근육과 비슷한 방식으로 기능한다. 그래서 사용하지 않으면 그 능력이 감퇴하고, 활발하게 사용하면 아무리 노화되어도 그 능력이 향상된다. 베일러Baylor 의과대학의 연구팀은 지난 몇 년 동안 64세 이상의 건강한 노인 100여 명을 대상으로 연구를 해 왔다. 노인들 중 1/3은 직업을 가지고 있었다. 1/3은 은퇴했지만 정신적으로나 신체적으로 활발하게 활동을 하고 있었다. 나머지 1/3은 퇴직하고 나서 아무런 활동도 하지 않고 있었다. 그로부터 4년이 지났다. 마지막 세 번째 그룹 노인들의 IQ는 나머지 두 그룹 노인들보다 현저하게 낮아졌고, 뇌로 가는 혈액의 흐름도 미약한 것으로 나타났다. 신경학자인 리처드 레스탁Richard Restak은 "뇌를 개발하는 일에는 늦었다는 개념이 없다. 폐나 신장은 오랫동안 사용하면 기능이 저하되지만 뇌는 쓰면 쓸수록 더 정교해지기 때문이다. 쓰면 쓸수록 뇌의 기능과 능력은 향상된다"고 말했다.

우리의 몸과 마음은 서로 불가분의 관계로 연결되어 있다. 격하지 않더라도 운동을 해 주면, 뇌의 인지능력이 향상된다. 운동을 하면 뇌로 가는 혈액과 산소량이 많아지기 때문이다. 또 운동을 하면 손상된 두뇌세포를 치료하고 추가적인 손상을 예방하는 신경 안정

물질의 분비가 촉진된다. 일리노이 주립대학의 연구팀은 60~75세에 이르는 여성 중 전혀 운동을 하지 않은 여성 124명을 대상으로 인지능력 테스트를 해 보았다. 그리고는 이 여성들을 두 그룹으로 나누어 주 3회 1시간에 걸쳐 한 그룹에게는 걷기 운동을 다른 그룹에게는 가벼운 스트레칭을 시켰다. 걷기운동 그룹에게는 종전의 안락한 상태를 넘도록 요구한 반면, 스트레칭 그룹에게는 그런 요구를 하지 않았다. 약 6개월 후, 걷기 운동을 한 사람들은 스트레칭만 한 사람들보다 주요 인지능력 테스트에서 약 25% 정도 더 높은 점수를 받았다. 이와 유사한 실험을 한 일본의 신경과학자는 청년들로 하여금 일주일에 두세 차례 30분 동안 조깅을 시켰다. 그리고 12주가 지난 후 기억력 테스트를 해 보았더니 운동을 하기 전보다 테스트를 끝내는 속도가 현저하게 향상된 것으로 나타났다. 그러나 조깅을 그만두자 이런 장점들이 즉시 사라져 버렸다.

앞서 언급한 수녀들을 대상으로 한 유전병리학자인 데이비드 스노우든의 연구에서 나온 결과에 따르면, 지적인 활동을 계속하면 정신적 능력의 감퇴를 막을 수가 있다. 예를 들어 수녀들이 입회하기 전인 20대에 작성한 자기소개서 문장이 문법적으로 얼마나 복잡한가 혹은 아이디어가 얼마나 치밀한가는 후일 알츠하이머 발병 여부와 긴밀한 연관이 있었다. 또한 수녀원에서 다른 수녀를 가르치는 일에 종사했던 수녀들은 지적인 활동을 적게 한 수녀들보다 정신적인 감퇴가 적게 나타났다.

스트레스와 회복의 균형은 신체적, 감정적인 능력뿐 아니라 인지 능력을 최대화하는 데도 결정적인 요인으로 작용한다. 짧은 순간 정신적 스트레스에 노출되면 아드레날린이 분출되어 실제 기억력이 증가된다. 그러나 외적인 자극이 일차원적이고 만성적이면 스트레스 호르몬은 그냥 뇌 안에서 순환할 뿐이어서 뇌의 해마hippocampus를 위축되게 한다. 우리 몸과 마찬가지로 두뇌 역시 쓰고 난 다음에는 회복의 시간이 필요하다. 새로운 정보와 체험에 직면했을 때, 뇌는 그 정보와 체험을 재해석하고 정리할 시간이 필요하다. 이러한 휴식과 회복이 없으면 두뇌의 학습활동은 효과적으로 일어나지 않는다.

나이 마흔을 넘은 사람들이 신경정신과를 찾는 가장 주된 이유는 건망증이다. 그러나 건망증은 병이 아니라 능동적으로 정신을 몰입시키지 못한 결과 기억력이라는 정신 '근육'이 감퇴하여 생기는 현상이다. 몸의 근육도 쓰지 않으면 자꾸 퇴화하듯이, 뇌도 쓰지 않고 방치해 두면 계속해서 감퇴하게 된다. 젊은 시절의 두뇌는 아주 유연해서 외국어를 배우거나 복잡한 기술이나 재능을 습득하는 일이 상대적으로 쉽고 빠르다. 그러나 나이가 들면 새로운 언어를 배운다든가 다른 기술을 습득하는 식의 도전적인 일을 하지 않기 때문에, 정신 근육은 운동 부족 상태가 된다. 그래서 새로운 것을 받아들이고 배우는 일이 점점 더 어려워진다. 불편함 때문에 혹은 창피를 당하기 싫어서 나이가 들면 정신적 도전을 시도하지 않고 포기하고 만다. 그 결과 피할 수 없는 정신 능력 감퇴가 계속 진행되는 것이다.

하버드 의과대학의 심리학 교수인 마저리 실버Margery Silver는 이렇게 말한다. "뭔가 새로운 것을 배울 때마다 우리 두뇌 세포는 다양한 패턴으로 네트워크를 형성한다. 뇌를 자극하는 활동을 하면 뇌의 세포들 간의 네트워크에 다양한 패턴과 변화가 생긴다. 그 결과 알츠하이머병과 관련된 세포에도 새로운 패턴과 네트워크가 형성되어, 설령 병으로 뇌세포가 많이 손상된다 하더라도 이미 다양한 네트워크를 만들어 놓았기 때문에 추가로 사용할 수 있는 여지가 남게 된다." 다른 말로 하면 뇌를 자극할 수 있는 활동을 계속하면 나이가 들어서도 뇌의 기능과 능력을 효과적으로 유지할 수 있다. 새로운 스포츠 종목을 배우면 평소에 쓰지 않던 근육을 긴장시켜서 그 능력을 강화시킬 수 있듯이, 컴퓨터를 새로 배운다거나 매일 새로운 단어를 몇 개씩 외우거나 하면 성과에 필요한 정신 근육을 단련시킬 수 있다.

앨리스 P. : 비관주의, 부정적인 사고

중견 로펌의 파트너 변호사인 앨리스 P.는 어떤 상황에서도 아주 하찮은 결점까지 찾아내는 깐깐함으로 유명했다. 완벽해 보이는 30페이지짜리 보고서에서도 사소한 문법적인 결함을 찾아낼 정도로 까다로웠다. 앨리스는 면접 자리에서도 유망한 신입사원 후보에게서 아주 작은 단점까지도 들추어냈다. 고객을 새로 확보한다든가 크리스마스 파티를 여는 문제에서부터, 회사 규모를 확장하는 문제에 이르기까지 앨리스는 아주 작은 이유를 들어서 그 일을 중단시킬 수 있는 능력이 있었다. 그 결과 앨리스는 회사에서 재난에 대비한 나홀로 보험과도 같은 존재가 되었다. 그러나 임금님의 음식에 독이 들었는지를 감시하고 식별하는 사람처럼 비판적이고 비관적인 시각을 가진 인물로 인식되기도 했다. 주위 사람들 아무도 그녀와 함께 시간을 보내고 싶어 하지 않는 그런 인물이 되고 만 것이다. 더 나쁜 것은 이제 동료들은 앨리스가 가진 이런 부정적인 시각을 더 이상 조기경보로 받아들이지 않고 '다 예상했던 일이네', '으레 그러려니' 하고 무시하게 되었다는 것이다.

앨리스는 여전히 자신이야말로 회사에서 가장 유일하게 정확한 사태의 본질과 진실을 볼 줄 아는 사람이라고 믿고 있었다. 자신의 견해가 사실의 한 측면만 과장한 생각일 수도 있다든가, 아주 지엽적인 이슈에 매여서 더 큰 그림을 보지 못하고 있다는 생각은 전혀 하지 않았다. 부정적인 에너지가 자신이나 다른 동료들의 효율성에 심각한 영향을 미치고 있다는 것을 인정하기는 더더욱 불가능해 보였다.

시간이 흐르면서, 앨리스는 처음으로 자신이 세계를 아주 편협하고 부정적으로 보고 있다는 것을 인정하기 시작했다. 그런 시각 때문에 그녀는 직장에서와 마찬가지로 가정에서도 별다른 행복과 만족감을 느끼지 못했다. 앨리스 스스로 인정하듯 남편과 10대에 접어든 두 아들과 어디 여행을 가더라도 호텔 객실이 뭐가 문제고 음식과 날씨가 어떻다는 등 불평을 달고 다니는 그녀였다. 아들이 시험에서 A학점을 받아와도 칭찬은커녕 점수가 저조한 다른 과목에 대해 타박하기 일쑤였다. 큰 아이가 고등학교 풋볼 팀에서 터치 타운으로 점수를 올리다 무릎에 조그만 상처를 입으면, 아들에게 잘했다고 칭찬해주기는커녕 칠칠치 못하게 무릎을 까고 다닌다고 야단치는 지경이었다.

앨리스는 긍정적이고 문제 해결에 기반한 사고를 활성화시키기 위한 일련의 습관을 만들어 가기 시작했다. 특히 아침에 일어나자마자 하는 의식ritual은 앨리스의 사고방식에 커다란 영향을 미쳤다. 하루를 시작하면서 앨리스는 오늘 하루 혹은 자신의 인생에서 잘못되어 가고 있거나 잘못될 것 같은 일들을 적었다. '소송 개요서가 잘 안 써질 것이다', '고객에게 말실수를 해서 관계가 나빠질 것이다'라든가 '담당 비서가 제대로 일을 처리하지 못해 내 시간만 축낼 것 같다' 같은 것들이었다.

그날 하루 잘못될 것 같은 일들을 다 쓰고 나면, 머릿속에서 맴도는 위기라는 생각을 접어두고, 그런 모든 일들을 재앙이 아니라 도전거리나 기회로 여기기로 했다. 말하자면 현실적 낙관성을 기르기 위한 웨이트 트레이닝을 했던 것이다. 그날 걱정되는 것이 사건 개요서라면 그것을 십여 차례나 다시 고쳐 썼고, 그렇게 힘들게 고전하는 것은 일을 제대로 하기 위해 반드시 필요한 과정이라는 데 관심을 집중했다.

앨리스 P.

단련시켜야 할 근육: 현실적인 낙관성

성과 장벽: 비관적이고 부정적인 사고

기대 효과: 긍정적이고 문제 해결 지향적인 사고

의식(ritual)

오전 7:00

· 오늘 하루 잘못될 것 같은 일을 쓰고, 그것을 새로운 기회
  로 바꾸기

· 최악의 시나리오를 가정하고 그 결과가 어떻든 받아들일
  준비하기

· 인생에서 뭔가 감사할 만한 것을 찾아보기

문제가 고객에 관한 것이라면, 이미 자신이 자기 분야에서 오랫동안 인간관계를 맺어왔다는 것을 믿고 혹여 실수를 한다 하더라도 그것은 새로운 기회를 만들어내고 미래에 더 성공하기 위한 것이라고 생각했다. 비서의 업무가 불만이라면, 그가 가진 능력에 초점을 맞추고 멘토로서 자신이 가진 능력과 지식을 나눌 수 있는 기회라고 생각하기로 했다.

심사숙고하고 긍정적인 면과 부정적인 면을 충분히 생각해 보고 난 후에도 앨리스는 여전히 여러 가지 돌발상황을 대비해 탈출구를 만들어 놓아야 한다는 생각을 떨칠 수가 없었다. 그런 경우, '여기서 최악의 시나리오는 무엇인가? 만약 생각한 대로 정말 결과가 잘못된다면 그것을 어떻게 받아들일 것인가?' 하고 자문해 보았다. 그러자 어떻게든 거의 모든 상황을 받아들일 수 있을 거라는 확신이 들었다. 그리고 모든 문제를 위기로 여겨 큰일이라도 날 것처럼 표현하던 사건 개요서의 용어들도 누그러졌다.

마지막으로 자신의 인생에서 감사할 만한 것을 생각함으로써 아침의 의식ritual을 마쳤다. 그 시간은 앨리스에게 가장 행복한 순간이었다. 자신이 얼마나 큰 행운을 안고 사는지 새삼스럽게 느껴졌다. 건강과 안정적인 경제생활, 여전히 도전적이긴 하지만 즐길 만한 직장생활과 사랑하는 남편과 아이들. 자신은 정말이지 아주 행복한 사람이라는 기분이 들었다.

아침에 하는 이런 일과는 앨리스의 에너지를 새롭게 전환시켰다. 우선 몸의 긴장이 줄어들었다. 감정적으로는 더 희망적인 기분을 느꼈고, 정신적으로는 산만함이 줄어들고 융통성과 집중력이 높아졌다. 이런 체험이 서로를 더욱 강화시키면서 업무에서도 놀라운 감성으로 몰입할 수 있게 되었다. 그리고 이렇게 만들어진 힘은 부정적인 생각이 들 때마다 자동적으로 그것을 긍정적인 방향으로 돌리도록 작용하게 되었다. 업무상 압박감이 평소보다 심할 때는 아침의 의식을 더 충실히 했다.

결과적으로 앨리스는 이제까지 잘못된 것을 찾아내는 데만 쏟아붓던 에너지를 옳고 바람직한 쪽으로 전환시켰다. 때로 빨간 기를 들고 싶어지는 마음을 누르고 있다 보면 스스로 폴리아나(그녀가 낙관성을 상징하는 의미로 붙인 소녀의 이름)가 되어 있었다. 업무상 압박감이 심하면 비판적인 감정이 되살아나긴 하지만 그리 오래가지는 않았다. 어른이 되고 나서 처음으로 앨리스는 두려움이 아니라 가능성으로부터 힘을 얻고 있음을 느끼게 되었다.

사라 D. : 시간 관리 미숙과 협소한 관심 영역

병원 관리부서에서 일하는 사라는 자기 인생을 컨트롤하기 위해 지루하고 기나긴 전쟁을 치르고 있다고 느꼈다. 35세의 사라는 미혼이었고 보살필 가족이나 아이가 없기 때문에 직장에 늦게까지 남아 일을 하는 경우가 많았다. 사라는 근무시간을 넘기고도 쉽사리 사무실을 떠나기가 힘들었다. 동료들이 무슨 일이 있을 때마다 사라를 문제해결사로 불러세웠기 때문이다. 그 결과 그녀는 자신만의 시간을 전혀 가질 수 없었다. 그녀의 책상에는 언제나 우편물과 메모 그리고 끝나지 않은 프로젝트 파일들이 산더미같이 쌓여 있었다. 사라는 창조성과 일의 효율성 모두를 중시하지만, 효율성만으로도 버거워 창조성을 추구할 시간이 없다고 토로했다.

우리는 고객들에게 시간 관리는 그 자체로 완결되는 것이 아니라, 효율적인 에너지 관리라는 더 높은 목적의 기본 요소일 뿐이라고 말한다. 인간은 모두 하루 24시간이라는 제한된 시간을 살기 때문에 그것을 어떻게 사용할 것인지 현명하게 선택하고 우선순위에 있는 것에 에너지를 먼저 투자해야 하기 때문이다. 그러나 우리들 대부분은 임무를 진척시키는 것과 상관없는 활동에 시간을 쏟으면서 그 과정에서 에너지 탱크를 고갈시킨다. 《성공하는 사람들의 7가지 습관The 7 Habits of Highly Effective People》에서 스티븐 코비 Stephen Covey는 이를 아주 재치 있게 표현하고 있다. 코비는 우리가 얼마나 자주 당장은 관심을 끌지 않지만 궁극적으로 더 큰 결과를 가져오는 우선순위를 제쳐놓고, 지금 당장 급해 보이는 것에만 연연하는지 강조했다. 회사나 조직에서도 마찬가지다. 눈앞에 급하게 닥친 일이 곧 중요한 일이라는 분위기 때문에 사람들은 한걸음 뒤로 물러나 더 사려 깊은 선택을 하지 못하고 있다.

사라의 1차적인 이슈는 '긴급사항urgency'이냐 하는 것이었다. 그녀는 조금이라도 가만 있으면 안 되는 사람처럼 늘 다른 사람들이 부탁하는 일을 해결하느라 바빴다. 전화, 이메일, 사무실에 두드리는 구호 요청에 응대하느라 온 에너지를 소비하고 있었다. 창조적인 영감이 필요하고 시간을 두고 곰곰이 생각해야 하며, 여러 가지 분야를 망라하고 있어 집중력 있는 관심을 쏟아야 하는 프로젝트들은 늘 옆으로 밀쳐지고 있었다. 갈수록 한 가지 일에 집중하는 능력이 줄어들었다. 전화를 받으면서 이메일에 답신을 보내거나 이리 저리 돌아다니면서 급하게 일을 처리하는 등 멀티태스킹 능력에 대해서는 자부심을 가지고 있었지만, 한 가지 프로젝트에 오래도록 관심을 집중하기는 힘들었다. 사라는 동료들의 요구사항을 전달받을 때도 게시판에 짤막하게 요약해 두지 않으면 재빨리 이해하지 못했다. 그러나 불행히도 모든 일이 다 간단하게 요약할 수 있고 금세 해결되는 것은 아니었다.

이런 문제는 업무뿐만 아니라 사생활에서도 그대로 드러났다. 자연을 찾아 에너지를 충전하려고 해도 늘 쫓기는 마음에 무엇에든 마음을 두기가 힘들어졌다.

이런 문제를 해결하기 위해서 사라는 아침에 깨어나면 20~30분 동안 일체 외부적인 문제는 신경 쓰지 않고 오로지 자신의 내면에만 관심을 기울이기로 했다. 그리고는 업무상 해결해야 할 일과 자신의 사생활의 우선순위를 차례로 써내려갔다. 그러는 동안 자신이 단순히 일하는 기계가 아니라는 사실을 느끼게 되었고 직장과 사생활에서의 인간관계를 되돌아보게 되었다. 그런 다음 15분 동안 그날 하루에 해야 할 일들을 목록으로 만들었다. 그전에는 어떤 종류든 목록을 만드는 걸 싫어했지만, 처리해야 하는 업무가 자신의 능력을 초과하고 있다는 사실을 인정하고부터는 목록을 작성하기 시작했다.

사라 D.

단련시켜야 할 정신 근육: 효율적인 시간 관리

성과 장벽: 산만하고 비효율적인 업무방식

기대 효과: 효율성, 적절한 집중력

의식(ritual)

오전 6:00~6:30	그날 할 일을 차분히 생각하며 우선순위 목록 작성
오전 7:30~8:00	출근시간을 이용한 정신적인 준비운동
오전 8:00~9:00	중요한 프로젝트에 몰입하기
오전 10:30, 오후 3:30	매점에서 간식 즐기기
월, 수, 목 오후 7:00	에어로빅

액션 스텝(ONE-TIME ACTION STEPS)

· 일기장, 일정 관리 다이어리 사기

· 책상을 정리하고 창조적이고 효율적으로 파일 정리하기

· 오전시간은 동료들에게 '업무중'임을 알리고 그 시간에는 방해하지 않게 하기.

그리고는 회사로 출근하는 30분 동안 사라는 업무를 효율적으로 시작하기 위해서 한 가지 정신적인 준비 의식ritual을 고안했는데 그것은 그날 하루에 만나게 될 도전적인 상황을 어떻게 성공적으로 처리해야 할지 머릿속으로 그려보는 것이었다.

처음으로 시도하는 이런 의식ritual을 습관처럼 만들기까지는 한 달 이상이나 걸렸다. 그녀는 고정된 스케줄에 따라 사는 것에 거부감을 가지고 있었기 때문이었다. 그러나 의식을 계속 반복할수록 마음이 차분해지고 집중력이 높아지고, 쫓기는 느낌 대신 자유로운 느낌이 드는 것을 깨달았다. 출근 시간 동안의 의식ritual이 습관화되자 직장에 와서 우선순위로 처리하는 일이 달라졌다. 예전에는 사무실에 도착하면 먼저 전날 밤에 왔던 이메일과 음성 메일에 답신을 하거나 누군가 찾아와 부탁하는 일을 먼저 처리하곤 했었는데 이제는 가장 중요하다고 생각되는 프로젝트를 먼저 잡아 한 시간 정도 집중해서 일을 했다.

사라는 오전 8시~9시까지는 가장 중요하다고 판단되는 프로젝트에 집중했다. 그 시간대에 가장 에너지가 넘쳤고 오후가 될수록 처리해야 할 일이 많아지기 때문이었다. 사라는 비서에게 급한 사항이 아닌 한 그 시간만큼은 그 누구도 들이지 말 것을 부탁했다.

자발적인 의지로 중요하다고 생각하는 프로젝트를 선택해서 집중적으로 일하자, 성취감이 높아지고 그 이후 시간에도 에너지가 넘치는 상태로 일할 수 있게 되었다. 또한 일주일에 3일은 저녁 7시에 에어로빅을 즐기면서 업무에서 떠나 정신과 감정 에너지의 회복을 위한 원천으로 이용했으며, 이 시간을 업무와 가정 사이의 효과적인 완충지대로 만들어 나갔다.

마침내 사라는 에어로빅을 에너지를 회복시키는 두 번째 의식 ritual으로 습관화했고, 무슨 일이 있어도 빠뜨리지 않고 지키게 되었다. 그리고 사라는 오전 10시 30분과 3시 30분이 되면 병원 내 매점에 가서 5분이나 10분 정도 휴식을 취했다. 항상 그 시간대에 쉴 수 있는 것은 아니었지만 가능한 정해진 시간에 휴식을 취했다. 과일 한 쪽을 먹는다든가 차 한 잔 정도 마시는 짧고 소박한 휴식이었지만, 잠시나마 업무의 소용돌이에서 빠져나올 수 있는 좋은 방법이었다.

처음에 사람들의 이런 저런 요구를 들어주지 않는 것은 아주 힘든 일이었다. 그러나 두 달이 지나고부터 자유로움을 느끼고 머리가 맑아지며 성취감을 얻게 되자, 죄책감은 서서히 줄어들었다. 넘치는 에너지로 업무에 전력질주하고 성공적인 결과를 얻게 되자 업무상 혹은 개인적으로 다른 사람과 만나는 일도 긴장감 없이 편해졌다. 기대했던 것 이상의 결과는 사라의 인생에 긍정적인 에너지가 넘치게 했고, 이 활력 넘치는 에너지는 다시 긴장을 완화시키고 자유로운 느낌을 주었던 것이다.

마음에 새겨둘 것

· 우리의 인생을 조직하고 목표의 초점을 맞추어 나가는 데 필요한 것이 바로 정신 에너지다.

· 완전한 몰입을 가능하게 하는 최상의 정신 에너지는 현실적인 낙관성이다. 현실적 낙관성은 세상을 있는 그대로 보면서 원하는 결과나 해결책을 향해 능동적으로 움직이는 것을 말한다.

· 중요한 정신 근육에는 정신적 준비운동, 가시화, 긍정적인 자기암시, 효율적인 시간관리 그리고 창의성 등이 있다.

· 계속해서 정신적인 채널을 바꿔주면 좌뇌와 우뇌가 모두 활성화되어 능력이 향상된다.

· 신체적인 운동은 두뇌의 인지 기능을 자극한다.

· 정신적인 능력을 최대한 발휘하기 위해서는 정신 에너지의 소비와 회복 사이에 균형을 맞추어야 한다.

· 최상의 성과를 위해 필요한 정신 근육이 약해졌다면, 안락한 상태를 뛰어넘는 자극을 준 다음 회복시켜 주는 조직적인 개발이 필요하다.

· 두뇌가 계속적으로 도전적인 상황에 맞닥뜨리게 해야 노쇠로 인한 정신적 감퇴를 예방할 수 있다.

삶의 참의미는 무엇인가

어떤 상황에서든 우리가 쓸 수 있는 에너지 양은 우리의 신체적 능력에 비례한다. 그런데 우리가 가진 모든 영역의 에너지를 사용하도록 동기를 부여하는 것을 큰 의미에서 보면 대부분 영적인 이슈들이다. 영적인 에너지야말로 우리 삶의 모든 차원에서 이루어지는 행동을 이끌어 내는 독특한 힘이다. 영적인 에너지는 동기를 부여하고 인내력을 갖게 하며 무엇보다 방향을 설정하는 데 가장 효과적인 원천이다. 여기서 '영적spiritual'이라는 말은 종교적인 의미가 아니라, 개인적인 자기이익을 넘어서는 궁극적인 목적과 가치와의 유대감을 가리키는 단순하고 원리적인 용어일 뿐이다. 실제로 인간의 영혼을 불타오르게 하는 것은 모두, 우리가 어떤 임무에 맞닥뜨리든 성과를 최대화하고 완전한 몰입을 가능하게 해 준다. 영적인 에너지의 연료가 되는 주된 영적 근육은 용기와 확신이다. 용기와 확신을 가질 때, 개인적으로는 희생과 곤경을 치른다 해도 내면에서 우러나오는 가치에 따라 살 수 있다. 그 외의 작은 영적 근육에는 열정과 헌신, 고결함과 정직함 등이 있다.

자신을 돌보는 일과 다른 이들에게 헌신하는 일의 균형을 잡을 때, 영적인 에너지는 유지된다. 어떻게 하면 가장 소중한 가치에 따라 살 수 있는가 하는 것은 얼마나 정기적으로 우리 영혼을 새롭게 하느냐, 즉 재충전하고 휴식을 취하게 하며 영감과 의미를 주는 가치와의 유대감을 재확인하느냐에 따라 달라진다. 영적인 에너지가 부족하다 싶으면, 자기만족과 편리함이라는 안락함에 도전해서 영적으로 더 깊어질 수 있는 체계적인 방법을 찾아야 한다.

앞서 예로 든 로저 B.는 영적인 에너지로부터 나오는 목적의식이 약해지면서 열정이 사라졌고, 어느 방향으로 나아가야 할지 그 감각을 잃어버린 경우다. 따라서 로저는 본능적인 생존전략 차원에서 당장 눈앞에 닥친 일만 그때그때 해결해 나갈 수밖에 없었다. 로저는 종종 자신이 희생자라고 느꼈다. 인생에서 무엇을 원하는지 비전이 없고 앞으로 어떤 비전을 가져야 하는지 아무 생각도 없기 때문에, 지금 자신이 하는 선택과 행동이 오랜 시간 후 어떤 결과를 가져올지 되새겨 볼 여유조차 없었다. 대충 타협하고 사는 것. 그것이 로저가 할 수 있는 유일한 선택이었던 셈이다.

사람들은 간혹 비극적인 경험을 통해서 영적인 에너지의 중요성을 깨닫는다. 영화 〈슈퍼맨〉의 주인공이었던 크리스토퍼 리브 Christopher Reeve가 1995년 승마 도중 말에서 떨어져 전신마비가 되었을 때, 그가 절망을 딛고 다시 일어서리라 기대한 사람은 아무도 없었다. 그리 길진 않지만 자살을 결심했던 때도 있었다고 리브는 술회하고 있다. 그러나 이내 리브는 아주 강한 영적인 에너지를 일으킨다. 가족을 위해서, 자신의 상태를 호전시키기 위해서, 그리고 이 세계에 뭔가 기여할 것을 찾기 위해서 필사적으로 영적인 에너지를 발휘한다. 물론 자신의 장애를 무기로 다른 사람을 감동시키자는 것만은 절대 아니었다. 영적인 목적이 뚜렷했기 때문에 리브는 그의 희망과 낙관적인 비전을 모아 집중력과 고결한 정신으로 미래를 향해 나아갈 수 있었다. 물론 리브가 쓸 수 있는 신체 에너지는 아주 보잘 것 없이 작았고 감정적으로도 좌절하거나 두려워하고 절망하기 쉬웠지만, 영적인 에너지가 그를 구원했던 것이다.

칸토 피츠제럴드Cantor Fitzgerald 사는 9.11 테러의 대참사를 겪고 집단적인 차원으로 영적 에너지를 끌어모은 놀라운 예다. 세계무역센터 건물 중 4개 층에 본점을 두고 있던 이 회사는 테러로 전체의 2/3에 해당하는 천여 명의 직원을 잃었다. 컴퓨터 시스템과 자료 대부분이 파괴되었고, 칸토라는 회사 자체가 더 이상 존립 불가능해 보였다. 남아 있는 직원들은 큰 충격을 받고 비탄에 빠졌으며, 대부분이 정신적인 충격에서 헤어나지 못했다. 에너지 차원에서 말하자면 신체, 감정, 정신 에너지 모두 이루 말할 수 없을 만큼 손상되었던 것이다.

칸토의 직원들을 일어서게 한 것은 다름 아닌 숭고한 목적의식이었다. 물론 회사를 살리는 것이 곧 자신들을 살리는 것이라는 개인적인 동기도 있었다. 그러나 그것보다는 더 큰 힘이 그들에게는 있었다.

참사가 있고 난 며칠 뒤, 칸토의 회장인 하워드 루트닉Howard Lutnick은 앞으로 5년간 벌어들일 회사 수익금 중 25%를 희생당한 직원들의 가족에게 기부하겠다고 밝혔다. 이런 결정이 남아 있는 직원들로 하여금 회사를 소생시키려는 의욕을 불태우게 했다. 칸토의 직원들은 끔찍한 비극 앞에 가족애로 뭉친 것이다.

결과는 엄청난 헌신으로 나타났다. 직원들은 하루에 12~16시간을 일에 집중했다. 한때 회사를 떠났다가 9.11의 테러 이후 다시 회사로 돌아온 하이디 올슨Heidi Olson은 이렇게 말했다.

"우리가 한때 당연하다 여겼던 모든 것들이 사라졌습니다. 나는 그 시점에서 해야 할 일을 했을 뿐입니다. 엄마와 같죠. 가족들을 위해서라면 무엇이든 희생하고 노력하는 모성애를 발휘하는 것말입니다."

이 과정에서 칸토 피츠제럴드 사의 직원들은 전에는 한번도 사용하지 않았던 새로운 감정적 원천을 발견하고는 서서히 비극이 준 충격에서 벗어나기 시작했다. 그것은 어려운 근무상황에 대해 불평하지 않는 마음, 인내심, 연민이었다. 고귀한 사명감에 헌신함으로써 장기간 일에 몰입할 수 있었고 심지어 수면시간이 부족해도 충분히 견뎌낼 수 있었다. 물론 장기적으로 볼 때 신체, 정신, 감정적 에너지 탱크가 충분하지 못해 지치거나 쓰러질 위험이 없는 것은 아니었다. 어떤 경우에도 이처럼 최악의 불행한 상황에서 개인적인 차원을 넘어선 사명에 공통의 비전을 갖고 헌신함으로써 영적 에너지를 분출한 사례를 찾아보기 힘들다.

일상에서 목적의식이 갖는 중요성을 이해하기 위해 앤 F.의 경우를 한번 살펴보자. 규모가 큰 화장품 회사의 중역으로 일하던 앤은 오랫동안 담배를 끊으려고 했지만 번번이 실패하고, 스스로 한 약속도 지키지 못한다고 자책하기에 이른다. 물론 흡연은 알게 모르게 앤의 건강과 성과에 영향을 미쳤다. 심폐기능이 약해져 인내심이 없어지고 다른 동료들보다 아픈 날이 더 많아졌으며 회의가 길어지면 니코틴 부족으로 견디기 힘들었다. 앤은 흡연으로 인해서 자기 수명이 단축될 수 있다는 것을 알고 있었다. 그러나 다른 한편으로 흡연은 앤에게 감각적인 즐거움을 주는 원천이었고 마음의 긴장을 없애주고 사회생활에서 오는 스트레스를 풀 수 있는 유일한 길이기도 했다. 앤은 스스로 극복할 수 없을 정도로 담배에 중독된 것이다.

첫 아이를 임신하자 앤은 담배를 끊기로 결심한다. 그리고 아이가 태어날 때까지 그 결심을 지켰다. 그러나 아이를 낳고 병원 문을 나서자마자 그녀는 다시 담배를 피기 시작했다. 일년 후 앤은 두 번째 아이를 임신했고 그 후 열 달 동안 또 담배를 끊었다. 첫애 때와 마찬가지로 간간이 느껴지는 금단현상도 쉽게 극복할 수 있었다. 하지만 둘째 아이를 낳자마자 흡연은 다시 시작되었다. 앤은 아주 담담한 목소리로 "이상해요."라고 말했다.

이유는 간단하다. 앤은 흡연이 뱃속의 아이에게 나쁜 영향을 줄 거라는 것을 알고 아이에게 해가 미치지 않도록 하겠다는 한 가지 목적을 위해 담배를 끊을 수 있었다. 담배를 끊는 것은 의외로 쉬웠다. 그러나 아이가 태어나고 전에 가졌던 분명한 목적의식이 사라지자 흡연의 욕구가 다시 찾아왔던 것이다. 담배가 건강에 해롭다는 것을 의식적으로 알고 있고 감정적으로는 일종의 자책감도 느끼고 신체적으로도 부정적인 영향을 경험하지만, 그것만으로는 금연을 결심하게 하는 충분한 동기부여가 되지 않았던 것이다.

담배를 끊기 위해서는 영적인 에너지 원천과의 교감에서 오는 유일한 동기가 필요했다. 우리는 그녀로 하여금 세 가지 방식으로 영적 에너지와 교감할 수 있게 했다. 먼저 간접흡연 역시 아이들에게 나쁜 영향을 주며 계속 아이들 앞에서 담배를 피우게 되면 아이들도 나중에 흡연자가 될 가능성이 많다는 사실을 주지시켰다. 그리고 담배를 끊지 않으면 아이들이 엄마 없이 살게 될 확률이 높아질 거라는 사실을 직시하게 했다. 앤에게 가족과 다른 사람에 대한 배려는 무엇보다 소중한 가치였기 때문에, 이런 자각은 담배를 끊을 수 있는 동기를 부여해 주었다. 마지막으로 우리는 흡연 때문에 건강이 나빠졌고 신체적 에너지가 저조해졌으며, 그 결과로 업무상 성과에도 심각한 영향을 가져왔고 가정생활에 몰입할 수 있는 능력에도 손실이 생겼다는 점을 분명히 인지시켰다.

다른 어떤 차원보다도 영적 에너지의 소비와 회복은 서로 깊이 연관되어 있고, 다른 차원의 에너지 소비와 회복과는 달리 둘이 동시적으로 일어나는 경향이 있다. 동서고금의 지혜서와 잠언들을 보라. 모두 영적인 '일'과 영적인 '실천'에 대해 이야기하고 있다. 다른 사람에게 봉사하고 깊은 연민을 갖고 서로 충만한 교감을 하라고 충고하고 있지 않은가. 내부로 눈을 돌리면, 영적인 재충전은 우리 스스로 내면의 가치와 목적의식과 교감함으로써 영적으로 고양될 때 일어난다.

어떤 일은 그다지 에너지를 많이 쓰지 않으면서도 영적인 재충전이 일어나게 한다. 숲 속을 걷는다든가, 마음을 움직이는 책을 읽는다든가, 음악을 듣는다든가, 지혜로운 이의 강연을 경청한다든가 하는 일들이 여기에 속한다. 반면 영적인 실천은 에너지 사용과 동시에 회복이 이루어진다. 예를 들어 명상은 마음을 평온한 상태로 만들고 관심을 집중시킨다. 그와 동시에 마음이 열려 외부와 교감하며 생의 기쁨까지도 체험하게 해준다. 요가와 마찬가지로 명상은 그 자체가 정신과 감정의 회복을 제공하면서 영적인 능력을 키워주는 등 모든 차원을 아우르는 '실천 방법'이다.

기도 역시 집중과 관조의 노력을 필요로 하지만 동시에 감정과 영적 편안함을 가져다주는 원천이다. 내면의 가치를 정기적으로 관조하고 그 가치에 책임을 지는 것은 어렵고도 힘든 일이지만, 동시에 우리에게 영감을 주고 에너지가 넘치게 하는 일이기도 하다. 부모가 아이들에게 시간과 에너지를 들여 관심을 쏟고 헌신하는 것 역시 아이들을 위해 자신을 희생시킨다는 점에서 영적인 실천이라고 할 수 있으며 감정과 영적 에너지 재충전의 풍부한 원천이 되기도 한다. 다른 사람들을 위한 헌신과 봉사 역시 많은 노력을 들이고 불편함을 감수해야 하는 것이지만, 인생에 의미와 깊은 만족감을 주는 심오한 원천이 된다.

게리 A. : 냉담함과 불만족

46세의 게리는 대규모 파이낸셜 기업의 최고 간부였다. 약 20년 동안 한 직장에 몸담았던 게리는 일에 대한 열정이 점차 수그러드는 걸 느꼈다. 그러면서 왜 자신이 일을 하고 있는지, 그것이 정말 가치 있는 일인지 자문하기 시작했다. 회사에서 높은 연봉이라는 후한 보상을 받고 있긴 하지만, 그는 최고 요직으로 올라가거나 자신의 값어치를 높이는 일과는 다른 종류의 일에 목말라하고 있었다. 그것은 사생활에서도 마찬가지였다. 그는 아내와 10년 전에 이혼하고 두 딸에 대한 양육 의무를 나누고 있었지만, 잦은 장기 출장 스케줄 때문에 아이들과 함께 시간을 보내는 데 한계가 있었다. 두 딸은 이제 20대가 되었고 모두 다른 도시에 살고 있었다. 게리는 두 딸과 함께 운동하고 서로 유대감을 가질 수 있는 기회가 적었던 데 대해 특히 상심하고 후회하고 있었다. 게리 역시 젊었을 때는 탁월한 운동선수였으며 두 딸도 고등학교 시절 축구와 농구 등에 열심이었지만 함께 게임을 할 수 있는 기회는 좀처럼 갖지 못했다. 우리는 게리에게 그의 인생에 뭔가 의미와 목적의식을 줄 만한 것이 있냐고 물었지만 게리는 쉽사리 대답하지 못했다. 그러나 일단 남은 인생에도 여러 가능성이 있을 수 있다는 데 마음을 열자 주저 없이 그가 한 대답은 "아이들에게 운동을 가르치는 일을 하고 싶다."는 것이었다.

자신의 두 딸을 가르치기엔 너무 늦었지만, 다른 아이들과 운동을 함께 하며 가르치는 일이야말로 뭔가 사회적으로 봉사하고 스스로도 만족감을 느낄 수 있는 일이라는 것을 확신했다.

게리의 집에서 그리 멀지 않은 곳에 고아들이나 부모가 돌볼 수 없어 일시적으로 맡겨 놓은 아이들을 돌보는 집단보육시설이 있었다. 그는 몇 년 동안 그곳을 지나 출근하면서도 한번도 관심을 두어본 적이 없었다. 게리는 이제 뭔가 봉사를 해야겠다고 마음먹는다. 일이 되려면 으레 그렇듯이, 마침 집단보육시설에서는 남자아이들로 이루어진 농구팀을 이끌어줄 코치를 물색하고 있었다. 일주일에 세 번 정도 저녁시간을 내야 했고 토요일에는 종일 다른 팀과 경기를 해야 했다. 게리는 그 일을 하기로 결심했다.

그가 가진 타고난 운동선수로서 기술과 재능은 금세 여러 사람의 존경을 받기에 충분했지만, 무엇보다 자상하게 지도해 주는 그의 스타일은 아이들의 마음을 단번에 사로잡았다. 게리는 16세에 아버지를 잃었다. 당시 고등학교 농구 코치는 늘 게리를 염려해 주었고 자상하게 돌보아 주었다. 운동 성적이 형편없을 때에도 코치 선생님은 게리에게 위로가 되는 의미 있는 존재였다. 이제 게리는 버림받고 구타당하고 학대받은 경험 같은 슬픈 사연들을 가지고 있는 아이들에게 농구를 통해 자신감과 서로에 대한 유대감을 갖도록 가르치고 있다.

게리 A.

단련시켜야 할 영적 근육: 열정

성과 장벽: 무관심

기대 효과: 헌신성과 완전한 몰입

의식(ritual)

월, 수 금 오후 5:30~7:00, 토요일 – 농구코치

화 오전 7:00 – 사무실 직원과 아침식사

목 오후 6:00 – 사무실 직원들과 가벼운 술자리

물론 이런 일이 금세 이루어진 것은 아니다. 처음 몇 주 동안은 농구 연습 때 고작 싸움을 말리거나 딴청을 부리지 못하게 하는 정도에 만족해야 했다. 3주 동안 한번도 다른 팀과의 경기에서 이기지 못했고, 개중 가장 재능 있어 보이는 아이가 친구를 심하게 구타하는 바람에 팀에서 제외시켜야 하는 아쉬운 일도 있었다. 그러나 게리가 인내심을 가지고 계속 노력하자 차차 결실을 맺게 된다. 다른 팀과의 시합에서 승률이 올라갔고, 무엇보다도 아이들은 한 팀으로 협력해가는 것을 배워갔다.

게리가 얻은 것은 무엇과도 비할 수 없는 것이었다. 그는 가르치

는 일을 사랑했고 또 아이들을 사랑했다. 그리고 이런 일을 통해서 얻은 기쁨이 자신의 남은 인생에 원동력이 되리라는 것을 깨닫게 되었다. 몇 년만에 처음으로 그는 자신이 살아 있는 것을 느꼈고 다른 사람들과 유대감을 갖는 법도 배우게 되었다.

우리 연구실에 찾아온 후 세 달 그러니까 농구코치를 시작한 지 한달이 지난 후 게리는 직장에서도 이와 유사한 기회들이 있다는 것을 깨닫기 시작했다. 부하직원들의 멘토로서 그들이 업무수행을 잘 할 수 있도록 돕는 것이 그것이었다. 회사는 이런 역할을 중요시하지도 않았고 무슨 보상을 해 주는 것도 아니었지만, 아이들을 가르치는 것과 멘토 역할 사이의 유사점을 갑작스럽고도 분명하게 발견했던 것이다.

진정한 변화를 가져올 수 있는 또 다른 기회가 거기에 있었던 것이다. 게리는 자기 부서의 젊은 주식중개인들과 함께 업무를 떠나 시간을 보낼 수 있는 의식ritual을 하나 마련했다. 게리의 관심사는 젊은 직원들의 기술적인 면을 개선시켜주는 것보다 경력을 관리하고 직장에서나 나머지 인생에서 무엇을 우선순위에 두어야 하는지 도움을 주는데 있었다.

이런 게리의 노력은 주식시장이 폭락하기 시작할 때 특히 그 효력을 발휘했다. 게리는 고전을 면치 못하는 상황에서도 차분하게 대처하며 주식 관련 업무를 하고 있는 부하직원들에게 큰 힘이 되어 주었다. 게리는 직원들과 아침 점심을 함께 하면서 그들의 이야기에 귀를 기울였다. 그리고 어려운 상황을 헤쳐 나갈 수 있도록 조언을 아끼지 않았고, 주식시장의 등락과 그들의 인격적 가치는 전혀 상관이 없노라고 위로해 주었다. 그러자 직원들 중 몇몇은 게리를 진심으로 따르며 다른 사회 봉사활동에 참여하기 시작했다. 어떤 직원은 실제 게리의 조수가 되어 아이들에게 농구를 가르치기도 했다.

증시가 폭락하면 주식중개인들은 압박감에 시달리게 되는데, 그런 때일수록 보상을 주고 사기를 북돋아 주는 것이 더 필요하다는 것을 게리는 깨달았다. 그렇게 하는 2년 동안 처음으로 게리는 즐거운 마음으로 출근하게 되었고 사명감까지 느낄 수 있었다. 직장에서, 농구팀 코치 역할을 하면서 얻은 보상은 오히려 자신이 사용한 것보다 더 많은 에너지로 되돌아왔던 것이다.

인생은 우리에게 무엇을 원하는가?

영적인 능력을 확장시키려면 자기만족을 넘어선 무언가를 위해서 자신의 욕구를 억제할 필요가 있다. 우리는 자신의 욕구를 가장 화급한 것이라 느끼기 때문에 관심을 남에게로 돌릴 때 생존과 관련된 두려운 방어본능에 사로잡힌다. '내가 나 아닌 다른 사람에게 관심을 두면 나는 누가 돌봐 줄까?' 하고 말이다. 다른 사람에게 봉사하고 헌신하기 위해서 자기 욕망을 억제하는 것은 큰 용기의 표현이다. 아이러니컬하게도 자기 이익에만 몰입하면 궁극적으로 에너지만 고갈되고 성과를 저해할 뿐이다. 두려움과 자기 이익에만 매달릴수록 긍정적인 행동에 쏟을 에너지는 더욱 줄어들게 된다.

이기적인 한계를 넘어 무언가를 위해 자기 욕망을 억제한다면 처음에는 일종의 위협을 느끼겠지만, 게리가 발견했듯이 결과적으로는 무한한 보상을 받게 된다. 인생의 더 깊은 의미와 가치를 더욱 깊이 느끼게 되는 것이다. 우리 내면의 깊은 가치에 따라 살고자 할수록 우리는 인생에서 더욱 견고한 중심을 만들어나갈 뿐만 아니라, 살면서 마주치게 되는 여러 가지 도전적인 상황을 잘 헤쳐 나갈 수 있게 된다.

빅터 프랭클Viktor Frankl은 극도의 공포 상황조차도 바꾸어 놓을 수 있는 영적인 힘을 감동적으로 묘사하고 있다. 나치 수용소에서 살아남은 심리학자 프랭클은《삶의 의미를 찾아서Man's Search for Meaning》라는 책에서 니체의 유명한 말을 인용하고 있다. "절실한 삶의 이유를 갖고 있는 사람은 어떤 상황도 참아낼 수 있다." 프랭클은 니체의 이 한 마디의 힘으로 주변에서 사람들이 죽어나가는 수용소에서도 살아남을 수 있었다고 고백하고 있다.

살아 있다는 의식이나 삶의 목적의식이나 목표가 없는 사람은 불행히도 삶을 끈질기게 살아나갈 수 있는 힘이 없었다. 그런 이들은 이내 삶을 포기하고 말았다. 그들에게 필요한 것은 인생에 대한 태도를 뿌리부터 바꾸는 것이었다. 우리는 스스로뿐만 아니라 절망에 빠진 사람들에게도 알려야 한다. 우리가 인생에서 무엇을 원하는가가 아니라, 인생이 우리에게 무엇을 원하는가가 더 중요하다는 것을 말이다. 인생의 의미에 대해 묻는 것을 멈추고 대신 인생이 우리에게 던지는 질문에 어떤 대답할 것인지 생각해야만 한다. 매일 매일, 매 시간마다. 인생에 대한 우리의 대답은 그저 말이나 생각에 머물러서는 안 된다. 올바른 행동과 태도를 통해 드러나야 한다. 인생이 내게 던져준 상황에서 올바른 답을 구하려 노력하고 저마다 감당할 몫을 완수하는 것, 바로 그것이 삶이다.

프랭클이 바로 보았듯이 우리 삶의 의미는 우리 스스로가 만들어야 한다. 그것이 바로 능동적으로 영적 능력을 기르는 일이다. 여기에는 필연적으로 어려움이 따른다. 프랭클은 이렇게 말을 잇고 있다. "정신적인 건강은 어느 정도의 긴장 속에서 얻어진다. 우리가 이미 성취한 것과 앞으로 성취하고자 하는 것 사이의 간격, 지금의 나라는 존재와 앞으로 되어야만 하는 나 사이의 간격이 빚어내는 긴장 속에서 우리의 정신은 성장한다. 인간에게 진정 필요한 것은 아무런 긴장도 없는 안락한 상태가 아니라, 스스로 자유롭게 선택한 가치 있는 목적을 위해 노력하고 애쓰는 것이다."

랜스 암스트롱Lance Armstrong은 이런 점에서 우리 모두를 고무시킬 만한 훌륭한 예다. 1990년대 미국 최고의 사이클 선수였던 암스트롱은 당시만 해도 스스로 고백하듯 아주 자기중심적인 사람이었다. 그러나 1996년 25세의 나이에 악성 고환암 진단을 받았고 암세포는 급속도로 폐와 뇌까지 전이됐다. 회생할 확률은 3%도 채되지 않았다. 그러나 우여곡절 끝에 암스트롱은 살아남았고 그보다 더 기적적인 것은 다시 사이클 선수로 복귀했다는 것이다. 1999년 암의 징후가 발견된 지 3년 후 그는 사이클 경주 중에서도 세계에서 가장 힘들다고 정평이 난 프랑스 투어Tour de France에서 승리했고 그 뒤로도 3년 연속 우승을 차지했다. 암스트롱 스스로 말했듯이 암을 극복하는 것은 다른 어떤 성공과도 비할 수 없이 큰일이었으며, 암을 극복함으로써 그는 자신의 편협한 야망을 넘어 더 큰 것을 성취할 수 있었다.

만약 여러분이 내게 암 투병과 프랑스 투어 승리 둘 중 하나를 선택하라고 한다면 당연히 암과 싸워 이기는 쪽을 선택할 것입니다. 이상하게 들리겠지만 나는 경기의 우승자라는 명예보다는 암을 극복한 사람으로 불리기를 원합니다. 왜냐하면 인간으로서, 한 남자로서, 남편으로서, 그리고 아들이자 아버지로서 암이 내게 가져다주었던 변화 때문입니다. 암은 내게 모든 의심을 뛰어넘어 한 가지 사실을 확신하게 해주었고, 그것은 운동선수로서 경험했던 것 이상의 경험이었습니다. 암이 내게 가르쳐준 것은 우리는 스스로 알고 있는 것보다 훨씬 더 대단한 존재라는 사실입니다. 우리는 절박한 위기상황에서 발휘되는 놀라운 능력을 미처 깨닫지 못했을 뿐입니다. 암이 우리에게 고통을 주는 목적은 이것이라고 생각합니다. 우리는 스스로를 변화시킬 수 있다는 것 말입니다.

베리 R. : 다른 사람을 존중하기

베리 R.은 정보 서비스 회사의 최고경영자로 스스로를 직원들에게 관대한 상사라고 여기고 있었다. 그렇지만 자기 직속 부하직원들은 그가 사람들을 기다리게 하거나 다른 사람의 시간을 빼앗는 일을 예사로 한다는 평가했다. 스스로 인정하듯 그런 비판은 예전부터 받아왔던 것이었다. 베리는 불행히도 그걸 어떻게 고쳐볼 도리가 없다고 했다. 최고경영자로서 베리의 하루 일과는 아주 빡빡했다. 고의로 다른 사람을 기다리게 하지는 않지만 여기저기 오는 전화 받으랴 산더미처럼 쌓여 있는 일들을 처리하랴 어쩔 수 없는 일이라고 했다.

그러나 베리가 가장 중요시하는 가치가 무엇인지 정의하는 단계에서 그의 관점은 확 달라지기 시작했다. 그는 자신의 인생에서 최고의 가치는 바로 다른 사람을 존중하는 것이라고 분명하게 대답했다. 그의 부모님 역시 그런 모범을 보여주었고, 그렇기에 더 존중을 가장 중요한 덕목으로 여긴다고 대답했다. 우리는 물었다. "다른 사람을 존중한다면서 그 사람의 시간을 빼앗을 수 있을까요?"

긴 침묵이 이어졌다. 그러고 나서 배리는 "안 되지요."라고 대답했다.

이때부터 베리는 하루 일과 시간표를 짤 때 다른 사람의 업무시간을 고려하는 것을 1차적인 관심사에 두었다. 그 후로 몇 달 뒤 베리에게 잘 되어 가느냐고 묻자 그는 처음에는 스케줄대로 시간을 지키기가 어려웠다고 고백했다. 회의시간이 늘어질 때 단호히 끝마치고 일어서는 것이 회장의 심기나 주요 고객이나 각 부서 리더들의 기분을 무시하는 처사는 아닌지 걱정스러웠다고 한다. 그러나 점차 회의시간을 엄수하게 되었는데, 그것이 결국은 다른 사람의 시간을 빼앗지 않고 타인을 존중하는 일임을 확신했기 때문이라고 했다. "먼저 나한테 배당된 시간 안에 내 의제를 충분히 설명하려고 노력했죠. 시간이 다 돼 가면 우선 설명하던 것을 멈추고 양해를 구합니다. 그리고 다른 사람의 시간을 빼앗지 않기 위해 다음 기회에 계속하자고 말했죠. 그랬더니 함께 회의를 하는 사람들이 모두 자신들이 존중받고 있다고 느끼더군요. 그리고 자신들의 의제를 진행시킬 때도 더 효과적으로 하는 걸 느낄 수 있었습니다." 다른 사람을 존중하는 것이 얼마나 중요한 것인지 스스로 인정함으로써 몇 년 동안 바꿀 수 없었던 변화를 가져올 수 있었던 것이다.

제레미 G. : 우유부단함과 책임회피

규모가 큰 회사의 인터넷 파트 비즈니스 매니저인 37세의 제레미 G.는 웹상에서 상품을 더 많이 팔 수 있도록 기획하는 일을 하고 있다. 창의적인 거래 시스템 구축 경험과 탁월한 숫자 감각을 가진 제레미는 비용과 시간을 최소화하는 웹 구축의 책임을 맡고 있었다. 동료들이나 그 스스로도 인정하듯이 제레미의 1차적인 성과 장벽은 자신의 의견을 강하게 내세우지 못하고 분쟁의 소지를 회피하려 한다는 것이었다.

제레미는 가능하면 사람들과 원만하고 잡음이 나지 않는 것을 선호하고 있었다. 제레미는 사람들 구미에 맞는 말만 하는 것은 싫었지만 사람들이 자신을 좋아하게 만드는 일도 중요하다고 생각했다. 제레미는 '내가 내놓는 의견에 대해 다른 사람들이 어떻게 생각할까?'에 너무 신경을 쓰는 탓에 진정 자신이 원하고 느끼는 것이 무엇인지 가늠하기 힘든 때도 있었다. 이런 성격 때문에 다른 사람들이 무슨 이야기를 하건 공감하며 들어주었고, 덕분에 누구나 쉽게 다가갈 수 있는 사람이라는 평가를 받았다. 그러나 한편으로는 점차 수동적이고 우유부단한 사람이 되어 동료들이 새로운 영감이나 통찰력을 얻기 위해서 그를 찾는 일은 거의 없었다. 그는 단지 업무의 기술적인 면에 대해서나 논의할 수 있는 사람으로 인식되었던 것이다.

제레미는 자신 앞에 놓여 있는 장벽이 내면의 깊은 가치와 교감할 때 얻어지는 집중된 에너지에 접근하지 못하게 하는 영적인 장벽임을 깨닫지 못하고 있었다. 우리는 그에게 "상관이 듣기 좋은 말만 하면서 그들이 자기를 어떻게 생각할까 걱정하는 대신, 자기 내면의 목소리에 귀를 기울이고 그 내면의 소리가 갖는 장점을 신뢰하고 그 기반 위에서 분명한 입장을 세우라."고 충고했다. 그렇게 하는 것이 사람들을 불편하게 하고 대항하는 것이 아님을 확신시켜 주었다. 예전과 같은 태도는 오히려 다른 사람을 존중하는 것이 아니라고 했다.

우리는 제레미에게 매일 아침 정신적으로 하루를 준비하는 의식ritual을 습관화할 것을 제안했다. 제레미는 회의 때 할 말을 연습하고 사람들이 자신의 의견을 가치 있는 것이라 받아들이고 칭찬하는 것을 상상하고 머릿속으로 시각화했다. 운동선수들이 중요한 시합에서 원하는 결과를 시각화함으로써 긴장을 풀고 에너지를 최대한 효과적으로 사용하는 것처럼, 제레미도 회의를 앞둔 날에는 따로 시간을 따로 내어 토론 의제를 검토하고 자신의 전문영역 밖에 있는 이슈에 대해서 완벽하게 정보를 수집했다.

제레미 G.

단련시켜야 할 영적 근육: 결단력

성과 장벽: 우유부단함, 논쟁이 벌어질 만한 상황 회피

기대 효과: 분명한 의사표현과 자신감

의식(ritual)

· 회의에 앞서 원하는 결과를 시각화하고, 스스로 피드백해는 정신적 준비 운동

· 회의에 앞서 시간을 두고 충분히 연구하기

· 자문하기: "내가 진정 확신하는 것은?"

· "이런 식의 대답은 누군가를 즐겁게 해주기 위한 것이 아닌가?"

제레미가 세 번째로 설정한 의식ritual은 회의 자체를 위해 고안한 것이었다. 일단 어떤 의제가 잡히면 제레미는 스스로에게 간단한 질문을 던져보았다. "내가 진정으로 확신하는 무엇인가?" 그러고 나서 자신의 직감적이고 본능적인 반응에 귀를 기울였다. 이런 식으로 변화를 주자 쉽게 다른 사람의 의견에 솔깃해지는 것을 피할 수 있었다. 그리고 다른 누군가의 의견에 완전히 동조하는 자신을 발견할 때면 "내가 지금 다른 사람을 즐겁게 해 주려고 하는 것은 아닌가?"라는 질문을 던지게 되었다. 그 결과 제레미는 자신의 의견에 확신을 갖고 의견을 내놓을 수 있게 되었다.

린다 P. : 마무리 능력과 신뢰성 부족

큰 백화점 체인에서 바이어들을 담당하는 린다 P.는 직속 부하직원을 10여 명 거느리고 있고 자기 파트 전체로는 100여 명의 직원들을 관리하고 있었다. 린다가 우리 프로그램을 찾은 것은 업무량을 감당할 수가 없고 자신의 인생이 균형을 잃어간다고 느꼈을 때였다. 8살 난 딸아이를 데리고 재혼한 린다는 저녁 8~9시까지 일을 했다. 자영업을 하는 남편은 상대적으로 일과에 융통성이 있어서 린다 대신 보모 노릇을 잘 해내고 있었다. 린다는 딸아이에 대해서 그리 걱정하지는 않지만 자주 못 보는 것에 대해서 일종의 박탈감을 느끼고 있었다. 그리고 직장 내 부하 직원들의 사기가 떨어지는 것을 피부로 느끼기 시작했다.

린다는 스스로 전형적으로 성실한 사람 그러니까 신뢰할 만하고 공정하며 정직하고 남을 돌볼 줄 아는 사람이라고 자부했으며, 언제나 올바른 일을 하려고 노력하는 스스로를 자랑스럽게 생각했다. 그래서 동료들이 완전한 몰입 목록에서 린다의 성과 장벽으로 신뢰성 부족과 약속 불이행을 꼽았을 때 큰 충격을 받았다.

성실성이란 사람이 갖는 중요한 성격의 한 부분이자 주된 영적 근육으로, '무엇을 하겠다고 말하면 그것을 실천에 옮기는 것'이라고 정의할 수 있다. 린다는 여기에 크게 미치지 못하는 것으로 드러난 것이다. 린다가 맡은 부서의 중요 결정사항들은 모두 린다를 거치게 되어 있는데 린다는 대개 지키지도 못하면서 언제까지 일을 마치겠다고 약속하곤 했다. 사람들은 린다를 개인적으로 좋아하고, 또 린다가 얼마나 바쁘고 힘들게 일하는지 알기 때문에 그녀에게 책임을 묻기를 주저했다. 그럼으로써 진행되어야 할 기획들은 자꾸 뒤로 밀리게 되고 린다 밑에서 일하는 사람들의 실망감은 갈수록 커지고 업무에 쏟아야 할 활력 역시 줄어들었다.

처음에 린다는 여러 변명을 늘어놓았다. "정신이 하나도 없을 정도로 바빠요. 세 사람 몫의 일을 하는 것과 똑같죠.", "일부러 안 지킬 약속을 하지는 않습니다.", "결과적으로 언젠가는 끝내지만 그렇지 못할 때는 그 프로젝트가 그다지 매력적이지 못해서였을 거예요" 이런 변명은 직원들을 이해시키거나 린다가 자초한 일을 해결해 주지 않는다. 진실은 간단했다. 린다는 자신의 능력을 과대평가하고 자신이 감당하지도 못할 많은 일을 떠맡고 있었던 것이다. 그래서 늦게까지 일하고 저녁때가 되면 녹초가 되어 가족과의 유대감도 약해지는 결과를 낳은 것이다.

린다는 자신의 행동을 더 잘 이해하기 위해서 노력하기 시작하면서, 자신이 다른 사람을 믿고 일을 맡기는 것을 꺼려서 스스로 모든 일을 감당하려 했다는 것을 깨달았다. 그리고 다른 사람들이 자신을 인정하지 않고 불만을 품거나 실망하는 것에 대해 받아들이기 힘들었던 이유가 스스로 성실성을 최고의 가치로 꼽았기 때문이라는 것을 이해하기 시작했다. 그 후 린다는 간단한 의식ritual을 하나 만들었다. 스스로 모든 프로젝트를 책임지려 한다는 점을 십분 의식한 린다는 더 짜임새 있고 세심하게 일을 결정하는 방법을 만들기로 한다. 새로운 일이 생기면 린다는 잠시 숨을 고르고 자신에게 두 가지 질문을 던졌다. "내가 꼭 해야만 하는 일인가?" 만약 대답이 예스라면 두 번째로 "정해진 기한까지 해낼 수 있을까?" 만약 자신할 수 없으면, 달력을 체크하여 그 일과 관련된 업무 목록을 세분화하고 각각의 기한을 기록했다. "다른 사람에게 무슨 일을 하겠다고 말하고 나면, 완벽하게 그 일을 해내려고 몰입하고 큰 소리로 자기 암시를 합니다. 그러자 무책임하게 약속을 남발하는 게 줄어들었습니다. 내 시간을 우선순위에 두게 되었고 과하게 책임지는 일들을 줄여나가기 시작했죠."

린다 P.

단련시켜야 할 영적 근육: 성실함

성과 장벽: 마무리 능력의 부족

기대 효과: 다른 사람들에 대한 신뢰

의식(ritual)

· 약속을 하기 전에 두 가지 핵심적인 질문을 던진다

· 약속을 할 때는 그 약속에 따른 해야 할 리스트를 상세하
  게 작성한다

일을 다른 사람에게 일임함으로써 직원들에 대한 통제력을 잃는
것은 린다에게 때로는 참기 어려운 일이었으며, 한동안은 자기가 일
일이 감독하지 않으면 일이 잘 되지 않을 것이라는 걱정에 시달리
기도 했다. 때론 절망스런 기분으로 프로젝트를 되가져와 자기가 처
리하는 경우도 있었다. 그러나 궁극적으로 린다는 이런 고민을 훌륭
하게 해결하는 방법을 찾게 되었다.

린다는 아주 단순하고 분명한 기준을 정해놓고 사람들이 스스로
책임지도록 했다. 결과가 만족스럽지 않으면 자기가 새로 고치기보
다는 원래 그 일을 맡은 사람에게 다시 수정하도록 되돌려 보냈다.

그러자 두 가지 전혀 새로운 사실을 발견하게 된다. 그녀의 부하직원 중 두 사람은 린다가 아무리 일을 되돌려 보내도 린다가 제시한 기준을 전혀 만족시키지 못했다. 그러자 린다는 그 일의 적임자가 아닌 사람에게 일을 맡겼다는 것을 깨달았고, 이제껏 그런 사실을 애써 회피하고 일을 모조리 자신이 떠맡아왔음을 알게 되었다.

린다는 관리부서로 하여금 그 부하직원에게 더 적성에 맞는 일을 찾도록 도와주게 했다. 그렇게 다른 부서로 이동시킨 한 명은 그 일이 더 적성에 맞았고 그제서야 자기 능력을 십분 발휘하기 시작했다. 그러자 다른 직원들도 더 책임감을 갖고 업무에 도전적으로 임하게 되었고, 린다의 기대 이상으로 저마다의 능력과 창조성과 자발성을 보여주기 시작했다. "그냥 내버려두기 시작하자 부서 전체의 분위기까지 변하기 시작했죠. 직원들은 예전보다 더 주인의식을 갖고 업무에 질적 향상을 가져왔고, 저 역시 일을 더 빨리 마치고 집으로 돌아갈 수 있게 되었답니다."

마이클 D. : 정직하지 못하고 과장하는 습관

성실성이 자신이 한 말에 대해서 책임을 지는 것이라면 정직은 스스로와 다른 이들 모두에게 진실만을 말하는 것이다. 성실성과 정직은 모두 중요한 영적 근육이다. 증권회사의 투자상담사인 마이클은 1999년 상사의 권유로 자기 부서의 다른 직원들과 함께 우리 프로그램을 찾았다. 처음 마이클은 프로그램에 참가하느라 3일이나 업무를 쉰다는 것이 불만이었고, 우리 프로그램이 효과가 있을까에 대해서도 회의적이었다. 회사 내에서 최고 실적을 올리는 마이클은 수입도 좋았고 우리가 제공하는 완전한 몰입 목록Full Engagement Inventory의 각 항목에서도 아주 높은 점수를 얻었다. 그리고 다른 동료들에게서 얻은 피드백 역시 긍정적이었다. 동료들 대부분은 그가 일에 대한 집중력이 높고 친근하고 낙관적이며 쉽게 변덕을 부리지 않는 성격이라고 평가했다.

그러나 그가 가장 낮은 점수를 받은 영역은 진실성이었다. 마이클은 이를 대수롭지 않게 생각했지만 약간은 불편해하면서 이렇게 말했다.

"그들이 잘 모르는 거죠. 저는 남들 누구보다 스스로에 대해서 정직한 사람입니다. 저는 지금의 나 자신을 인정하고 받아들입니다. 전 세일즈맨입니다. 프로모터이자 이야기꾼이죠. 직업상 저는 사람들이 상품에 현혹되게 해야 합니다. 그리고 긍정적인 결과를 창출해야 하지요. 저는 그냥 주식을 파는 사람이 아닙니다. 희망과 미래에 대한 약속을 팔고 있는 셈입니다. 제가 만약 사실이 어쩌고저쩌고 말만 하는 사람이라면 아무것도 팔 수 없겠죠. 저더러 영악하고 잔재주를 쓴다고 말하는 사람도 있습니다만, 사실 저는 아주 정직합니다. 저는 고객을 끌어들이는 일을 하고 있고, 또 아주 잘 하고 있습니다."

마이클은 1990년대 증시 호황을 타고 특히 IT종목 주에서 과감한 전략과 모험으로 큰 성공을 이루기도 했다. 마이클의 입장에서 보면 계속되는 성공만이 자신을 방어할 수 있는 최선의 전략이었다. 그는 우리가 제공하는 프로그램 중 신체 에너지 능력을 확장시키는 것만 유용할 뿐, 그 외는 별로 쓸모가 없다고 생각했다. 그로부터 6개월 후, 그러니까 2000년 중반 마이클은 다른 금융 종사자들과 함께 두 번째로 우리를 찾았다. 처음에 우리는 마이클을 다시 보게 되어서 무척이나 놀라웠다. 그리고 마이클은 이제 아주 힘든 상황에 놓여 있다는 사실을 알게 되었다. 3여 개월 전 닷컴 붕괴가 시작되자 주식시장 특히 나스닥이 완전히 바닥으로 내려앉은 것이었다.

IT종목 주의 몰락과 함께 마이클이 투자한 굵직한 종목들이 폭락하기 시작했다. 마이클이 가진 배당뿐 아니라 수익을 약속했던 고객들에게도 큰 타격을 주게 되었다. 이 일을 겪으면서 마이클은 한편으로 비참함을 느끼면서도 한편으로는 제정신이 들기 시작했다. 자신을 들여다보며 뭔가를 찾기 시작한 것이다. 그는 미래가 끝없이 화려하게 펼쳐질 것이라고 스스로를 현혹했고, 그 거짓에 스스로도 속아 넘어갔음을 깨달았다. 주식시장이 폭락하고 나서야 한발 뒤로 물러서 자신을 뒤돌아보기 시작한 것이다. 그리고 이제는 더 이상 자신을 속일 수 없음을 깨달았다. 허영에 찬 벌거숭이 임금님이 새 옷이 거짓임을 자각한 순간이었다. 주식전문가로서 냉정히 판단할 때, 주가는 앞으로도 더 떨어질 상황이었다.

마이클이 두 번째로 우리를 찾았을 때 그는 자신의 고객들과 어떻게 이 난국을 헤쳐 나가야 할지 진지하게 고민하고 있었다. 호황기에 돈을 팡팡 벌 때는 상황을 과장해서 평가하거나 사실을 포장해서 말하는 것에 별다른 걱정을 하지 않아도 되었다. 하지만 이제는 자신을 믿고 돈을 투자한 고객들이 큰 손해를 보고 있다는 사실이 그의 마음을 불편하게 했다. 결국 마이클은 곧 다시 주가가 오를 테니 계속해서 주식을 보유하라고 부추기는 것이, 빨리 처분하고 새로운 투자처를 찾게 하느니보다 마음만 더 불편하게 할 뿐이라는 것을 깨달았다. 전문가로서 자신이 알고 있는 진실을 말하는 것이야말로, 당장은 고객을 잃게 되더라도 앞으로 더 있을 손실을 막고 자기 마음도 편해지는 유일한 길임을 확신한 것이다.

마이클은 자신이 보유하고 있는 상당량의 주식을 처분해서 손실액을 보전하고 고객들에게는 장래를 위해서 자산을 현금으로 보유하라고 권유하기로 결정했다. 그리고 고객들에게 일일이 개인적으로 왜 그런 결정을 했는지 설명하고, 자신이 할 수 있는 한 정직하게 그들의 이익을 위해 조언해 주었다. 진실하게 진짜 믿을 만한 것을 제시하기 시작한 것이다. 과장해서 포장하는 직업적 본능을 전혀 무시할 수 없었지만, 예상되는 수치를 조금씩 부풀리거나 설령 활발한 거래가 이루어지고 있다고 해도 필요 없는 미사여구로 이를 과장하는 버릇을 자제했다. 그리고 자신이 말한 것에 대한 책임감을 키워 나갔다. 동료나 고객에게 정보를 줄 때는 먼저 그 사실이 정확한지 반추해 본 다음 어떤 식으로 이야기할 것인가를 결정했다. 그러자 그동안 자신의 입을 통해 얼마나 부정확한 정보들이 유포되었는지를 깨닫고 놀라워한다. 마이클은 영화 〈라이어 라이어〉에 나오는 짐 캐리와 별반 다를 것이 없었다.

마이클 D.

단련시켜야 할 영적 근육: 정직

성과 장벽: 진실성 부족, 과장하는 버릇

기대 효과: 신뢰할 만함

의식(ritual)

· 자신이 얼마나 과장하는 버릇이 있는지 관찰하기

· 자신이 잘못한 말을 고치면서 책임감을 키우기

마이클이 두 번째로 시작한 일은 스스로 너무 과장되게 말했다 싶을 때는 부끄럽고 당황스러워도 가능한 빨리 잘못을 바로잡는 것이었다. 이런 자각이 커지고 스스로 책임지는 일이 많아질수록 마이클의 행동에 커다란 변화가 나타나기 시작했다. 처음 몇 주 동안에는 대여섯 차례 자기의 말실수를 바로잡거나 잘못된 정보를 말하려는 자신에게 의식적으로 통제를 가해야 했다. 그러나 한달이 되자 힘들이지 않고도 신뢰할 만한 이야기만 진실하게 할 수 있게 되었다.

마이클의 고객 중 몇몇은 마이클을 떠나 다른 투자사를 찾았지만 상당수는 여전히 마이클의 고객으로 남아 있다. 물론 회사 내 마이클의 명성도 줄어들고 수익도 현저히 줄어들었다. 그러나 마이클이 2000년에 이미 팔아버린 주식은 그 후 다른 종목들과 함께 18개월이나 하락을 거듭해 그의 동료들은 자신이나 고객 모두에게 막대한 손실을 입힌 반면, 마이클이 보수적으로 재구성한 포트폴리오는 지속적으로 수익률을 유지해 갔다. 이런 경험을 통해 마이클과 투자자와의 관계는 더 친밀하게 변화했다. 투자자들은 더 큰 손실을 입지 않도록 해준 마이클에게 진심으로 고마워했고 마이클이 성실하게 자신들의 자산을 지켜주고 있다는 데 신뢰를 보냈다. 2001년 중반에 마이클의 고객 리스트는 실질적으로 더 늘어났고 자신이 하고 있는 일에 대한 열정은 지난날 호황을 타던 때보다 더 강해졌다. 마이클은 처음으로 자신이 수익률 극대화를 위해서가 아니라 진정 고객을 위해 일하고 있다는 것에 큰 만족감을 얻었다.

마음에 새겨둘 것

· 영적 에너지는 우리의 인생의 모든 차원에서 일어나는 모든 행동에 힘이 된다. 영적 에너지는 열정, 인내심, 헌신을 위한 연료를 제공해 준다.

· 영적 에너지는 내면의 깊은 가치에 공감하고, 자신의 이익을 넘어서 숭고한 목표와 유대감을 가질 때 생겨난다.

· 가치에 따라 살도록 힘을 주는 용기와 확신은 영적 에너지의 주된 근육이다.

· 주된 영적 근육에는 열정과 헌신, 성실성, 정직 등이 있다.

· 영적 에너지의 소비와 재충전은 서로 깊이 연관되어 있다.

· 영적 에너지는 적절한 자기애와 자신의 이익을 넘어선 목적에 대한 헌신이 균형을 이룰 때 유지된다.

· 영적인 활동은 에너지를 소모하지만 동시에 엄청난 에너지를 재충전해 준다.

· 영적인 능력은 신체적인 능력을 키우는 것과 동일하게 평온하고 안일한 영역 너머까지 나아감으로써 성장시킬 수 있다.

· 영적 에너지는 빈약한 신체 에너지라는 한계를 뛰어넘어 발휘되기도 한다.

PART 2

트레이닝: 되살아나는
당신의 몰입에너지

몰입의 법칙

이 책에서 강조해 온 4가지 에너지 차원의 성장과 발전은 밑에서 위로, 즉 신체, 감정, 정신, 영적 에너지 순으로 진행된다. 그러나 변화의 힘은 위에서 아래로 작용한다. 목표를 향해 갈 수 있게 하는 가장 강력한 원천은 영적 능력으로, 이는 내면의 깊은 가치와 자기 이익을 뛰어넘은 궁극적인 목표와 연결되어 있을 때 강해진다. 목표가 있어야 방향이 생긴다. 또한 확고한 목표는 우리로 하여금 그 목표를 향해 움직이게 하고, 그것을 위해 집중된 에너지를 투여하도록 욕망을 조종해 완전한 몰입을 가능케 한다. 온 관심을 기울이고 진정으로 의미 있는 일이라고 느낄 때라야 완전하게 몰입할 수 있다. 목표는 우리 삶의 등불이며 동력이자 영혼의 식량이다.

인생의 의미와 목표를 찾는 일은 문명이 시작된 이래 전 세계가 가장 관심을 가져온 중요한 주제다. 호머의 《오디세이Odyssey》같은 문학작품에서부터 예수와 부처, 모세와 모하메드와 같은 선각자들의 삶에 이르기까지, 인류의 역사 속에는 인생의 의미와 목표를 찾기 위한 여정이 생생히 그려져 있다. 인생의 의미와 목표가 얼마나 중요한지는 현대사회의 대중문화 안에도 깊이 직조되어 있다. 〈인디애나 존스와 최후의 성배Indiana Jones and the Last Crusade〉라는 영화는 성배를 찾아 나선 현대판 기사(騎士) 인디아나 존스 박사가 등장한다. 스타워즈의 루크 스카이워커는 다스 베이더와 악의 제국을 물리치고 레아 공주를 구출하면서 자신 내면의 깊은 곳에 있는 공포를 물리친다. 악을 응징하는 선의 승리, 인생의 의미를 찾는 긴 여행과 같은 주제의 영화가 시대를 막론하고 인기를 끄는 것은 우연한 일이 아니다.

철학자이자 신화학자인 조셉 캠벨Joseph Campbell은 삶의 의미와 목적을 찾아가는 과정을 '영웅의 여정The Hero's Journey'이라고 표현했다. 그에 따르면 영웅의 여정은 역사상 모든 문화권을 관통하는 기본 요소다. 캠벨에 따르면, 자기변화는 인간이 대면할 수 있는 가장 위대한 도전이다. 영웅의 여정은 계시, 고난, 고통과 같이 변화의 필요성을 일깨워주는 어떤 발단에서 시작한다. 캠벨은 이것을 '모험으로의 초대Call to Adventure'라고 불렀다. 누구든 이 초대에 응하게 되면 알 수 없는 세계로 나아가야 한다. 그리고 그 여정에서 의심과 불확실성, 불안과 고초를 겪는다. 혼자 힘으로 그 여정을 마칠 수 없을 때는 멘토에게 도움을 청하기도 한다.

여러 힘겨운 고난을 겪으면서 포기하고 싶은 순간을 맞이하기도

하지만 우리의 영웅은 마침내 '숭고한 시련'을 이겨내고 용을 죽이는 데 성공한다. 우리 내면에 도사리고 있는 어둠과 싸우면서, 한번도 사용한 적이 없는 잠재된 힘을 불러일으켜, 전에는 전혀 알지 못하던 삶의 의미를 창조하는 것이다. 승리를 축하하고 성취에 흥분하지만 여정이 거기서 끝나는 것은 아니다. 숭고한 목표를 향한 여정은 평생에 걸친 도전인 것이다. 길은 계속되고 참된 영웅은 항상 모험의 부름에 응할 준비를 하며 살아간다. 우리 프로그램의 관점에서 보면, 영웅의 여정은 이 순간 가장 중요한 일을 위해서 가장 소중한 자원 즉 에너지를 활성화시키고 확장시키며 정기적으로 재충전하는 것이라고 할 수 있다. 우리는 모두 평범하지 않은 시기에 평범하지 않은 요구를 받으며 살고 있다. 직장, 결혼, 부모나 자식, 지역사회의 일원으로 평범한 것에 만족하는 사람은 거의 없을 것이다. 누구나 평범함만으로 만족하지 않는다. 우리는 우리 자신에게 더 많은 것을 원하고 있고, 직장동료나 배우자나 아이들이나 부모나 사회 모두 우리에게 더 많은 것을 요구하고 있다. 그리고 우리는 쉴 새도 없이 그런 요구를 채우기 위해 열심히 노력하고 있다.

그러나 불행하게도 현대인들은 영웅의 여정을 가지 않는다. 이유는 간단하다. 인생의 의미를 찾아 나서기에는 하루하루가 너무 바쁘기 때문이다. 이 바쁜 세상에서 더 깊은 인생의 목적을 추구할 시간과 에너지가 누가 가지고 있겠는가? 로저 B.처럼 우리들 대부분은 반쯤은 몽롱하게 하루하루를 살아가는 자동항법 파일럿이다. 우리에게 주어진 의무를 다하지만 더 가치 있는 무언가에 도전할 수 있을지는 자문하지 않는다. 처음 로저에게 인생에서 가장 의미 있는 것이 무엇이냐고 물었을 때, 잠시 동안 머뭇거리던 그는 대개의 사람들처럼 이렇게 말했다. "가족들을 잘 보살피고, 일에서 성공하는 것이죠." 로저는 스스로 인정하듯 어느 것에도 열정을 가지고 있지 않았다.

몇 년 전 플로리다 주 올랜도의 고속도로 변에는 가로수가 심어졌다. 그 길은 우리 연구소까지 이어져 있었다. 얼마 후 강한 바람을 동반한 폭풍이 몰아치자 대부분의 나무들이 쓰러졌다. 그러자 시청에서는 인부들을 동원해 나무를 다시 세워놓았다. 인부들은 철사 줄과 버팀목으로 나무를 서로 엮어 지지시켰다. 그러나 소용이 없었다. 다음번 폭풍이 오자 나무들은 다시 맥없이 쓰러지고 말았다. 매년 다른 방법으로 나무들을 세워보지만, 매번 쓰러지고 다시 세우는 일을 반복할 뿐이었다.

바람이 심하게 부는 지역에서 나무들이 살아남으려면 땅속 깊이 뿌리를 내려야 한다. 그러나 시청 당국자는 그런 생각을 전혀 하지 못하고 있다. 이런 자연의 이치는 우리 인생에도 그대로 적용된다. 확고한 신념이나 내면에서 우러나는 가치에 깊이 뿌리 내리지 못하면 우리들은 모두 조금만 바람이 세게 불어도 쓰러지게 된다. 강한 목적의식이 없으면 피할 수 없는 폭풍이 우리 삶에 불어닥쳤을 때 여지없이 무너지고 만다. 할 수 있는 일이라고는 로저처럼 모든 일에 방어적으로 대처하거나 폭풍을 비난하면서 더 이상 에너지를 쏟지 않는 것 뿐이다.

조안 치울라Joanne Ciulla는《일하는 삶The Working Life》에서 이렇게 말한다. "우리가 인생에서 의미를 찾지 못하는 이유는 적극적으로 삶에 몰입하지 못하고 게으름을 피우거나, 자기 삶에서 무엇이 의미 있는지 스스로 말하지 않고 다른 사람들로 하여금 우리 인생의 중요한 여러 결정을 하게 방치하기 때문이다."

당신의 목표는 얼마나 확고한가

목적의식이란 에너지의 유일한 원천이며 힘이다. 앞서 여러 번 말했듯이 목적의식은 집중력, 방향, 열정, 인내심에 연료를 제공한다. 당신이 갖고 있는 목적의식이 어느 정도인지, 지금 종이와 펜을 꺼내 아래 세 가지 질문에 대해 1에서 10까지의 점수를 매겨보라.

· 아침에 눈을 뜨면 얼마나 흔쾌히 직장에 가고 싶은 마음이 드는가?
· 일을 통해 얻는 보상 때문이 아니라, 일 자체를 얼마나 즐기고 있는가?
· 자신의 깊은 내면적 가치에 얼마나 책임을 지고 있는가?

27점 이상 점수를 맞았다면 당신은 아주 높은 수준의 목적의식을 가지고 있다. 점수가 22점 아래라면 당신은 그저 일하는 흉내만 내고 있을 뿐이다. 여기서 쟁점이 되는 것은 인생이 당신에게 얼마나 의미를 주는가가 아니라, 당신 내면의 가치를 인생이라는 장에서 얼마나 활발하게 표현하고 있느냐 하는 문제다.

빅터 프랭클은 이렇게 말했다. "궁극적으로, 인간은 자기 인생의 의미를 물어서는 안 된다. 오히려 그런 질문을 받고 있는 것이 자신이라는 것을 깨달아야만 한다. 인생은 우리에게 묻고 있다. 우리는 인생이 던지는 질문에 대답함으로써, 저마다의 삶을 책임지고 나감으로써, 인생에게 응답하고 있는 것이다."

신체, 감정, 정신적 발달에 순차적인 단계가 있듯이 영적인 발달에도 여러 단계가 있다. 종교학 교수인 웨이드 루프스Wade Roofs는 영성spirituality에 대해 정의하길 "우리 내면 깊숙한 곳에 있는 자아를 깨닫고 무엇이 우리에게 두려움을 주는지 아는 것"이라고 했다. 우리를 찾은 고객들은 눈앞의 손익계산에서 시야를 돌려 스스로를 위한 인생의 비전을 다시 정의하고 내면의 가치를 가꾸어 나감으로써, 비로소 강력한 변신을 꾀할 수 있었다. 아서 애쉬Arthur Ashe는 테니스 선수 시절 이렇게 말하곤 했다. "인생에서 얻은 무언가를 가지고 우리는 삶을 살아 나간다. 그러나 우리가 내놓은 무언가로 우리는 자기 인생을 만든다."

앤디 L.이 2001년 후반 우리를 찾았을 때 그는 거의 인생의 좌표를 잃고 있었다. 대규모 부동산 개발회사의 CEO인 앤디는 자신의 일에 더 이상 활기를 느낄 수가 없었다. "몇 차례 건강상의 문제로 약물치료를 받았죠. 그랬더니 기분이 나아졌다 멍해졌다 하는 겁니다. 뭔가 더 심각한 원인이 있는 증상이었던 거죠. 평생 일에 열정을 가지고 살았습니다만 몇 가지 경영상의 난관에 부딪치자 우울증이 생겼습니다. 아침에 눈을 뜨면 회사에 가야 한다는 게 끔찍이도 싫었습니다. 내가 희생자라는 느낌에 빠져 들었죠. 생명줄이 필요했습니다."

앤디는 자신에게 가장 의미 있는 것이 무엇인지 정의함으로써 극적인 돌파구를 마련할 수 있었다. 앤디는 5가지 중요한 가치를 정했다. 인내, 성실함, 업무 수행능력, 창의성, 헌신이 그것이었다. 이 가치는 하나의 초석이 되었고 변화할 수 있는 동기를 제공해 주었다.

"매일, 어느 날이든, 일을 할 때나 운동을 할 때나 가족과 있을 때나, 스스로에게 내가 지금 하고 있는 것이 내가 세운 숭고한 가치를 실현하는 것인지 물었습니다. 열심히 운동을 해야 하는 동기가 2년 전에 샀던 바지를 다시 입으려는 정도라면, 한동안은 모르지만 오래 가지 못할 것입니다. 일상이 지루하게 반복된다는 느낌이 들 때면 인내, 성실성, 헌신적인 노력 같은 가치를 떠올렸죠. 이런 가치들에 공감하지 않았다면 곧 "도대체 내가 여기서 뭘 하는 거지?" 라는 생각이 들어 뭐든지 그만두었을 겁니다." 앤디는 이런 식으로 식습관도 변화시켰다. 우리 프로그램에 참가한 지 2개월 만에 앤디는 체중을 15kg 감량했다. 운동을 계속함으로써 체중이 줄자 신체 에너지도 몰라보게 증가했다.

그리고 앤디는 목적의식이라는 연료를 곧장 업무에도 끌어들였다. "직장에 나가면 스스로에게 묻습니다. '나는 과연 5가지 가치에 비추어서 사람들에게 방향을 제시하고 전략을 세워주며 시장에 대

처해 나가면서 진정한 리더십을 발휘하고 있는가?' 나에게 이 가치
들은 거울과도 같습니다. 내가 세운 목적을 되비춰 보고 코스에서
벗어나 방황할 때 나를 바로 잡아주지요. 갈수록 목적의식이 더 높
아져서 이제는 다른 사람들과 그 에너지를 나누려고 합니다. 아침
에는 눈 뜨자마자 침대에서 벌떡 일어나죠. 그리고 업무상 일어나는
모든 결과에 대해서 철저하게 책임감을 갖습니다. 전에는 그래보지
못했는데 이제 나는 확고한 목표에 따라 움직입니다."

긍정적인 목적의식으로의 U턴

목적의식은 세 가지 방식으로 좀더 파워풀하고 지속적으로 우리
삶의 에너지원이 된다. 즉 긍정적인 목적의식이란 부정적인 것에서
긍정적인 것으로, 외적인 것에서 내적인 것으로, 자신에서 타인에게
로 그 방향이 바뀐 에너지다.

부정적인 목적의식이란 자기 방어적이고 손익계산에만 급급한
상태다. 이런 상태는 신체적인 위협을 받았을 때나 심리적으로 불안
할 때 생겨난다. 안전과 생존의 위협이 목전에 닥쳤을 때 두려움이
나 분노, 증오 같은 감정은 강력한 에너지원이 되기도 한다. 문제는
그것 때문에 치러야 하는 비용이다. 앞서 보았듯이 부정적인 감정은
에너지를 현저하게 고갈시키고 지속적으로 우리의 시스템에 독소
가 되는 호르몬 분비를 촉진시킨다.

손익만 계산하는 감정에 따라 목표를 정하면, 관심 영역은 좁아

지고 스스로의 가능성에도 한계를 긋게 된다. 상상해보라. 당신은 바다 한가운데 작은 배에 타고 있다. 그런데 배에 구멍이 나서 물이 차오르고 있다. 당신은 우선 배가 가라앉지 않게 해야 한다. 그러나 필사적으로 물을 퍼내는 동안은 배가 어느 방향으로 가고 있는지 알 수가 없다. 목표를 향해 제대로 갈 수가 없는 것이다. 인생도 마찬가지다. 가라앉지 않으려고 물을 퍼내는 데만 정신을 팔면, 보다 더 깊고 먼 목표를 위해 쓸 수 있는 에너지는 한정되게 마련이다. 반대로 두려움과 불안에서 벗어나 상황을 도전이라고 여길 수 있을 때, 우리는 새로운 영역을 향한 인생의 가능성을 열 수 있다. 두려움에 전전긍긍하는 우리 마음을 움직여 더 의미 있는 것에 초점을 맞출 수가 있다.

자넷 R.은 뉴욕에 있는 한 방송사의 부사장으로 업무를 탁월하게 수행하기 위해 무서울 정도로 헌신하고 있었다. 그것이 자신의 인생에서 가장 크고 중요한 가치이며, 언젠가 안정된 성공의 사다리를 오를 수 있을 것이라 자부했다. 그러나 로저의 경우처럼 그녀 삶의 이면을 들여다보자 다른 것들이 보이기 시작했다. 완전한 몰입 목록을 통해 동료들로부터 받은 피드백을 보면 자넷은 헌신적이고 일에 대한 집중도가 높으며 영리하지만, 강압적이고 방어적인 것으로 나타났다.

자넷은 이런 피드백을 아주 가슴 아프게 받아들였고 곧 이를 자기 발전의 기회로 삼고자 결심하게 되었다. 자넷은 항상 탁월하게 업무를 수행하기 위해 모든 것을 바치지만 성과를 얻어도 좀처럼 만족감이나 즐거움을 느끼지는 못한다고 고백했다. 기껏해야 실패하지 않았다는 안도감이 들 뿐, 곧 새로운 일거리에 대한 걱정이 밀려온다고 했다. 자넷 스스로 인정하듯 스스로 그토록 일에 몰입하는 이유는 실수를 피하려는 욕구 때문이었다. 자넷은 아무리 사소한 것이라도 자신이나 다른 사람의 실수를 용납하지 않았다. 자넷은 잠재적 실패율을 제로로 만드는 데만 온 관심이 집중시켜온 결과 관심 영역이 좁아져 버렸던 것이다. 자넷은 이런 성격 때문에 늘 두통과 어깨 통증에 시달렸고, 감정적으로는 늘 긴장감에 싸여 에너지와 열정이 고갈되고 다른 동료들을 적대시하기에 이른다. 정신적으로는 모든 것을 제대로 처리해야 한다는 강박관념 때문에 모험을 감수한다거나 창조성을 발휘하고자 하는 의지가 꺾여 있었다.

자넷은 내면의 동기에 대해 깊이 탐색하는 가운데, 그동안 일을 훌륭하게 수행하려고 쏟아 부은 노력이 결과적으로는 스스로 폭군과 같이 변하게 만들었고, 자신의 완벽주의 때문에 자기 인생은 물론 다른 사람들의 에너지까지 황폐하게 만드는 결과를 가져왔음을 깨닫게 되었다. 자기 내면의 가치를 깊이 들여다보자, 스스로가 다른 이의 겸손과 친절함에 감동받는다는 것을 깨닫고 그녀는 이런 가치를 자신의 인생에서 실현시켜 나가리라 마음먹었다.

자넷은 겸손과 친절함이라는 가치를 음미하는 것으로 하루를 시작하기로 했다. 탁월함을 위해 긍정적인 열정을 지속적으로 유지하면서도 겸손과 다른 사람에 대한 배려를 균형 있게 맞춰나가는 것을 배워나가자, 자넷은 자신의 영적인 에너지원을 덜 손상시키면서 긍정적으로 변해갔다.

"그동안 나는 세상을 싸워서 이겨야 하는 적으로 보았다는 것을 비로소 깨닫기 시작했습니다. 그리고 내가 모든 일에 정답을 가지고 있는 것도 아니라는 걸 깨달았죠. 물론 이런 제 시각을 바꾸는 것은 이제껏 겪은 그 무엇보다 가장 힘든 도전이었지만, 친절과 겸손이라는 가치에 공감하니까 마치 여행길을 함께 할 절친한 친구를 얻은 듯했습니다. 물론 지금도 제가 틀리는 게 싫지만, 그게 인생의 끝은 아니죠. 저 혼자 옳은 것보다는 다른 사람들과 더 유대감을 느끼는 것이 때론 더 중요할 수도 있다는 것을 깨닫게 된 거죠."

내면의 목적의식이 행복의 원천

목표는 외적인 것에서 내적인 것으로 옮겨와 동기화될 때 더 강력한 에너지원이 된다. 외적인 동기란 우리가 충분히 갖고 있지 못하다고 느끼는 것들 즉, 돈이나 다른 이들로부터의 찬사, 사회적 지위나 권력이나 사랑 같은 것을 더 얻으려는 욕망을 반영한다. 내면의 동기는 내면의 가치에 비추어 볼 때 의미 있는 어떤 행위에 몰입하고자 하는 욕망에 의해 커진다. 로체스터 대학의 인간동기연구소 Human Motivation Research Group의 연구 결과를 보면 진실하고 자발적인 동기를 가진 사람들은 외적인 필요나 보상에 의한 동기를 가진 사람들보다 인내심, 창의성, 성과 등이 더 크고 일에 대한 관심과 열정과 자신감도 더 많은 것으로 나타났다.

외적인 목적 중에서 돈만큼 분명한 것은 없을 것이다. 많은 사람들이 돈을 1차적인 동기의 대상으로 삼고 거기에 매달리고 있긴 하지만, 여러 조사 결과를 볼 때 수입과 행복 간에는 별 연관성이 없어 보인다.

1990년 미국의 1인당 국민소득은 인플레이션을 감안하더라도 1957년도의 소득의 두 배가 되었다. 그러나 이 기간 중 사람들이 더 행복해졌다는 보고는 전혀 없고, 오히려 우울증이 10배 정도 늘어난 것으로 나타났다. 이혼율과 자살률, 알코올 중독과 마약 중독도 현저하게 높아졌다.

《행복의 추구The Pursuit of Happiness》의 저자인 데이비드 마이어스David Myers는 "인간에게는 음식과 휴식, 따뜻한 정과 사회적인 관계가 필요하다. 물론 기아에 허덕이는 아프리카 수단의 사람들이나 이라크의 홈리스들은 지금보다 더 행복해지기 위해 분명 돈이 필요하다. 그러나 충분한 정도 이상으로 돈을 갖게 된다고 해서 더 행복해지는 것은 아니다. 일단 편안한 상태에 접어들면 그때부터 돈은 거꾸로 우리의 행복감을 줄어들게 한다. 돈과 행복의 상관관계는 미비하며 현재 미국과 캐나다 같은 곳에서는 오히려 그 상관성이 거의 제로에 가까울 정도로 떨어졌다. … 돈이 많다고 해서 결혼생활이 더 즐겁고 가족 간의 관계가 좋아지고 우정이 깊어지고 자신에게 더 큰 만족감을 느낄 수 있는 것은 아니다." 라고 썼다. 행복감이 생산성을 더 높여온 것은 분명하다. 간단히 말해, 돈으로는 행복을 살 수는 없지만 행복은 우리를 더 부유하게 해준다.

외적인 보상은 실제 내면의 동기를 감소시키는 것으로 나타났다. 마크 레퍼Mark R. Lepper와 데이비드 그린David Green은 어린이집에 다니는 아이들을 대상으로 아이들이 가장 즐기는 놀이가 무엇인지 관찰했다. 그리고 아이들이 더 좋아하는 놀이에 몰입할 때마다 상을 주었다. 그러자 상을 받고부터는 그 좋아하는 놀이에 대한 아이들의 흥미가 현저히 줄어드는 것으로 나타났다. 퍼즐을 좋아하는 성인들에게도 역시 퍼즐을 풀 때마다 상을 주었다. 아이들처럼 성인들도 퍼즐에 대한 관심과 흥미가 현격하게 줄어들었다. 물론 사람은 외부로부터의 보상이나 상을 통해 어떤 행동에 대한 동기를 얻기도 한다. 그러나 스스로 자유롭게 선택한 일을 할 때, 만족과 거기에 쏟는 열정도 더 크며 즐겁게 할 수 있다.

20년 이상 통신회사 부사장으로 일한 제임스 D.는 높은 연봉으로 아내와 자신이 그토록 갖고 싶었던 집을 살 수 있었고 호화로운 휴가를 보내고 세 아이들 모두 사립학교에 보낼 수 있었다. 제임스는 자신이 하는 일에 지적인 호기심을 갖고 있긴 하지만 더 이상 별다른 감흥을 느끼거나 일하는 것 자체가 재미있지는 않았다. 제임스가 직장 일을 계속 할 수 있었던 것은 외부로부터 받는 보상 때문이었다. 40대 후반으로 접어들자 그는 뭔가 다른 것을 갈구하게 되었고, 자기 내면의 목표가 무엇인지 들여다보는 가운데, 살아오면서 가장 만족감을 주었던 것은 가르치고 배우는 일임을 알게 되었다. 자신이 가장 행복했던 기억은 대학과 대학원 시절 오로지 배움에만 매달렸을 때였다.

제임스가 처음 시도한 것은 직장을 그만두지 않고 밤 시간을 이용해 지방대학의 커뮤니케이션 강좌의 시간 강사로 일하는 것이었다. 6개월 후, 제임스는 종전처럼 강의를 계속하면서 그 대학의 공공정보학과를 전담해 달라는 제의를 받는다. 그 제의를 받아들이면 직장을 그만둬야 함은 물론이고 수입이 60% 이상 줄어들게 되어 있었다. 그러나 제임스는 주저하지 않았다. 제임스는 회사를 그만두었고 줄어든 수입을 보충하기 위해 아내가 다시 직장을 얻었다.

처음 1년 동안 제임스는 부족한 수입원을 채우기 위해 프리랜서로 컨설팅 일을 맡았고 나머지는 그동안 저축한 돈으로 충당해 나갔다. 2년째 되는 해에는 사치스런 생활에 들어가던 비용을 대폭 줄이고 크게 아쉬울 것도 없는 프리랜서 일도 그만두었다.

회사에 다니는 동안에는 연봉이 꾸준히 인상되었는데도 늘 돈에 대한 걱정이 끊이질 않았는데, 새롭게 시작한 생활에서는 오히려 수입이 줄어들었지만 돈 걱정을 하지 않게 되었다. 두 아이들이 대학에 들어가자 제임스와 아내는 큰 집을 처분하고 작은 집으로 옮겨 지출을 줄였다. 새로운 직장에서 근무하는 시간은 예전에 다니던 회사에서 보내던 시간보다는 훨씬 적었지만 목표라는 열정적인 연료 덕택에 예전보다 훨씬 더 능률적으로 성과를 낼 수 있었다. 제임스는 청강 방식으로 역사 공부를 다시 시작했다. 대학 시절 돈벌이에 도움이 안 된다는 이유로 그만두었지만 그가 가장 좋아하던 과목이었다. 강사라는 직업 덕택에 달리 비용을 들이지 않고 원하는 강좌를 듣고 공부도 계속할 수 있었던 것이다.

이기심을 초월한 목적의식의 힘

세 번째로 내면의 목적의식을 점화시키는 요소는 자신의 이익과 필요를 채우는 데 급급했던 관심을 우리 자신을 초월한 그 어떤 것에 헌신하고자 하는 욕구로 돌리는 것이다. 대부분의 사람들은 부자가 되거나 유명해지거나 또는 더 많은 명예를 얻기 위해서 열심히 일한다. 그러나 과연 얼마만큼 오랫동안 그런 목표를 향해 앞만 보고 달릴 수 있을까? 사람들은 자신 내면의 확신을 위해서는 앞으로 닥칠 위험을 기꺼이 감수한다. 전쟁터로 나가는 군인들이나 9.11 테러 당시 세계무역센터로 사람들을 구하려 뛰어들어갔던 소방대원들처럼 말이다. 두 명의 의사가 있는데 한 명은 오로지 돈만을 추구하고 한 명은 진정한 치유자로서 환자에게 봉사하려고 하는 목적의식을 가지고 있다. 오로지 돈만 많이 벌려고 하는 의사는 진정 환자에게 필요한 의료서비스를 제공하려는 의사와는 다른 처방을 내릴 것이다. 두 의사의 의료 기술과 능력은 똑같다고 가정할 때 생사가 갈릴 수 있는 상황에서 과연 당신은 어떤 의사에게 치료를 맡길 것인가?

《일하는 삶》에서 조안 치울라는 "일은 인생을 더 멋진 것으로 만들어 준다. 만약 우리가 다른 사람을 도와주고 고통을 없애주고 난관을 헤쳐 나가도록 도와주고 더 건강하고 행복하게 해줌으로써 우리가 사는 이 세상을 개선시켜 나간다면, 삶은 분명 더 멋진 것으로 변할 것이다."라고 쓰고 있다. 대부분의 우리 고객들은 처음에는 불행하고 일에 대한 열정이 없는 이유를 직장 환경 탓으로 돌린다. 그러나 직업이 본질적으로 고유한 동기와 의미를 갖는 것은 아니다. 저마다 일하고 있는 바로 그곳을 우리 내면의 가치를 표현하고 구현할 수 있는 현장으로 만들어야 한다. 어디서든 다른 사람의 멘토가 되거나 좋은 팀의 일원이 되고, 다른 사람을 존경과 관심으로 대하고 긍정적인 에너지로 의사소통하는 것을 목표로 삼을 수 있다. 우리 인생을 판단할 수 있는 기준은 매순간 선택하는 사소한 것들에 내재해 있다.

목표를 분명히 하기 위해서는 자기만의 조용하고 방해받지 않는 시간이 필요하다. 그러나 사람들은 그럴 시간이 어디 있냐고 한다. 한 가지 일이 끝나면 다른 일로 여기 저기 방향감각 없이 바쁘게 옮겨 다닌다. 인생의 의미나 목표를 되돌아보는 데 시간을 쓰는 것을 쓸데없는 시간 낭비라고 여긴다. 그렇다면 에너지 증가, 완전한 몰입, 높은 생산성과 커다란 만족감이라는 미래의 가능성에 투자하는 셈치고 관심을 기울이면 좋을 것이다.

인생을 분주하게 겉핥기식으로 지나가다보면 더 깊은 무언가를 찾기란 불가능하다. 사람은 수평과 수직으로 동시에 움직일 수 없는 법이다. 고객들이 우리 프로그램을 찾을 때 우리가 목표하는 것 중 하나는 속도를 늦추고 그들이 하고 있는 선택을 한걸음 물러나서 바라볼 수 있도록, 여러 가지 외부의 요구나 일거리를 잠시 옆으로 제쳐두게 하는 것이다. 동서양의 종교나 전통적인 지혜들이 하나같이 기도나 칩거, 관조와 명상을 강조해온 이유가 여기에 있다. 이런 방법을 통해서 우리는 비로소 조용히 그리고 규칙적으로 우리 인생에서 가장 중요한 것이 무엇인지 반추해 볼 수 있다. 다음과 같은 짤막한 질문을 던지고 잠시 생각해보는 것만으로 뭔가 도움이 될 것이다. "이것을 갖기 위해 포기했던 것만큼 나는 과연 가치 있게 살고 있는가?"

묘비명에 새길 가치와 덕목

내면의 확고한 가치는 우리가 목표를 명확히 하는 데 필요한 에너지를 제공해준다. 삶의 비전을 찾아나서는 여정에서 방향을 제시해주고 몰입을 가능하게 해주는 것이 바로 이러한 가치들이다. 돈이나 권력 또는 명예를 좇는 것 역시 동기가 될 수도 있지만 그런 목표들은 외적인 데 포커스를 두고 부족한 것을 채우는 것이지, 성숙과 변신을 가져오는 것은 아니다. 상대방을 적으로 생각해 쓰러뜨리거나, 이웃보다 더 많은 돈을 벌고 더 높은 사회적 지위와 특권을 얻는 것에 가치를 둘 수도 있을 것이다. 그러나 우리 프로그램에서는 이런 것들을 가치의 범주에 넣지 않는다. 우리가 믿는 가치란 소중하다고 느끼는 내면의 가치다. 본능적으로 소중하다고 느끼는 가치는 그 누구에게도 빼앗길 수 없는 영감과 의미를 준다.

여러 문화권을 통틀어, 종교와 역사를 통해서 사람들이 이제껏 경외하고 동경해온 보편적인 가치에는 성실함, 관대함, 용기, 겸손, 연민, 충성심, 인내 등이 있다. 기만, 탐욕, 비겁함, 거만함, 냉정함, 배신, 게으름 등은 버려야 할 것이라 배워왔다. 스스로도 거부할 수 없이 내면에서부터 솟구치는 가치를 탐색하기 위해서는, 무엇에게도 방해받지 않는 자신만의 시간을 따로 갖고 아래와 같은 질문을 자신에게 던져 보아야 한다.

· 인생의 마지막 순간에 와 있다고 상상하라. 살면서 얻은 중요한 교훈 중 가장 중요한 세 가지는 무엇이며 왜 그것이 중요하다고 생각하는가?
· 당신이 깊이 존경하는 사람을 떠올려보라. 당신이 높이 사는 그 사람의 세 가지 장점은 무엇인가?
· 최선의 당신은 어떤 사람인가?
· 당신의 인생을 단 한 줄로 줄여 당신 묘비에 쓴다면 어떤 문장이 될 것인가?

이 질문은 당신이 어떤 사명mission을 가지고 있더라도 '몰입의 법칙'을 정의할 수 있는 가치를 찾아낼 수 있는 수단이다. 인생에서 얻은 교훈이 무엇인지 되돌아보면서 자신이 가장 중요시하는 가치가 드러날 것이고, 존경하는 사람의 장점을 꼽고 나를 설명할 단 한 줄의 묘비명을 생각하다보면 인생에서 가장 중요한 것이 무엇인지 알 수 있을 것이다. 다음 페이지의 '내면의 가치 목록'에는 우리가 일반적으로 높이 평가하는 가치를 열거했다. 이것이 절대적인 것은 아니다. 그저 제안일 뿐이다. 여기에 당신이 중요하게 생각하는 가치를 덧붙여도 좋다. 어떤 가치에 개인적으로 더 공감하고 동기부여가 되는지 아는 것이 중요하다.

하나의 가치는 궁극적으로 행동의 로드맵roadmap과 같다. 행동으로 반영하지 않는 가치는 공허할 뿐이다. 가치가 의미 있기 위해서는 그것이 매일같이 하는 당신의 선택에 영향을 미쳐야만 한다. 가치와 행동이 따로 논다면 그것은 위선일 뿐만 아니라 당신 자신이 그 가치에 공감하지 못하거나 가치 자체를 잘못 설정했다는 증거다. 우리가 가치에 더 헌신하고 그 가치가 우리 삶의 방향을 이끌 때, 그 가치는 더욱 더 영향력 있는 에너지원이 된다.

행동으로 구현되는 가치가 바로 덕목이다.

우리는 관대함을 하나의 가치로 볼 수 있다. 그러나 이것이 덕목이 되려면 관대하게 '행동'해야만 한다. 우리가 가치를 덕목으로 전환시킬 때 비로소 가치와 나의 결합이 일어난다. 단순히 어떤 것을 가치로 꼽는 것만으로는 충분하지 않다. 그 다음 단계로 외적인 압박에도 굴하지 않고 그 가치를 어떻게 삶 속에서 실현할 것인지 꼼꼼하게 정의해야 한다. "나는 다른 사람에게 내 에너지를 투자할 때 무엇을 돌려받을 수 있을지 기대하지 않을 것이다. 다른 사람의 의제agenda를 기꺼이 내 것보다 우선순위에 놓음으로써 관대함이라는 가치를 실현할 것이다. 비록 그것 때문에 어떤 불편함을 감수해야 할지라도 기꺼이 받아들일 것이다."

내면의 가치 목록

진실성	행복	균형감각
조화	헌신	건강
연민	정직	다른 이에 대한 배려
유머	용기	성실성
창조성	친절함	동감
지식	공정함	충성심
신념	개방성	가족
끈기	자유	다른 이에 대한 존중
친구	책임감	관대함
안정감	순수함	평온함
다른 이에 대한 봉사		

　사람은 쉽게 내면의 가치보다 당장의 편리함에 따라 행동한다. 순간적으로 즐겁고 고통을 줄일 수 있으며 공허함을 메울 수 있는 그런 일을 한다. 뭔가 불안하고 초조해지면 초콜릿 칩 쿠키를 먹는 다든가 담배를 피운다든가 맥주를 한잔 마시면서, 임시방편으로 그 불안감을 해소시키려고 한다. 아주 중요한 프로젝트의 마감 시일에 쫓길 때면 주위 사람들에게 목청을 높이는 등 임시방편의 선택을 한다. 책잡힐 것 같은 실수를 하면 그 책임을 다른 사람에게 전가하

거나 남을 비난한다.

가치는 우리로 하여금
에너지를 조절하는 다른 기준을 세우게 한다.

만약 자기애를 하나의 가치로 여긴다면 쿠키나 담배나 술 한 잔의 유혹에 저항할 것이다. 다른 사람을 존중하는 것을 가치로 여긴다면 스트레스에 쌓여 있을 때조차 자신을 조절하려고 무진 애를 쓸 것이다. 성실함을 최고의 가치로 여긴다면 남들로부터 비판을 받을지라도 스스로 저지른 실수에 대한 책임을 지려 할 것이다. 안정적이고 불안감을 느끼지 않을 때 가치에 따라 행동하는 것은 상대적으로 쉽다. 진정으로 덕목이 필요한 순간은 희생을 감수해야 하는 때다. 가치가 에너지원이자 행위의 규범으로 그 역할을 다하는 것이 바로 그런 경우다.

불평을 넘어서 행동으로

다른 사람을 존중하는 것이야말로 가장 큰 가치라고 말했던 베리 R.을 기억하는가. 그러나 주위 사람들은 베리가 늘 다른 사람의 시간을 빼앗는다고 불평했었다. 베리는 자신이 가장 중요하는 여기는 가치를 정작 행동으로 연결시키지 못하고 있음을 깨닫고 변화를 시도한다. 투자자문 일을 하던 마이클도 마찬가지였다. 마이클 역시 고객을 잃는 위험을 감수하고 자신의 지분을 처분해 책임을 지려 했다. 고객의 이익을 우선시하고 성실함을 자기 인생에서 가장 중요한 가치로 규정한 순간, 그는 새로운 행동을 취할 수 있었고 오랫동안 유지해왔던 행동 습관을 변화시킬 수 있었다. 가치에 뿌리를 둔 행동에는 물론 경제적인 보상이 따르지 않는다. 짐 콜린스Jim Collins는 《성공하는 기업들의 8가지 습관Built to Last》에서 가치를 원동력으로 삼는 회사는 장기적으로 볼 때 더 큰 성과를 얻는다고 쓰고 있다. 우리가 주장하고자 하는 것은 단순하다. 내면의 가치는 우리로 하여금 삶의 모든 국면에서 더 완전하게 몰입할 수 있도록 해준다. 내면적 가치를 우선순위에 둘 때, 우리는 그 어떤 일에 대해서도 열정, 헌신, 인내심을 가질 수 있다.

광고 담당 부장으로 일하고 있던 수잔 D.는 끝없이 요구만 하고 만족할 줄 모르는 직장 상사에 대해 불만이 많았다. 수잔이 무슨 일을 하건 상사는 만족해 하지 않았다. 시간이 흐를수록 수잔은 업무에 흥미를 잃었고 건성으로 일하게 되어 생산성은 금방 떨어졌다. 자신이 기울인 노력에 대해서 보상은커녕 인정도 받지 못하자, 굳이 열정을 투자해서 일할 필요를 느끼지 못했던 것이다. 실망과 후회가 그녀의 에너지를 잠식했고 그런 과정이 계속 꼬리를 물고 일어났다. 이렇게 자신이 업무에서 별다른 기쁨을 얻지 못하고 고전하자, 수잔은 스스로에게도 실망하게 된다. 그럴수록 수잔의 에너지는 분산되고 산만해질 뿐이었다.

우리는 수잔에게 문제는 수잔이 자신의 가치를 외적인 것에 의

존해 규정했기 때문이라고 충고해 주었다. 단순히 상사를 만족하게 하거나 칭찬을 듣기 위해서 에너지를 쏟는다면, 언제까지나 실망과 좌절만 하게 될 것이라고 말해 주었다. 수잔은 내면으로 주의를 돌려 자신이 가장 중요하게 여기는 가치를 탐색하기 시작했다. 그리고 탁월한 능력과 헌신이야말로 자신이 추구하는 가치임을 깨닫는다. 그리고 이러한 가치에 따라 스스로 행동하고 책임을 지기 시작하자 기분이 좋아지고 일에 더 몰입할 수 있게 되었다. 그러나 적성에 맞지 않는다고 생각하는 부서에 계속 있는 것이 너무나 힘이 들었다. 그래서 다시 집중된 에너지로 일을 하면서 업무능력이 개선되고 내적인 에너지도 고양되자, 그녀는 새로운 부서를 찾아 나섰다. 그리고 두 달 후 수잔은 자신이 좋아하고 영감을 얻을 수 있는 새로운 부서의 다른 상사 밑에서 일을 할 수 있게 되었다.

물론 이런 일이 항상 말처럼 쉬운 것은 아니다. 까다로운 상사를 참아내야 하고 스트레스 받는 업무 환경을 인내해야 하는 경우가 많다. 그렇더라도 내면적인 가치에 따른다면 분노나 후회, 불안감과 같은 감정보다는 어떻게 하면 자신감과 강인함과 사명감을 갖고 일할 수 있을지 그때그때 선택해 나갈 수가 있다. 어떤 경우에는 일하는 환경을 바꾸는 것이 정답일 때도 있다. 그렇다고 해서 어려움이나 도전적인 상황이 끝나는 것은 아니다. 결국 우리는 어디에 있든 우리의 내면적 가치와 더불어 사는 법을 배워야만 할 것이다.

완전한 몰입의 비전

목적의식을 정의하는 다음 단계는 우리의 에너지를 어떻게 투자해야 할지 비전vision을 창조해내는 것이다. 설득력 있는 비전은 강한 영향력을 갖는다. 또한 비전은 우리 삶에 영감을 줄 수 있을 만큼 당당하고, 야심차고 조금은 닿을 수 없는 것이어야 한다. 그러나 동시에 실현가능해야 하며 조금은 특별하고 개인적인 것이어야 한다. 우리는 프로그램에 참가하는 고객에게 개인적인 비전 선언문과 직업적인 비전 선언문(대부분의 경우는 한 장에 두 가지가 포함되게 작성한다)을 쓰게 한다. 비전은 가능성에 대한 그림, 행동을 위한 청사진, 즉각적인 대응에 에너지를 쓰는 경향에 대한 완충재 역할을 한다.

사라 J.는 49세로 컨설팅 회사의 사장이다. 사라는 6가지를 자신의 핵심 가치로 정했다. 성실성, 다른 사람을 존중하는 것, 업무에 대한 탁월함, 감사하는 태도, 자기애, 다른 사람에 대한 봉사가 그것이다. 그러고 나서 이런 가치들이 실제 자신을 통해서 매일 어떻게 구현될지 세세하게 탐색했다. 그녀는 '약속을 행동으로 지키고 내 일에 책임감을 가지고, 뭔가 실수하거나 부족함이 느껴지면 가능한 빨리 고치는 것'을 성실함이라고 정의했다. '매일 조금씩 시간을 내어 내 인생에서 얻은 행운과 축복을 감사하고 다른 사람들에게 최선의 것이 무엇인지 그리고 매일 내 상황에서 무엇이 최선인지 살펴보는 것'을 감사하는 태도라고 정의했다. 그리고 '내 인생의 모든 차원에서 규칙적으로 휴식을 취하고 건강과 행복을 최우선의 과제로 놓는 것'을 자기애로 규정했다.

그리고 몇 달에 걸쳐 자신이 중요하게 여기는 가치에 기초해 내적인 영감에 따라 인생의 비전을 구체적이고 실현 가능하도록 자세하게 기록해 나갔다.

나는 무엇보다 말만 하지 않고 행동으로 옮길 것이다. 그러면 내 행동을 통해 내가 생각하는 가치가 드러나게 될 것이다. 나는 내가 믿는 것을 위해 열정적으로 싸우지만, 새로운 것을 배우고 성장할 수 있다는 가능성에 대해서도 언제나 마음을 열어둘 것이다. 직장에서는 다른 사람들이 더 발전하고 성공적으로 일을 할 수 있도록 헌신하고, 내 인생에서 알고 있는 모든 사람들을 존경과 친절로 대하고 사려 깊게 대할 것이다. 개인적으로는 친척들과 남편과 아이들에게 감사하고 친한 친구들에게 감사한다. 물론 나 자신도 사랑한다. 신체적으로만 아니라 감정적으로 정신적으로 그리고 영적으로 나 자신을 관심 있게 돌본다. 어떤 일이 일어나도 나는 내게 주어진 것에 감사할 것이다. 다른 이들에게 봉사하는 것은 책임이자 동시에 하나의 특권이다.

이런 비전을 글로 쓰는 것은 자신의 에너지를 어떻게 투자하겠다는 의지를 천명하는 것이다. 비전을 매일 확인함으로써, 삶의 방향이 일관되게 잡히고 행동의 원동력이 생긴다. 뉴욕 증권거래소에서 중개인들을 관할하고 있는 중역인 빈스 K.는 에너지 관리 방식을 바꾸고 나서 직장에서나 집에서나 새로운 인생의 전기를 맞게 된다.

"핵심 가치와 유대감을 가짐으로써 에너지의 초점을 다시 맞출 수 있게 되었습니다. 완전히 지쳐있던 저는 목표를 새롭게 정의하는 과정에서 가족에게 변함없이 헌신해야 할 필요가 있다는 것을 깨달았죠. 그것이 제 인생에서 첫번째 가치가 되었습니다. 물론 좋은 남편, 좋은 부모가 되겠다고 말하는 것은 쉬운 일이죠. 그러나 자기평가 과정을 통해서 하루하루 내가 정말 소중하게 생각하는 것에 에너지를 쏟는 것이 얼마나 중요한지 새삼 깨달았습니다. 금주를 하게 됐죠. 술을 마시게 되면 양과 질 모두에서 가족들과 함께 할 시간이 줄어들기 때문입니다. 또 업무에서 오는 압박감을 해소하고 집에서도 에너지가 충만한 상태로 있기 위해서 몸을 관리했습니다. 술을 끊고 규칙적으로 운동하고 가족에게 다시 관심을 갖자 인생에 대한 태도 자체가 확 바뀌었습니다. 좋은 남편 좋은 아빠 그리고 더 나은 직장상사가 된 것입니다."

마음에 새겨둘 것

· 삶의 의미를 찾는 것은 역사가 시작된 이래 모든 문화권이 가져온 테마 중 가장 강력하고도 지속적인 주제다.

· '영웅의 여정'을 위해서는 가장 소중한 자원인 에너지를 활성화하고 기르고 규칙적으로 재충전하는 것이 필요하다.

· 강한 목적의식이 없으면 삶에서 피할 수 없는 폭풍우에 쉽게 무너진다.

· 목적의식은 부정적인 것에서 긍정적인 것으로, 외적인 것에서 내적인 것으로, 자기에게서 타인에게로 변화할 때 더 강력하고 지속적인 에너지원이 된다.

· 부정적인 목적의식이란 자기 방어적이고 손익계산만 하는 것을 말한다.

· 자신이 중요하게 여기는 가치에 비추어 볼 때 의미 있는 어떤 행위에 몰입하고자 하는 욕망은 내면의 동기를 강화시킨다.

· 가치는 목표를 향한 에너지에 연료를 제공한다. 그리고 에너지 관리를 위한 다른 기준을 제시한다.

· 덕목은 행동으로 드러난 가치다.

· 의미 있고 설득력 있는 비전 선언문은 에너지를 어떻게 투자해야 하는지에 대한 청사진을 제시해준다.

당신의 몰입에너지는 안녕한가?

가치를 정의하는 것과 이를 매일같이 실천하고 행동에 옮기는 일은 전혀 다른 차원이다. 현재의 나와 내가 원하는 나 사이의 간격을 직시하는 것은 절대 쉬운 일이 아니다. 인간은 언제까지라도 자신을 합리화하고 속일 수 있는 무한한 능력의 소유자이기 때문이다. 그래서 우리 안에서 불쾌하고 당황스러운 것, 보고 싶은 것과 정반대의 것들을 발견하면 수없이 많은 방법으로 인식 밖으로 밀어낸다. 이렇게 우리 자신에게 덧씌워진 안개와 거울을 치우고 솔직하게 대면하지 않고서는 그 어떤 변화도 가능하지 않다. 정신과 계의 이단아 R. D. 랭은 이런 사실을 짤막한 시 속에 잘 표현하고 있다.

우리의 사유와 행동의 범위.

그것은 우리가 알아차리지 못한 만큼 줄어든다.

알아차리지 못한다는 것.

제대로 알아차리기 전까지.

우리는 그것을 바꿀 수 없다.

알아차리지 못한 상태.

우리는 그 미완의 상태에서 생각과 진심을 만들어간다.

완전한 몰입과 최적의 성과는 높고 긍정적 에너지를 유지할 수 있는 능력에 달려있음은 1장에서 지적한 바 있다. 고통스런 현실과 대면하면 분명 죄의식과 분노, 좌절, 질투, 슬픔, 탐욕, 불안감 같이 불편하고 불쾌한 감정들이 생긴다. 우리 인생의 모든 차원에는 늘 이렇게 상반된 것들이 빚어내는 긴장이 존재한다. 몰입을 가능하게 해주는 높고 긍정적인 에너지는 분명 최선의 결과를 가져다준다. 성공적인 행동을 위해서는 먼저 부정적인 감정을 옆으로 제쳐두는 법을 배워야 한다. 그러나 피하고 싶은 고통스런 현실을 외면하는 것이 삶의 전형이 되어 버리면, 결과적으로 더 고통스런 결과를 초래할 수 있다. 부인denial은 작은 주먹으로 둑에 난 구멍을 막고 있는 것과 같다. 감정을 억누르는 압력은 마침내 감당하기 힘들 정도로 커져, 그 대가로 근심하고 좌절하게 되며 일의 능률이 현저하게 떨어진다. 결혼생활이 파탄 나거나 신체적으로 심각한 병에 걸릴 수도 있다.

물론 현실을 부인하는 능력이 좋은 결과를 가져올 때도 있다. 세계무역센터가 테러리스트들의 공격으로 불에 타 무너지던 순간, 가까스로 살아남았으나 심한 화상을 입은 로렌은 사고 당시에는 별 고통을 느끼지 못했다고 한다. 화상으로 인한 고통을 온전히 느꼈더라면 분명 그 자리에 쓰러져 죽었을 터였다. 로렌은 건물이 무너지기 전에 탈출하는 데만 신경 쓰느라 화상의 고통은 느낄 수가 없었다. 고통은 뭔가 문제가 있다는 것을 알려주는 신호다. 로렌은 탈출하고 난 뒤 채 몇 분이 안 되서 참을 수 없는 고통을 느꼈고 구급대원들에게 병원에 데려다달라고 요청했다. 전신의 40%에 걸쳐 심각한 화상을 입은 것이다. 생존의 위협이 닥친 순간에는 고통을 무시함으로써 목숨을 구할 수 있었고, 이제 그 고비를 벗어나자 울린 경보가 로렌의 목숨을 구하는 데 결정적인 역할을 한 것이었다.

문제는 대부분의 사람들이 그다지 생존에 위협이 되지 않는 종류의 고통에 대해서도 로렌처럼 반응하려 드는 데 있다. 우리는 본능적으로 고통이 의식의 표면 위로 올라오는 것을 차단한다. 그러나 이런 식의 회피를 모든 문제의 해결책으로 삼게 되면, 반드시 그 대가가 나타난다. 직시하기 불편한 현실은 우리가 의식적으로 관심을 돌린다고 해서 없어지는 것이 아니다.

부인은 효과적으로 태만할 수 있는 방법이다. 왜냐하면 우리 실체를 차단하기 때문이다. 진실을 두려워하게 되면 더 자기방어적으로 변하고 융통성이 없어지며 위축된다. 현실을 외면하면 마취제처럼 고통에 대해서 무감각해지게 되지만, 동시에 자유롭고 완전하게 세상에 몰입하지 못하게 된다. 진실을 회피하고 자기를 기만하는 일 역시 에너지를 필요로 하는데 그 에너지는 더 이상 긍정적인 활동에 쓸 수 없다. 현실을 향해 우리 자신을 열어 놓을 때 비로소 자유가 따른다. 《도덕경》에서도 "휠 수 있고 흐르는 것만이 자란다"고 하지 않았던가.

현실을 직시하고 대면하면, 부주의하게 행동하지 않고 부정적인 감정을 이해하고 다룰 수 있게 된다. 때로 우리는 어쩔 수 없이 우리가 추구하는 가치에 미치지 못하거나 스스로 그 가치를 무너뜨린다. 그러나 이런 단점이나 실수를 부인하지 않고 있는 그대로 인정할 때, 새로운 것을 배울 수 있다. 성공적인 인생이란 가장 고통스럽고 모순된 것들을 직시하는 일과, 희망과 긍정적인 에너지를 갖고 사는 일 사이에서 균형을 잡을 때 가능한 것이다. 긍정적인 에너지를 일으키는 것보다 부정적인 에너지를 일으키는 일이 오히려 더 쉽다. 그러나 낙관성에는 용기가 필요하다. 인생 자체가 유한하기도 하지만 우리 모두는 살면서 필연적으로 여러 가지 장애와 도전과 방해를 받기 때문이다.

가장 가까운 누군가를 잃게 되는 극단적인 경우를 생각해 보자. 만약 그 슬픔의 감정을 부인하고 무시한다면 그 감정은 안으로 침잠해 들어가 언제가 그 대가를 요구할 것이다. 세상 속으로 다시 천천히 몰입하려는 노력은 하지 않고 그저 절망에만 빠져 있으면, 상실감과 슬픔의 감정들은 다른 중독적인 감정들과 마찬가지로 다른 건 마비시키고 자신만을 더욱 강화시키는 비탄의 감정이 된다.

위급한 상황이 아니어도 현실에 관심을 두지 않으려는 의식적인 노력이 유용하게 목표에 부합되는 경우도 물론 있다. 예를 들어 운동선수는 바로 눈앞에 닥친 경기에만 완전히 정신을 집중할 때 경쟁에서 이길 수 있다. 그러기 위해서는 가족에 대한 염려나 무릎의 통증, 기술에 대한 자신감 부족과 같은 걱정거리를 일시적으로 차단해야 한다. 경기 외의 다른 것에 대한 관심을 한쪽으로 제쳐놓아야 하는 것이다. 따라서 정신을 산만하게 할 수 있는 것을 잠시 접어두는 능력 역시 성공적인 인생을 위해서 반드시 필요한 요소 중 하나다. 불편함을 피하기 위한 무의식적인 전략이 아니라 목전에 놓인 일에 완전하게 몰입하기 위해, 걱정거리나 신경 쓰이는 일들을 선택적으로 한쪽으로 제쳐놓는 것은 아주 건강한 일이다. 선택적인 무관심이란 언제나 문제거리를 회피하거나 부인하는 것이 아니다. 대신에 더 적절한 시기에 그 문제를 다루기 위해서 잠시 유보하는 전략이다.

무의식적인 자기기만은 잠시나마 안도감을 줄 수 있을지는 몰라도 긴 안목에서 보자면 반드시 그 대가를 치르게 한다. 가장 기본적인 차원에서 우리 인간은 자신이 누구인지, 어떤 존재이고 싶은지에 대한 자아상을 가지고 있다. 그리고 그것을 보호하기 위해 가끔은 자신을 속이기도 한다. 자신이 내면적 가치에 상반되는 행동을 하고 있다는 받아들이기 힘들고 고통스러운 진실을 한쪽으로 밀어놓기 위해서, 우리는 여러 가지 전략을 사용한다. 마약과 알코올 중독도 이런 전략 중 하나다. 마약과 알코올은 일시적으로 불편한 감정을 누그러뜨리고 잘되고 있다는 환상을 심어준다. 같은 이유로 어떤 사람은 과식을 하거나 자유분방한 섹스에 탐닉하기도 한다. 또 어떤 사람은 전혀 다른 방식으로 다른 사람들에게 봉사하거나 업무에 과하게 집중하는 전략을 쓰기도 한다. 심리학자인 칼 융Karl Jung은 이렇게 말했다. "니코틴이든 알코올이든 모르핀이든 정신적 이상주의든, 모든 종류의 중독은 해롭다."

자기방어 담당부서를 폐쇄하라

사람들은 저마다 든든한 자기방어 담당부서Defense Department를 가지고 있다. 객관적으로 봤을 때 분명 귀찮고 신경 쓰이는 일일 텐데 아무렇지도 않게 대하는 것 역시 부인의 또 다른 형태다. 뭔가 삐걱거리는 결혼생활에 대해서 생각해보자. 남편이나 아내는 문제의 핵심을 직시하려 하기보다 상대방에게 감정 에너지를 쏟지 않고 무관심하게 대한다. 합리화는 진실에 대항하기 위한 또 하나의 방어기제다. 우리를 찾은 고객 중 일부는 동료들로부터 무례하고 인내심이 없으며 지나치게 비판적이라는 평가를 받으면 처음에는 대개 이를 인정하는 듯하지만, 금세 일을 효과적으로 끝내기 위해서는 어쩔 수 없는 것이라고 항변한다.

이성적인 분석은 감정적으로 충격을 받지 않고 사실을 인지하기 위한 하나의 수단이다. 자신의 팀원들에게 성실하고 품위 있게, 팀워크를 가지고 일을 처리하도록 독려하던 카리스마적인 리더가 일상의 행동에서는 그런 원칙을 마구 깨는 경우보다 더 생생한 예는 없을 것이다.

투사projection는 진실을 외면하기 위한 가장 교묘한 방어기제로 자기 안에 있는 악의적인 감정을 속이는 것을 말한다. 이렇게 되면 스스로도 자각하지 못하는 사이에 다른 사람에게 부정적인 파동을 내뿜는다. 우리 안에 있는 분노나 증오나 탐욕 같은 감정들을 외면함으로써 주위 사람들에게 그런 감정을 표출하게 되는 것이다.

어떤 상황에서도 최악의 경우를 상상하는 것은 협소하고 비관적인 렌즈를 통해 현실을 왜곡하는 하나의 수단이다. 신체화somatizing 란 은폐된 분노와 근심이 두통, 소화불량, 목이나 등의 통증 같은 신체적인 증상으로 전환되는 경우를 말한다. 우디 앨런Woody Allen이 한 "나는 화를 내지 않습니다. 그냥 종양을 키울 뿐이죠."라는 말은 우화적으로 진실을 드러내주고 있다. 우리는 다른 사람에게 걱정거리나 스스로의 비관적인 태도를 고백하는 대신 두통이 어떻고 등의 통증이 어떻고 하는 식으로 말하면서 다른 사람의 동정심을 사려고만 한다. 탐욕스러움과 같이 받아들이기 힘든 자신의 성격을 극단적인 관대함으로 바꾸는 승화는 물론 긍정적으로 적용된 방어기제일 수 있다. 그렇더라도 내면의 부정적인 충동들은 은폐되어 있을 뿐 여전히 더 강한 신호를 보내며 그 자리에 남아 있다.

우리 자신의 행동을 정직하게 바라보는 것, 그것이 첫 번째 단계다. 그리고 우리가 하는 선택에 대해서 책임을 지는 것 또한 중요한 일이다. 진실은 우리를 자유롭게 한다. 그렇다고 해서 우리가 가고자 하는 곳으로 데려다주는 것은 아니다. 구체적인 비유를 들자면 우리는 고객들에게 한 5kg 정도 더 살이 쪘다고 대충 말하는 대신,

정상치보다 11.3kg 더 나간다고 정확하게 말하는 것이 긍정적인 단계라고 확신시킨다.

진실을 과소평가하는 일은 쉽다. "전 괜찮습니다. 그게 무슨 큰 문젭니까?"라고 말하거나 "제가 아는 사람들 대부분이 약간은 비만이죠."라거나 "지금은 조금 스트레스를 받아서 그렇지 나중엔 뺄 수 있습니다."라고 말하는 것은 쉽다. 그러나 자신의 체중이 정상치보다 더 많이 나간다는 사실과 함께 그것이 초래할 결과까지도 직시해야만 변화가 가능하다. 에너지가 손상되고 당뇨와 심장질환에 걸릴 확률이 높아져 수명이 단축될 수 있다는 사실을 직시하고 거기에 대해서 뭔가 행동을 취할 때만, 진정으로 진실을 받아들였다고 말할 수 있을 것이다. 다음 페이지에는 대부분의 사람들이 진실을 회피하고 즉각적이고 편의적인 반응을 보일 때 얻게 되는 순간적인 이득과 그 결과를 표시해 두었다. 각 항목마다 단기간에 걸친 이득과 대가, 장기간에 걸쳐 나타나는 결과까지도 나타냈다.

현실 부정의 효과와 대가를 직시하라

편의적인 순응	눈앞의 이익
비관적인 태도	덜 좌절하고 리스크를 줄일 수 있으며, 주체못할 감정을 자제할 수 있다
업무/생활의 불균형 (업무 시간은 과다, 가족과 친구들과 보내는 시간은 부족)	업무에서는 성공을 얻고 일 외의 다른 것에 대해서는 책임 회피할 수 있다
화를 내고 인내심이 없다	고통과 스트레스가 적다
멍한 상태	짧은 기간에 뭔가를 성취하고 생산적이라는 느낌을 얻을 수 있다
스트레스-회복 불균형	여러 가지 일을 동시에 처리할 수 있고 생산적이라는 느낌이 든다
멀티태스킹 (이메일에 답하면서 전화로 얘기하기 등)	순간적인 즐거움과 편리하다
식단 불균형 (고지방, 고당분)	사람들과 적당한 거리를 둠으로써 책임을 회피할 수 있다
동료에 대한 자기방어적인 태도	일시적인 쾌락을 얻고 긴장과 걱정을 없앨 수 있다
과도한 알코올과 마약 사용	일에 더 몰입할 수 있다
운동 부족	운동 부족

대가	장기적인 결과
긍정적인 에너지가 감소하고 인간관계의 효율성과 행복감이 줄어든다	업무 수행능력이 떨어지고 건강이 나빠지며 행복감도 느끼지 못한다
인간관계에 쏟을 시간이 부족해지고 가족과 친구에 대해 죄책감을 느끼게 된다	가정과 인간관계에서 제대로 역할을 해내지 못하고 인내심이 부족해지고 쉽게 화를 낸다
동료를 자극하고 더 큰 분노를 불러온다	다른 사람의 사기를 꺾고 화나게 하며 인간관계와 건강상 문제가 생긴다
열정과 다른 이와의 유대감이 감소	인생의 의미가 없어지고 업무 수행능력이 감소한다
피로감이 증대하고 열정이 감소하며 건강상 문제가 발생할 가능성이 커진다	건강이 나빠지고 쉽게 지치며 인간관계가 소원해진다
관심이 분산되고 사람들에게 완전히 몰입할 수 없고 업무의 질이 떨어진다	인간관계의 질이 떨어지고 관심을 집중하기 힘들어지며 업무의 질도 떨어진다
콜레스테롤 수치가 높아지고 체중이 증가하며 긍정적인 에너지가 줄어든다	체중이 늘고 심장병과 뇌졸중, 암, 조기사망의 확률이 높아진다
팀워크를 손상시키고 새로운 학습을 할 수 없다	고독감이 들고 깊은 인간관계가 부족해지며 업무상 질적 향상을 도모하기 힘들다
집중력이 떨어지고 기분이 변덕스러워지며 인간관계를 맺는 것이 힘들어진다	건강이 극도로 나빠지고 사회적인 관계가 없어지며 자기를 혐오하게 된다
에너지와 강인함이 줄어들고 정신적 휴식을 취할 수 없다	건강이 나빠지고 집중력이 약해지고 긍정적인 에너지를 일으킬 수 없다

그림자 자아에서 벗어나라

사람들은 저마다 갖고 있는 자아상을 일그러뜨릴 만한 부정적인 것들을 떼어내는데, 이렇게 떼어낸 자신의 일부분을 칼 융은 '그림자shadow'라고 불렀다. 프로이트Freud는 원하지 않는 감정을 무의식으로 추방하는 수단을 억압repression이라고 했다. 불교에서 위파사나Vipassana라고 알려진 명상 수행은 이런 어두운 측면을 있는 그대로 보고 본능적인 환상에서 벗어나고자 하는 것이다. 우리가 인정하지 않고 깨닫지 못하는 것들은 언젠가 다시 우리에게 되돌아온다. 우리는 모두 어른이 될수록 겉으로는 화를 내고 분노를 표시하는 것을 자제하면서 자기 자아상을 배반한다. 그래서 다른 사람을 비판적으로 판단하거나 융통성 없이 대하는 것으로 그 분노를 우회적으로 표시한다. 우리 자신 안에 맹점이 있을 때는 무의식적으로 다른 사람을 공격하는 것이다.

무기력한 감정에 사로잡힐 때는 다른 사람을 거칠게 대함으로써 대리만족을 얻는다. 회사에서 잘나간다는 한 간부는 자신이 쇠락하고 있다는 것을 느낄 때마다 예전에 얻은 성공과 성취를 과시하며 유명하고 명망 있는 누군가와 잘 알고 지내는 사이라고 떠들어댄다. 아주 정중하고 단정해보이는 여자 직원이 내면에 숨겨진 질투심을 직시할 수 없어 아주 사소한 것을 들어 주위 사람을 무시하고 깔보기도 한다.《아직도 가야 할 길The Road Less Traveled》의 저자인 스콧 펙Scott Peck은 이렇게 말했다. "악이 가진 문제의 핵심은 죄가 아니라 잘못을 인정하려 들지 않는다는 것이다. 악은 자신의 잘못을 인정하기보다 다른 사람을 공격한다. 자신의 잘못을 부정하기 위해서는 다른 사람을 나쁜 쪽으로 몰아가야 하기 때문이다."

그 반대도 성립한다. 우리 자신의 좁은 비전에 갇혀, 우리 내면에 잠재해 있는 강인함을 주목하지 못하거나 양육시킬 수 없을 때도 있을 것이다. 우리 내면에서 끔찍한 면면을 발견하고 그것을 억압하는 만큼 자신의 장점을 신뢰하기가 점점 어려워진다. 진실과 대면한다는 것은 우리의 강인함을 인정하고 그것을 기뻐하는 것이다.

수천 년 동안 지구상의 성현들이 강조한 궁극적인 영적 도전은 바로 '깨달음'이었다. 고대 그리스인들은 파르나수스Parnassus 산의 한 신전 기둥에 두 가지 경구를 새겨놓았다. 그 중 하나는 "너 자신을 알라"다. 두 번째 경구는 거칠게 번역하자면 "너 자신의 모든 것을 알라"다. 현실을 발견하기 위해서는 그 아래에 있는 것을 드러내 보아야만 한다. 현대의 사상가들은 이 가르침을 반복적으로 재해석해왔다고 할 수 있다. 정신과 의사인 에드워드 휘트몬Edward Whitmont은 이렇게 말한다. "자신이 진정 어떤 존재인지 아는 순간, 그보다 더 충격적인 순간은 없을 것이다. 우리가 희망사항으로 바라는 자신의 모습을 버릴 때 저마다 진실한 자기 모습으로 나아가는 첫 번째 발걸음을 뗄 수 있다."

우리가 알아차리지 못하는 것

로저 B.가 처음 우리에게 왔을 때 그는 스스로 성실하고 정직하다고 믿고 있었다. 그러나 로저는 자신의 체험을 현실 그대로 보지 않고 자꾸만 긍정적인 포장을 덧씌웠을 뿐이다. 이런 일은 늘 일어난다. 쉴 새 없이 밀려드는 업무와 요구사항에 대처하다보면 어느 정도의 근심과 긴장과 불만족에는 익숙해져, 그저 그러려니 하고 별 의미를 두지 않고 받아들인다. 아니면 마음을 닫아 상황을 받아들이지 않거나, 장기적으로 볼 때 자기 파괴적인 결과를 초래할 수 있는 상황에 대해서도 모든 일이 잘 되어가고 있다고 자신을 기만한다.

우리 프로그램에서 동료들로부터 피드백을 받은 로저는 자신이 그동안 받아들이기 힘들고 불쾌한 일에 대해 책임을 회피하거나 부인해왔음을 깨닫는다. 다른 사람을 비난하거나 자신을 희생자라고 생각하는 것이 그에게는 훌륭한 전략이었던 것이다. 로저는 업무상 여러 어려운 상황에 닥칠 때마다 그것을 상사의 관심 부족과 어려운 경제 환경 탓으로 돌렸다. 운동을 하거나 고영양의 식단을 제대로 챙겨 먹거나 아이들과 함께 시간을 보낼 수 없는 것은 업무에 쫓기느라 시간적 여유가 없기 때문이라고 둘러댔다.

로저는 이렇게 건강하지 못한 행동에 약간의 자기기만을 곁들여 그럴듯하게 합리화시키고 있었다. 우리는 이걸 '아직 죽지는 않았 잖아not dead yet' 신드롬이라고 부른다. 로저는 일주일에 몇 개비의 담배를 피우거나(나중에는 하루에 12개까지 피우게 되었다), 하루 일과를 마치고 술잔을 기울일 때나(고객들과 식사를 할 때는 서너 잔을 넘기가 일쑤였다), 체중이 늘었을 때나(10kg 정도면 아직 심각한 수준은 아니라고 생각했다), 스스로에게 이 말을 읊조리며 자기를 합리화했다. 그리고 자기의 행동에 대해서 죄의식을 느끼거나 주변 상황을 견디기 힘들어지면 그와 정반대의 극단적인 태도를 보였다. 즉 자신을 처량한 존재로 덧칠해 나갔는데 그가 원했던 것은 당장의 불편한 마음을 밀쳐내는 것이었다. 그럼으로써 자기기만이라는 악순환은 되풀이되었다. 다른 무엇보다도 자신에게 닥친 상황을 끊임없이 부인하는 태도는 그에게 마약과도 같은 선택이었다.

로저의 이런 전략은 우리가 경험한 어떤 고객 가운데서도 가장 극단적인 것이었다. 병원에서 폐기종이나 이와 유사한 질병의 환자들을 돌보는 호흡기계 전문의 여성이 최근 폐암 판명을 받았다. 그녀는 20여 년 동안 담배를 피워왔다. 그녀는 병원에서 하루에도 여러 차례 담배 때문에 치명적인 병을 얻어 사망하는 사람들을 보면서 담배를 끊으려고 무진 애를 써왔지만 성공하지 못했던 것이다.

이 책의 공저자 토니는 몇 년 전 인간의 감성 지능에 관련된 학회에 패널로 참석했던 적이 있다. 여러 패널리스트 중 한 사람은 그 분야에서 선구적인 업적을 쌓은 저명한 심리학자였다. 토니는 각 패널들에게 물었다. "지난 몇 년 동안 자신의 감성 지능을 향상시킨 방법에 대해서 예를 하나 들어주시죠." 그러자 그 심리학자는 잠시 난처해하더니 이렇게 대답했다고 한다. "아주 어려운 일이예요. 학계 연구란 실제 감성 지능을 높이는 데는 별 도움이 안 되거든요."

당신을 둘러싼 사실을 수집하라

진실과 대면하기 위해서는 먼저 자신을 관찰대상으로 삼아야 한다. 자신의 인생을 되돌아보고 자신의 행동이 초래한 에너지의 결과를 책임질 자세를 가져야 한다. 펜과 종이 한 장을 꺼내 다음 질문에 30분 동안 조용히 답해보라.

· 1에서 10까지 점수를 매길 때, 자신의 업무에 얼마나 완전히 몰입하고 있다고 생각하는가? 방해되는 요소가 있다면 무엇인가?

· 매일같이 반복되는 당신의 행동은 당신 내면 깊숙한 곳에서부터 우러나오는 가치와 사명감과 얼마나 일치하는가? 행동과 가치가 연결되지 않는 이유는 어디에 있는가?

· 당신이 갖고 있는 비전과 가치를 직장과 집, 지역사회에서 어떻게 실현시키고 있는가? 어떤 점이 부족한가?

· 영양가 있는 식단을 택하고 적당한 운동과 수면시간을 지키는 등 신체적으로 긴장과 회복의 균형을 효과적으로 맞추고 있는가? 그러한 행동은 내면적인 가치와 일치하는가?

· 주어진 상황에서 내면적 가치와 감정적 대응이 얼마만큼 부합하는가? 가정과 직장에서 일관되게 노력하고 있는가? 만약 다르다면 어떻게 다른가?

· 자신의 인생에서 무엇을 우선순위에 두고 있으며 업무나 일에 얼마만큼 집중하고 있는가? 스스로가 가장 중요하다고 말하는 것을 실제 일에서는 얼마만큼 우선순위에 두고 있는가?

한걸음 더 나아가 열린 마음으로 들여다보자. 만약 에너지가 당신에게 가장 소중한 자원이라면 스스로 중요하다고 말하는 것을 그것을 얼마만큼 잘 관리하고 있는지 살펴보라.

- 현재의 수면, 식사, 운동습관이 당신의 사용 가능한 에너지에 어떤 영향을 미치고 있는가?
- 성장과 생산성을 가져오는 긍정적인 에너지와 반대되는 방어적이며 소비지향적인 절망이나 좌절, 분노, 후회, 질투 등의 부정적인 에너지를 얼마나 소모하고 있는가?
- 자신과 다른 사람들에게 얼마만큼의 에너지를 투자하고 있는가? 둘은 균형을 이루고 있는가? 당신에게 가장 가까이 있는 사람들도 그렇다고 느끼는가?
- 걱정하고 좌절하면서 또는 능력의 한계를 넘는 일을 어떻게 해보려고 에너지를 낭비하고 있지는 않은가?
- 결론적으로 당신은 얼마나 현명하고 생산적으로 당신의 에너지를 투자하고 있는가?

당신의 에너지 관리 방법과 선택이 당신의 성과에 얼마만큼 영향을 주고 있는지 알아보고자 한다면, 우리 프로그램에 참가한 고객들이 가지고 있었던 일반적인 성과 장벽을 참조해보라. 인내심 부족이든, 공감 부족이든 아니면 빈약한 시간 관리든 성과 장벽이 문제가 되는 이유는 그것이 자기 인생과 다른 사람의 인생에 부정적인 에너지 결과를 가져오기 때문이다. 다음 페이지의 장벽 목록을 보고 이 장벽들이 당신의 업무와 사생활에서 쓰는 에너지의 양과 질에 미치는 영향에 대해 생각해보라.

1장에서 제안한 대로 이 프로그램의 웹 사이트에 접속해서 완전한 몰입 목록을 작성한 사람이라면 이미 자신의 에너지 관리의 현주소를 알 것이다. 그리고 자신을 아주 잘 아는 5명의 동료로부터 피드백을 받아놓았을 것이다. 이런 정보를 모으는 것이 아주 고통스러운 일일수도 있지만 넓게 보면 뭔가를 드러내주고 궁극적으로는 더 큰 보상을 주게 된다. 자신에 관한 자료를 많이 가질수록 자신의 5가지 행위 장벽이 무엇인지 더 분명히 규명할 수 있다. 효율적인 성과를 위해 에너지를 관리하는 방식에 뭔가 특별한 변화를 가져온다면 이런 장벽들은 더 새롭고 능동적인 의식ritual을 선택하도록 당신을 이끌어줄 것이다.

일반적인 성과 장벽

낮은 에너지	다른 사람에 대한 신뢰 부족
인내심 부족	통합적인 능력 부족
자기방어적인 태도	우유부단한 태도
부정적인 태도	의사소통 기술 부족
비판적인 태도	경청의 기술 부족
스트레스에 대한 내성 부족	열정 부족

침울함/쉽게 화를 냄	자신감 부족
팀 플레이 부족	다른 이에 대한 공감 부족
융통성 부족 지	나친 의존
집중력 부족	일 – 가정의 균형감각 부족
불안과 걱정	부정적/비관적인 사고방식
효율적이지 못한 시간관리	사고력 부족

인식하는 것과 현실의 차이

우리가 스스로를 기만하는 또 다른 방식은 이렇다. 사람들은 저마다 실상을 보는 여러 렌즈 중 하나를 선택해서 세상을 해석하고 있는데 자신만의 인식과 입장이 진리라고 주장하는 것이다. 많은 사람들은 이를 깨닫지 못하고 여러 가지 사실을 조합해서 그럴듯한 스토리를 만들어 그것이 진리라고 믿는다. 뭔가 그럴듯하게 느껴지기는 하지만, 진짜로 그런 것은 아니다. 주어진 상황이 보여주는 현실은 논쟁의 여지가 없어보일 수도 있지만, 우리가 거기에 갖다 붙이는 의미는 매우 주관적일 때가 많다.

컴퓨터 회사의 마케팅 부서에서 일하는 토비는 몇 주 동안 노력 끝에 상담을 성사시킨 뒤 큰 건수를 하나 잡았다는 기분에 도취되어 있었다. 다음날 토비는 그 상담의 후속 이메일을 보내고 세부사항을 위해 두 번째 상담을 제안했다. 그러나 일주일이 지나도록 토비는 아무런 답신도 받질 못했다. 두 번째 메일을 보냈지만 역시 일주일 동안 아무런 답신을 못 받았다. 토비는 전화를 걸기로 하고 미래의 고객에게 음성 메시지를 남겼다. 역시 결과는 마찬가지였다. 그러자 토비는 이런 여러 가지 사실들을 조합해서 영업에서 실패하고 실망할 때마다 자신에게 되뇌던 방식으로 스토리를 만들어냈다. "이 사람은 더 이상 이 구매에 흥미가 없나보군. 첫 상담에서 너무 기대에 들뜬 나머지 내 멋대로 상상했던 거야. 최근 이런 일이 자주 일어나는 것은 내 영업스타일에 뭔가 문제가 있기 때문일 거야." 이런 식으로 혼자 좌절하고 약간의 모멸감도 느꼈던 토비는 그 상담 건에서 손을 떼기로 했다.

그로부터 2주가 지난 어느 날 저녁, 토비는 여자친구 게일에게 우연찮게 이 이야기를 하게 되었다. 그런데 게일은 토비가 말한 사실에 대해서 전혀 다른 해석을 내놓았다. "토비, 너는 지난 6개월 동안 영업 실적이 아주 좋았잖아? 전에 나한테 이렇게 말했잖아. 덩치가 큰 거래는 빨리 이루어지지 않는다고 말이야. 만약 그 사람이 너와의 첫 상담 때 열성적으로 구매의사를 보였다면 그건 진심이었을 거야. 연락이 안 되는 것은 아마도 다른 일로 바쁘거나 관심을 다른 데 쏟고 있기 때문인지도 모르지. 몇 주 더 기다려보고 나서 그 상담 건이 아직도 진행중이라는 메일을 한번 보내보는 건 어떨까?"

여자 친구의 말에 반신반의하면서도 토비는 게일의 충고대로 메일을 보냈고 그 미래의 고객으로부터 "진심으로 죄송합니다."라는 말로 시작되는 답신을 받게 되었다. 그 답신은 이랬다. "제가 2주 동안 휴가를 떠나게 된다는 말을 첫 번째 상담 때 말씀드리지 않았더군요. 저는 아직도 그 구매 건에 대해서 관심이 많습니다. 다음 단계로 일을 진척시키도록 하지요."

토비는 진실을 보기보다 자신이 꾸며낸 이야기에 의해 패배감에 젖었다. 운이 좋게도 똑같은 상황을 다른 식으로 바라보는 친구의 충고로 토비는 사실을 대하는 태도를 바꾸고 부정적인 에너지를 긍정적인 에너지로 바꿀 수 있었다. 심리학자인 마틴 셀리그만Martin Seligman은 이렇게 말했다. "인간이 상황에 종속되어 있다는 신념에 사로잡히면, 그 신념은 개인적이고 반영구적인 영향력을 발휘해('내 잘못이야. 나는 항상 이렇지 뭐. 내가 하는 일은 그렇게 되게끔 되어 있어' 등) 미리 좌절하고 포기하게 만든다. 그러나 그 반대의 신념을 택하면 우리는 더욱 에너지가 넘치는 사람이 된다." 아무런 확증도 없는 상태에서 토비나 게일이 내린 해석은 다른 해석과 마찬가지로 그저 가능한 현실 중 하나였을 뿐이다. 그러나 좀더 낙관적인 태도가 성과를 가져올 수 있는 힘을 주는 것은 분명하다.

우리 자신에 대해서 과대평가하든 과소평가하든 어느 한 가지 입장만 고수하는 것은 위험하기도 하지만 그 자체가 환상이다. 뒤로 한걸음 물러나서 자신을 관찰하는 능력을 키운다면 비로소 숲 전체가 우리 앞에 펼쳐지게 될 것이다. 넓게 조망하는 능력을 키울 때 자신을 인생이라는 드라마와 동일시하지 않고 관객이 되어 멀찍이서 바라볼 수 있다. 불교의 위파사나 명상 수행은 우리 안에서 일어나는 생각과 감정과 느낌에 휘둘리지 않고 있는 그대로를 '바라보는' 것을 지향한다. 심리치료사인 로버트 앗사지올리Robert Assagioli가 말했듯이 우리는 "나는 지금 근심으로 가득 차 있다"라는 감정에서 "지금 근심이 나를 감싸고 있을 뿐이다"는 식으로 전환시킬 필요가 있다. 한 가지 측면만 보면 우리는 희생자이지만 다른 측면에서 보면 우리는 의지적으로 행동하고 선택할 수 있는 힘을 가진 존재인 것이다.

내가 틀릴 수도 있다

중역들의 코칭을 맡고 있는 줄리 D. 역시 우리 프로그램을 성공적으로 수행한 사람 중 하나다. 직업상 사람들에게 이런 저런 충고를 해주는 일에 아주 익숙해져 있던 줄리는 사람들에게 문제의 해답을 제시해주는 일을 좋아했다. 문제는 가끔 고객이 줄리의 말과 전혀 다른 주장을 펼 때 생겨났다. 줄리는 본능적으로 그 고객이 아주 고집스럽고 자기방어적이며 자신을 있는 그대로 보려고 하지 않는다고 여겼다. 그러나 줄리와 함께 몇 가지 사항을 점검해보자, 줄리 자신이 업무에서 오류를 남기는 것을 극도로 꺼려하고 다른 사람으로부터 비판받는 일에 대해서 혐오감을 가지고 있는 것으로 나타났다. 줄리는 이를 의식하지 못했지만, 자신의 의견과 상반되는 의견을 받아들이는 것은 곧 자신의 무능함을 인정하는 것이고, 업무상 자신이 갖고 있는 긍지와 자존심에 대한 위협이라 여기는 것으로 나타났다. 그 결과 줄리는 자신의 입장을 보호하는 데 너무나 많은 에너지를 쏟게 된 것이다. 세상을 바라보는 데는 여러 가지 입장이 있을 수 있다는 점을 자각하지 못했던 것이다.

코미디언 데니스 밀러Dennis Miller는 독설로 유명하다. 자기긍지와 위선을 조롱하고, 있는 그대로 내보이는 그의 쾌활한 독설은 항상 이렇게 끝을 맺는다. "물론 이 모든 건 그저 내 생각, 내가 틀릴 수도 있으니까." 이런 태도는 자신이 그렇게 조롱해 마지않았던 사람들과 똑같이 자신도 위선으로 가득 차 있을 수 있다는 가능성을 인정하면서 한껏 부풀어진 그 위선의 풍선을 터트리는 바늘과 같은 역할을 한다. 줄리에게 가장 큰 이슈는 자신의 방어적이고 완고한 태도를 이완시키고, 진실을 보는 시야를 왜곡시키는 태도를 직시하는 것이었다.

진실과 대면하기 위해서는 먼저 자신이 사실을 정확하게 바라보지 못하고 있을 수도 있다는 가능성을 받아들여야 한다. 겸손을 동반하지 않는 자신감은 과장과 자아도취나 광적인 열광으로 이어질 수 있다. 짐 콜린스와 몇몇 연구자들은《좋은 기업을 넘어 위대한 기업으로Good to Great》에서 몇 년간 괄목할 만한 성공을 이룬 기업 CEO의 자질에 대해 제시하고 있다. 놀랍게도 회사를 성공으로 이끄는 리더들은 카리스마를 갖고 있거나 탁월한 지능을 갖고 있는 사람들이 아니었다. 오히려 강한 결단력과 겸손이라는 두 가지 역설적인 덕목을 균형 있게 구비하고 있는 사람들이었던 것이다.

회사가 쇠락의 길로 가고 있을 때 이런 덕목을 지킬 수 있는 능력이야말로 성공의 열쇠라는 데는 의심의 여지가 없다. 성공하는 리더들은 왜 하나같이 스스로를 낮추고 신뢰를 쌓아가도록 노력했던 것일까? 부분적으로 이들이 갖는 겸손의 미덕은 다른 사람들이 각자의 장점을 발휘할 수 있는 여지를 남겨주었다고 할 수 있다. 이들은 모험적인 상황에서 살아남으려면 사람들에게 주인의식을 갖게 하고 스스로 가치 있고 존중받고 있음을 일깨워주어야 한다. 사실을 본능적으로 터득했던 것이다. 진정한 겸손은 리더로서 자신의 의견이나 생각과 반대되는 입장까지도 받아들이고 자신의 견해가 항상 옳을 수만은 없다는 가능성을 열어놓는 것이다. 자존심 상해 하지 않으면서도 자신이 틀렸음을 인정할 수 있는 것은 진정한 자신감의 표현이다. 자신의 약점을 감추는 데만 급급해 에너지를 쏟지 않는다면, 우리는 오히려 더 많은 사실을 보고 배우며 성장할 수 있는 잠재력을 얻게 된다. 우리 연구소는 바람직한 모델을 세우고 또 변화를 가능케 하는 과정을 확립해가면서 이런 교훈을 수차례 얻었다. 우리는 열정을 가지고 바람직한 모델과 변화 속으로 고객을 이끌어들였고 그 결과 고객들은 전혀 다른 삶을 살게 되었다. 물론 우리 프로그램이 모든 사람이 원하는 해답을 제시해주지는 못할 것이다. 그러나 우리는 축적된 여러 가지 신빙성 있는 경험과 자료들을 바탕으로 또 다른 가능성에 대해서 늘 열려 있는 자세로 계속 프로그램을 발전시켜나갈 것이다.

나는 과연 어떤가?

받아들이기 쉽진 않고 불쾌한 일이긴 하지만, 우리는 종종 다른 사람에게서 '싫어하는 내 모습'을 발견할 때 그 사람을 아주 미워한다. 에드워드 휘트몬은 이렇게 말했다. "누구에게든 자신이 경멸하고 싫어하고 도저히 참을 수 없는 성격에 대해 적게 하면, 대개 자신의 내면에 억압된 성격의 단면을 적게 된다. 자신이 혐오하는 성격은 곧 그 자신이 내면에 억압해놓은 면이기 때문에 다른 사람에게서 이런 성격을 발견하게 되면 도저히 참을 수가 없는 것이다." 당신이 아주 싫어하는 누군가를 떠올려보라. 그 사람의 성격 중 무엇이 가장 마음에 들지 않는가? 자, 이제 자신에게 물어보라. '나는 과연 어떤가?'

줄리는 자신이 상담해주는 고객과 의견이 충돌할 때마다, 자신의 의견이 더 옳다고 느껴질 때마다, 스스로에게 여러 다른 형식으로 이런 질문을 던져보았다. 그러자 놀랄 만한 변화가 일어났다. "내가 생각하고 느끼는 것과 정반대되는 의견 또한 옳을 수 있지 않을까?" 일단 이런 가능성을 열어두고, 자기 자존심을 손상시키지 않으면서도 다른 의견이 옳을 수도 있다는 것을 받아들이자 이제까지의 방어적이고 신경질적인 태도가 누그러졌다. 합기도에서는 상대편에게 직접 일격을 가할 때보다 상대편이 분노의 감정을 가지고 공격하게 만들었을 때 오히려 점수를 더 얻는다. 여러 가지 얼굴을 가진 나 자신 전체를 포용하고 받아들이지 않으면 내가 가장 최악의 적이 되는 것이다.

심리학자인 제임스 힐먼James Hillman은 자신을 받아들이는 것과 내면의 파괴적인 또 다른 나의 얼굴을 변화시키려는 노력을 균형 있게 해야 한다고 주장한다.

자신을 사랑하는 것은 결코 쉬운 일이 아니다. 왜냐하면 우리 내면에 열등감으로 억압되어 있고 겉으로 드러내지 않은 자아의 모든 그림자까지 포함한 나 자신을 사랑해야 하기 때문이다. 우리는 이 어두운 자아의 그림자를 치유해야 한다. 물론 도덕적인 차원 역시 포기되어서는 안 된다. 이렇게 자아의 그림자를 치유하는 것은 역설적인 두 가지를 요구한다. 그대로 드러내서는 안 되고 뭔가 변화해야 한다는 도덕적 자각과 함께, 한편으로는 그 그림자까지 사랑하며 유쾌하게 있는 그대로 받아들이는 수용 능력이다. 변화하고자 열심이지만 동시에 자연스럽게 내버려두고, 냉정하게 판단하지만 한편으로는 유쾌하게 더불어 사는 것...

진실이 우리를 자유롭게 한다는 것을 믿는다면, 자신에 관한 진실과 대면하는 것은 일회적인 일로 끝날 수가 없을 것이다. 실천으로 나아가야 한다. 우리의 모든 '근육'처럼 자각 역시 더이상 버려두지 않고, 진실을 외면하려 했던 저항을 버리면 더욱 깊어진다. 매일, 하루하루 우리는 자신의 그런 면을 미처 깨닫지 못하고 잠들어 있었을 뿐이다. 매일 헬스클럽에 가서 몸을 단련시키기 위해서 강도를 높여가며 훈련하듯이, 외면하고 싶은 내면의 모습을 환한 곳으로 이끌고 나와 꾸준히 단련시켜 정신, 감정, 영적 능력을 키워나가야 한다.

물론 매일같이 쉬지 않고 이두근에 과한 스트레스를 주게 되면 발달은커녕 오히려 근육이 손상되게 된다. 인류학자인 그레고리 베이트슨Gregory Bateson은 이렇게 쓰고 있다. "산소든 수면이든 심리치료든 철학이든 이 모든 것은 중독적인 수준이어서는 안 되고, 항상 적정수준을 유지해야 한다." 이 말을 진실과 대면하는 단계에 적용시켜 보면, 한꺼번에 너무 많은 사실을 흡수하려다보면 그것이 우리를 압도해 오히려 자기패배로 이어질 수도 있다는 의미가 된다. 한꺼번에 다 인정하고 받아들이기 힘든 것도 있을 것이다. 예를 들어 미국에서 탄저병의 공포가 한차례 휩쓸었을 때, 탄저병의 증상이 정확히 어떠하며 어떻게 대처해야 하는가 하는 사실을 배워야 한다는 것은 누구나 알고 있었다. 그러나 막상 탄저병의 공포에 사로잡혀 있던 사람들이 생산적인 대처를 한다는 것은 기대하기 힘든 일이었다.

마음을 가라앉히고 하는 기도는 에너지를 관리하는 데 아주 이상적이고 완벽한 수단 중 하나다. "신은 내가 변화시킬 수 없는 것은 그냥 평화롭게 받아들이고 내가 변화시킬 수 있는 것은 용기를 가지고 실천하길 바라며, 그 차이점을 꿰뚫어 볼 수 있도록 지혜를 주신다." 때로 우리는 충분히 뭔가 해볼 수 있는 상황에 에너지를 집중하지 않고 어떻게 해볼 수 없는 상황이나 사람에 대해서 걱정하고 신경쓰는 데 헛되이 더 많은 에너지를 쓴다. 무엇이 중요한지 아닌지를 판별할 수 있는 것 역시 진실을 올바르게 바라보고자 하는 태도다.

스스로를 존중하는 자아존중감이 확고하지 않을 때, 자신에 관한 불쾌한 진실은 하나의 위협으로 느껴질 수 있다. 우리는 미지의 세계로 뛰어드는 용기가 필요하지만 그 속에서 발견한 것에 대한 거부감에도 연민을 가져야 한다. 진실을 향해 세심하게 움직여야 하는 우리에게 때론 자기방어 기제가 진로를 방해하거나 늦추기도 한다. 하지만 진실을 바라보는 시야가 선명할수록 우리 앞에 놓인 장애물을 더 명확히 인식할 수 있다. 살면서 진실과 대면하는 것은 분명 어려운 일이지만 그것은 동시에 우리를 자유롭게 하는 길이기도 하다. 숨길 게 더 이상 남아있지 않을 때, 겉으로 드러내는 것 역시 더 이상 공포가 아니다. 그때 엄청난 에너지가 자유로워져 우리 인생에 완전히 몰입하게 될 것이다. 우리는 이런 스스로의 강인함을 자축하고 또 계속해서 키워나가면 된다. 발걸음을 잘못 디뎠다면 그것에 대해 책임을 지고 길을 다시 정비하면 된다.

마음에 새겨둘 것

· 진실과의 대면은 에너지를 자유롭게 해준다. 목표를 정의한 다음의 두 번째 단계는 더 완전하게 몰입하는 것이다.

· 진실을 외면하는 데도 엄청난 노력과 에너지가 소모된다.

· 인간은 자기존중감을 방어하기 위해 아주 기본적인 차원

에서 자신을 속인다.

· 그 자리에서 받아들이고 소화시키기에는 너무 버거운 진실도 있다.

· 동정심이 없는 진실은 우리 자신에게나 타인에게나 잔혹함일 뿐이다.

· 우리가 종종 자신에 대해서 인식하지 못하고 넘어가는 것들이 무의식적인 행동으로 나타난다.

· 자기기만이 일반적으로 나타나는 형태는 세상을 바라보는 내 시각만이 진리라는 태도다. 그러나 그것은 우리가 세상을 바라보기 위해 선택하는 하나의 렌즈일 뿐이다.

· 진실과 대면하기 위해서는 자신이 스스로나 타인의 진실을 보지 못하고 있을 수도 있다는 가능성에 열려 있는 태도를 가져야 한다.

· 자신을 한 가지 모습으로만 동일시하는 것은 위험한 일이며 환상이다. 인간은 빛과 그림자, 악과 선이 뒤섞여 있는 존재다.

· 우리 자신의 한계를 받아들일 때, 자기방어가 줄어들고 더불어 사용할 수 있는 긍정적인 에너지가 증가한다.

긍정적인 의식의 힘

이반 렌들은 테니스 선수로서 탁월한 신체적 조건을 갖춘 선수
는 아니었다. 하지만 몇 년 동안 그는 부동의 세계 1위였다. 비결은
스스로 개척한 일상적인 의식ritual에 있었다. 렌들은 정규 연습시간
을 채우고도 오랫동안 코트를 떠나지 않고 연습했다. 다른 선수들과
확연히 구분되는 것은 렌들이 경기뿐만 아니라 삶 자체를 조직적으
로 살아갔다는 것이다. 코트 밖에서도 최상의 몸을 만들기를 위해
단거리 뛰기, 중거리 뛰기, 자전거 타기, 근력운동 등을 가혹할 정도
로 짜임새 있게 해나갔다. 균형감각과 신체적 유연성을 기르기 위해
서 정기적으로 발레 훈련까지 한 렌들은 정해진 시간에 고칼슘 저
지방 식단으로 식사를 했다.

렌들은 또한 집중력을 높이기 위해 일련의 정신집중 훈련을 매
일같이 했으며 정기적으로 새로운 훈련법을 받아들여 더욱 그 강도

를 높여갔다. 토너먼트가 시작되면 가족이나 친구들에게는 자신이 테니스 이외에 다른 것에 신경 쓰지 않도록 확실하게 주문을 했다. 렌들은 자신이 하는 일이면 무엇이든 완전하게 몰입해서 모든 에너지를 쏟은 다음 전략적으로 긴장을 풀고 휴식하곤 했다. 휴식을 할 때도 계획을 아주 꼼꼼하게 세워 골프를 즐기거나 매일 잠깐씩 낮잠을 즐기거나 마사지를 받았다. 일단 코트에서 경기가 시작되면 렌들은 자신이 원하는 곳으로 공을 서브하거나 점수를 따는 상상을 하면서 서브 라인으로 걸어간다. 그리고 이런 의식ritual에 모든 정신을 집중시킨다. 렌들과 오랜숙적이었던 맥켄로는 이렇게 회고한다. "내가 렌들을 싫어했던 것만큼이나 나는 렌들을 믿는다. 그 어떤 스포츠 선수도 그처럼 열심히 노력했던 경우는 없을 것이다. 렌들은 아주 뛰어난 재능을 가진 선수는 아니었지만 신체적으로나 정신적으로나 그가 쏟은 노력과 헌신은 둘째가라면 서러울 정도로 놀라운 것이었다. 렌들은 연습을 통해서 모든 걸 얻었다고 할 수 있다."

타이거 우즈Tiger Woods는 골프계의 렌들이라고 할 수 있다. 물론 우즈가 렌들에 비해 골프 자체에 천부적인 재능을 타고 났지만, 자신의 삶의 모든 차원에서 에너지를 관리하는 데 쏟는 놀라울 정도의 헌신은 마찬가지다. 그 결과는 분명하다. 우즈는 20대 초반에 골프계는 물론 스포츠 역사상 전무후무한 선수가 되었던 것이다.

렌들이 자기규율에 뛰어나고 비범할 정도의 의지를 갖고 있었을 거라는 추측을 할 수 있겠지만 실제는 그렇지 않다. 인간의 신체에 관한 연구보고서를 보면 인간 행동의 5%만이 의식적으로 일어난다고 한다. 우리는 습관의 창조물이어서 일상적인 행동의 95%는 주변 상황이 요구하는 것에 자동적으로 일어나는 반응이라고 한다. 렌들이 본능적으로 분명히 깨달은 점은 바로 긍정적인 에너지로 가득 찬 의식ritual이 갖는 힘이었다. 의식으로 습관화한 행동은 우리 삶 속에서 자동적으로 발현되고, 그러려면 깊은 내면의 목적의식에서 원동력을 얻어야 한다는 것을 렌들은 꿰뚫어 보았던 것이다.

긍정적인 에너지 의식ritual은 3가지 차원에서 힘을 갖는다. 첫째, 어떤 일에든 에너지를 효과적으로 관리하고 있다는 확신을 준다. 둘째, 한계가 분명한 의식적인 의지와 자기규율에 덜 의존하게 해준다. 마지막으로 우리가 갖고 있는 가치와 1순위의 것들, 즉 일상에서 우리에게 가장 중요한 것들을 행동을 통해 실현시키도록 해준다.

안락함의 유혹

대부분의 사람들과 마찬가지로 로저 B. 역시 에너지를 부정적으로 사용하고 그것을 습관화한 전형적인 경우였다. 장기적으로 에너지에 어떤 결과를 가져다줄지 전혀 염두에 두지 않고 매번 그때그때 에너지를 수습하는 전략을 세웠기 때문에, 결과적으로 에너지를 낭비하게 되었던 것이다. 아침을 거르면 사무실에 더 일찍 출근할 수 있었지만 그럼으로써 오전중 업무에 쏟을 에너지의 용량이 현저히 줄어들었다. 그러다보니 카페인이 잔뜩 든 커피와 다이어트 콜라로 불충분한 수면으로 부족해진 에너지를 억지로 점화시키려 했다. 운동 부족 탓에 결과적으로 과도한 업무에 대처할 수 있는 신체 능력을 키우지 못해서 쉽게 지칠 수밖에 없었다. 지구력을 길러주는 운동을 통해서 신체 에너지를 재충전하면, 오래 책상에서 업무에 몰입할 수 있을 뿐더러 정신적, 감정적으로 지구력을 기를 수 있다는 점은 로저로서는 상상하기 어려운 일이었다.

로저 B.가 인내심이 부족해지고 변덕스러워진 것은 내면의 실망과 좌절이 우회적으로 표현된 것뿐이다. 그리고 로저 B.는 이런 부정적인 감정들이 다른 사람들에게 그리고 자신의 에너지에 어떤 결과를 가져올지 전혀 생각하지 않았다. 그는 밤에 몇 잔의 술을 마시고 가끔 담배를 피우는 것으로 간단히 스트레스를 풀려 했지만 이는 단기적으로는 에너지를 더 빼앗기고 장기적으로는 건강만 더 악화시킬 뿐이었다. 아내와 아이들에게 거리감을 둠으로써 자신에게 남아있는 얼마 안 되는 에너지를 더 이상 쓰지 않고 남겨둘 순 있었지만, 그 대가로 가족간의 유대로 얻어지는 감정적인 충만함을 희생해야 했다. 결국 로저 B.는 그 어떤 것에도 에너지를 투자하지 않고 자신이 하는 선택에 대해서 그리 깊게 생각하지 않음으로써 상황을 그럭저럭 불성실하게 모면해 가고 있었던 것이다. 자신의 행동을 변화시키려는 노력 또한 진심으로 하지 않았기 때문에 오래지 않아 실패할 수밖에 없었다. 로저는 철저하게 혼자였다.

우리들 대부분은 한 해가 시작되면 뭔가 변화를 시도해 보겠다고 작심하지만 곧 실망스럽게도 예전의 모습으로 돌아오고 만다. 의식ritual은 닻과 같은 것이어서 어려운 상황에서도 우리가 가장 소중하게 생각하는 가치를 위해 에너지를 쓸 수 있도록 지탱해준다. 우리는 인생에서 여러 차례 폭풍을 만나게 된다. 질병이나 고통, 사랑하는 사람을 잃는 슬픔, 배신과 좌절, 경제적 파산과 직장에서의 해고 등 우리가 원치 않는 폭풍들이 때로 우리를 엄습한다. 그 폭풍을 겪는 동안 우리의 인격과 함께 에너지를 관리하는 방법 선택이 얼마나 중요한가 하는 것을 시험받게 된다.

큰 폭풍이 닥치면
인간은 필사적인 생존 전략으로 회귀하려 한다.
그럴수록 긍정적인 의식ritual이 더욱 중요하다.

엘리트 운동선수든 전투기 조종사든 외과의사든 특수부대 군인이든 FBI 요원이든 최고경영자든, 성공하는 사람들은 한결같이 자신의 에너지를 관리하기 위한 긍정적인 의식ritual을 발전시켜왔고 궁극적으로 자신들이 원하는 바를 이루었다. 확고한 내면적 가치에 따라 행동하는 사람들도 모두 그러했다.《우리 시대의 의식Rituals for Our Times》의 저자인 이반 아임버 - 블랙Evan Imber - Black과 제인 로버트Janne Robert는 이렇게 쓰고 있다. "의식ritual을 치르는 동안 우리는 말이나 내면의 소리로 우리의 신념을 표현한다. 매일 저녁 식탁에 둘러앉은 가족들은 그 시간을 함께 보내야만 한다는 신념을 말없이 표현하고 있는 셈이다. 침대 머리맡에서 아이와 부모는 서로 마음속에 있는 이야기들을 주고받는 기회를 갖는다. 잠자리에 들기 전 부모와 아이들은 온화함과 애정과 안정적인 느낌의 관계라는 믿음을 표현하고 있다."

이반 렌들이 체계적으로 가꾸어온 일상이 너무 지나치거나 극단적이라고 치부할 수도 있다. 그러나 잠시만 멈추어서 당신이 존경하는 사람에 대해 생각해보라. 아니면 자신의 인생에서 가장 생산적이었고 황금기였던 때를 되돌아보라. 당신도 우리 고객들처럼 이미 자신의 삶 속에서 미처 의식하지 못한 이런저런 의식들을 가지고 있을 것이다. 손을 씻는다든가 다음 날을 계획한다든가 아니면 가족들과 함께 시간을 보내는 방식에 이르기까지 다양할 것이다. 의식ritual은 자발성을 배제하지 않으며 오히려 어떤 어려움에도 순발력을 발휘해 대처할 수 있도록 안정감과 지속성을 준다. 경기중 심한 긴장감 속에서도 멋진 샷을 날리는 프로 골퍼나 생사를 가르는 중대한 수술에서 직관이 아니라 냉철한 판단력으로 중요한 사항을 결정하는 숙련된 외과의들을 떠올려보라. 의식ritual은 종종 불가능해 보이는 난국에서도 창조적인 돌파구를 마련할 수 있는 토대를 제공한다. 뿐만 아니라 에너지를 회복시키고 새롭게 하며 인간관계를 더욱 깊게 하고 자신의 내면을 비추어보는 일도 가능케 한다.

의식적인 의지와 규율이 갖는 한계는 모든 요구사항을 자기통제하에 두어야 한다는 데 있다. 무엇을 먹고 어떻게 좌절감을 극복하는가 하는 문제에서부터 운동 계획을 세우고 어려운 업무를 수행하는 일에 이르는 모든 것들을 쉽게 고갈되는 빈약한 에너지 탱크에 의지하게 되는 것이다.

몇 가지 상상력 넘치는 실험을 통해서 연구자들은 자기규율이 매일의 생활 속에서 어떻게 작용하는지 증명해 보였다. 예를 들어 한 연구보고에 의하면 피실험자에게 몇 시간 동안 음식을 주지 않다가 한 접시의 초콜렛 칩 쿠키 같은 단것을 주었다. A그룹에게는 마음껏 먹을 수 있게 했고 B그룹에게는 단것을 먹지 못하게 하고 대신 무를 먹게 했다. 그러자 단것을 먹는 걸 참아낸 B그룹의 사람들은 바로 이어진 어려운 퍼즐 테스트에서 A그룹보다 인내심이 떨어지는 걸로 나타났다. 두 번째 실험에서는 단 것을 먹는 걸 참아냈던 B그룹 앞에 여러 맛난 음식을 놓아두자 A그룹보다 쉽게 유혹에 빠지는 것으로 드러났다. 세 번째 실험에서는 한 그룹에게 얼마동안 얼음물에 손을 넣고 있게 했다. 그러자 얼음물에 손을 담그고 있지 않았던 그룹보다 문장 교정을 보는 테스트에서 훨씬 저조한 점수를 받았다.

의식ritual이 갖는 지속적인 힘은 의식이 갖는 에너지로부터 나온다. 1911년 철학자 화이트헤드A. N. Whitehead는 이렇게 말했다. "우리는 우리가 하고 있는 일에 대해 생각하는 습관을 길러서는 안 된다. 오히려 정반대여야 한다. 문명은 우리가 무엇을 하는지 생각하지 않고 행동할 때 그리고 그런 횟수가 많아질 때 진보해왔다." 의지와 자기규율은 우리 자신을 어떤 행동으로 몰아붙이지만 습관화된 의식ritual은 오히려 우리는 끌어당긴다. 그래서 그렇게 하지 않으면 뭔가 잘못되어 가고 있다고 느낀다. 아침에 이를 닦거나 샤워를 하거나 아내에게 키스를 하거나 아이들의 학교 축구 경기를 참관하거나 주말에 부모님께 전화하는 일들을 생각해 보라. 매순간 이를 의식하고 하는가? 우리 삶 속에서 일어나는 모든 일을 의지적으로 하려 한다면, 이를 지속하기 위해 일일이 에너지를 쓴다는 것은 불가능할 것이다.

의지와 자기규율은 우리가 알고 있는 것보다 더 한정된 자원이기 때문에 선택적으로 행사할 필요가 있다. 아주 작은 자기통제적 행동이라 해도 그 행동을 하기 위해 사용하는 에너지는 아주 양이 한정된 에너지 탱크에서 나오기 때문에, 한 가지 행동을 위해 이 에너지를 계속 사용하면 다음에 올 행동을 위해 사용할 수 있는 에너지가 줄어들게 되는 결과를 가져온다. 의식적인 자기통제 행동에 쏟을 수 있는 에너지의 용량은 아주 작다.

이두근이나 삼두근에 주기적으로 스트레스를 주고 회복시키다 보면 근력을 강화시킬 수 있는 것처럼, 자기통제 근육을 전략적으로 키우는 것 역시 가능한 일이다. 훈련과정은 똑같다. 이제까지의 인내심, 공감, 자기통제가 갖던 한계에 스트레스를 주어 강화시키고 다시 회복시키면 이런 근육들은 현저하게 강해질 것이다. 그러나 상대적으로 노력이 덜 들고 가능한 빠르게 자동적으로 변하는 긍정적인 의식ritual을 발전시키면 의식적인 의지나 자기규율의 한계를 빠른 속도로 상쇄시킬 수 있다.

스트레스와 회복의 리드미컬한 균형

의식ritual이 갖는 중요한 역할은 완전한 몰입을 위해 필요한 에너지 소비와 재충전 사이의 효과적인 균형을 맞추어주는 것이다. 어떤 분야든 성공한 사람들은 이처럼 긴장 속에서도 리드미컬하게 에너지를 소비하고 다시 회복시키는 능력을 최대화하는 습관을 가지고 있다. 이 책의 공저자 짐이 앞서 발견한 대로 세계적인 테니스 선수들은 포인트와 포인트 사이 그 짧은 시간에 독특한 습관으로 에너지를 집중시키면서 경기를 풀어나간다. 불과 16~20초밖에 안 되는 시간이지만 그 의식ritual은 효과적인 회복을 가져온다.

스트레스와 회복의 균형은 스포츠에만 국한되는 게 아니라 모든 분야에 공통으로 중요한 요소다. 회복 의식ritual이 효과적이고 정교할수록 더 빨리 에너지 탱크를 다시 채울 수 있다. 그동안 우리는 월 스트리트의 증권거래인들과 함께 프로그램을 진행했는데 이들은 직업의 특성상 거의 하루 종일 컴퓨터 앞에 앉아 있어야 하기 때문에 휴식이 불가능한 사람들이었다. 우리가 이들에게 고갈된 에너지를 회복시켜 줄 뭔가가 필요하다고 하자 그들은 우리를 보고 웃었다.

"화장실에 갈 시간도 없는데 무슨 수로 휴식 시간을 얻는단 말입니까?" 그래서 우리는 프로 선수들이 아주 짧은 시간 동안 에너지를 효과적으로 회복하는 사례를 들려주면서 하루 중 60~90초 동안만이라도 잘 짜여진 휴식을 취하면 에너지가 전혀 새롭게 된다고 말해주었다. 우리의 설득에 이들은 저마다 에너지를 회복시키는 일상화된 습관을 하나씩 만들어갔다. 어떤 사람은 60초 동안 심호흡을 하기도 하고 어떤 사람은 워크맨을 들고 다니면서 좋아하는 음악을 듣기도 했다. 잠깐 동안 집으로 전화를 걸어 아내와 아이들과 통화를 하기도 하고 4층 정도 되는 계단을 오르내리거나 컴퓨터로 게임을 잠깐 즐기기도 하고 에너지 바를 먹기도 했다. 이런 습관들이 체계적이고 잘 짜여질수록 에너지의 회복도 더 효과적이었다.

작가인 피터 D.는 원고 마감에 대한 스트레스 때문에 우리의 조언을 요청했다. 몇 년간 피터는 워드 프로세서 앞에 장시간 앉아서 글을 쓰는 걸 습관해왔다. 그가 고민하는 문제는 마감시간에 가까워질수록 집중력이 떨어진다는 것이었다. 우리가 할 일은 정신적으로 마라톤을 하는 피터를 단거리 선수처럼 뛰게 하는 것이었다. 그래서 상대적으로 짧은 시간에 조직적으로 높은 회복을 갖고 다시 강도 높게 몰입할 수 있는 의식ritual을 개발해야 했다.

이른 아침에 컨디션이 가장 좋다는 피터의 말에 따라 우리는 아침 6시 30분부터 약 90분간 다른 일을 하기 전에 글을 쓰게 하기로 정했다. 외부로부터 방해를 받지 않기 위해서 피터는 전화기를 꺼두었고 글 쓰는 시간만큼은 이메일을 체크하지 않기로 했다. 오전 8시, 피터는 아내와 세 아이들과 함께 아침을 먹으려고 잠깐 작업을 중단했다. 베이글이나 머핀, 오렌지 주스 일색이던 아침 식단은 고단백 음료로 대체했다. 아침식사를 마치고 8시 30분부터 10시까지는 다시 아무런 방해도 받지 않고 글을 썼다. 그리고 중간에 20분은 피로를 푸는 휴식을 취했는데 10분간은 가벼운 근력훈련을 하고 나머지 10분 동안에는 명상을 했다. 그러고 나서는 다시 작업에 들어 가기 전 너트 종류나 과일을 먹어두었다.

휴식을 마친 10시 30분부터 12시까지 다시 글을 쓴 다음에는 조깅을 했고 점심을 먹었다. 이렇게 4시간 30분 동안 오전중에 집중적으로 일함으로써 피터는 종전에 하루 10시간 일해서 얻는 결과와 거의 맞먹는 능률을 올릴 수 있었다. 오후에는 책을 읽거나 원고 집필을 위한 자료조사를 하거나 다른 일을 하면서 보냈다. 저녁에는 오전중에 이룬 성과에 기분이 좋아지고 또 휴식을 취할 수 있는 마음상태가 되어 있어 가족과 함께 보내는 시간에 에너지를 집중할 수 있었다.

우리가 감당해야 할 도전적인 일이 빡빡할수록, 우리의 의식ritual도 더 엄격해야 한다. 전투를 준비하는 군인들이 좋은 예다. 그들의 기초 훈련은 아주 정밀하게 이루어지기 때문에, 때로 유약하고 겁이 많은 10대들조차 이 기초 훈련만으로도 임무를 충실히 해낼 수 있는 자신감과 의지를 기를 수가 있다. 병사들의 하루 일과는 모든 면에서 규칙적으로 이루어져 있다. 아침에 일어나 잠자리에 들 때까지, 말하고 걷는 법에서부터 언제 무엇을 먹고 자신을 지키며 긴박한 상황에서 어떻게 생각하고 행동할지에 이르기까지, 모두가 일련의 의식ritual으로 정형화되어 있다. 이런 행동의 규칙들을 지켜야 죽음의 위협에 직면하는 가장 강도 높은 스트레스 상황에 직면해서도 제대로 행동할 수 있기 때문이다.

일관성과 변화의 조화

의식ritual은 또한 우리 삶을 조직적으로 만들어준다. 우리는 수많은 선택과 끊임없이 밀려드는 정보들과 요구사항에 직면해 있다. 한 금융회사의 중견 간부는 이렇게 말했다. "오늘날 미국 업계가 갖고 있는 가장 큰 문제는 아무것도 마무리 지어지는 게 없는 것처럼 느껴진다는 겁니다. 직업상 만족을 얻을 수가 없습니다. 한 가지가 끝나면 또 다른 요구가 닥치기 때문이죠." 그러나 의식ritual은 매듭을 지어준다. 단락을 지어줌으로써 에너지를 새롭게 하고 재충전하는 기회를 얻고, 기다리고 있는 다음 도전 상황에 준비하도록 해준다.

이반 렌들은 서브를 넣으려고 라인으로 걸어 들어갈 때, 항상 손목 밴드로 눈썹을 훔치고 라켓으로 발 뒷꿈치를 뚝뚝 치고 나서 공을 네 번 튀긴다. 그러는 중에 렌들은 마음속으로 자신이 원하는 곳으로 공을 서브하는 모습을 상상한다. 이런 사소한 의식ritual을 하는 동안 렌들은 자신의 에너지 상태를 측정하고 집중력을 키우며 심리적으로 안정을 취하면서 온 관심을 모아 몸과 마음이 최상의 상태로 전력질주하도록 조율하고 있었던 것이다. 말하자면 그는 내부의 컴퓨터를 프로그래밍하고 있었다고 할 수 있다. 그리고 경기가 시작되면 그 프로그램은 자동적으로 작동한다. 성공한 중역이나 중간 관리자나 마케터들은 대개 이런 식으로 뭔가 업무를 수행하기 전에 거치는 의식ritual을 가지고 있다. 중요한 회의를 앞두고 있다면 에너지 상태를 조절하기 위해 간단히 산책을 한다든가 긴장을 풀기 위해 복식호흡을 하고 다루어야 할 중요 안건들을 재검토하거나 자신이 원하는 바를 자기암시로 되뇌면서 확신을 갖기도 한다.

의식ritual이 지속적으로 이루어질 때 변화가 촉진된다. 수천 년 동안 의식ritual은 우리가 일정한 성취를 얻는 데 기여했고 인생의 한 단계에서 다른 단계로 넘어가는 데 원동력을 제공해주었다. 유대교의 성년식, 가톨릭의 견진성사, 생일축하나 무슨 기념일이나 졸업식 같은 것은 하나의 통과의례다. 추수감사절이나 크리스마스 같은 축제 의식은 사랑하는 사람들과 유대감을 다시 확인하고 감사하는 기회를 준다. 결혼식은 혼자만의 삶에서 더불어 사는 단계로 접어들었음을 선포하는 것이다. 광범위하게 보면 의식ritual은 특정한 행사를 통해서 우리 삶에 의미를 불어넣어주는 것이라고 할 수 있다.

불행히도 많은 현대인들은 이러한 의식ritual에 대해 부정적인 감정을 갖고 있다. 물론 부분적으로 종교적 의례나 현실적인 의식ritual이 선택적 자유 없이 주어지고 그냥 삶 속에서 무슨 의무처럼 부과되기 때문이다. 의식ritual이 공허하고 생기 없으며 심지어 억압적인 것으로 느껴지는 이유는 의식ritual이 본래 갖고 있던 깊은 가치와 자신을 연결시키지 못하기 때문이다. 의식ritual과의 유대감이 사라진 것이다. 의식ritual을 생동감 있고 활기차게 하려면 세심하게 균형을 맞추어야 한다. 의식에 형식과 명확함이 없으면 우리는 살면서 그때그때 화급한 요구에 끌려 다니게 되고, 늘 의지나 자기규율에만 의존하게 된다. 반대로 의식ritual이 너무 엄격하고 다양성이 없고 평면적이면, 지루해지고 열정과 생산성을 오히려 떨어뜨리고 몰입하지 못하게 하는 결과를 가져온다.

우리에게 놓인 두 가지 도전은 이렇다. 살면서 갖게 되는 압박감과 긴장이 우리를 제 궤도에서 밀어뜨리려 위협할 때 의식ritual을 더 강화시켜야 하며, 주기적인 변화를 통해 의식이 가져야 하는 신선함을 손상시키지 않도록 해야 하는 것이다. 예를 들면 근력운동 방법도 체계적으로 구성하는 것이 중요하다. 그러나 형식에만 집착하게 되면 운동 자체가 지루해지고 결과도 실망스러워져 결국은 중도에 포기하게 된다. 건강한 의식ritual은 과거의 안락한 영역과 미래의 도전적인 영역 사이에 다리를 놓아준다. 최선의 형태로 습관화된 의식ritual은 변화를 방해하지 않으면서도 융통성 있게 안정감과 일관성의 원천을 제공해준다.

몰입을 위한 핵심 행동들

효과적인 에너지 관리 의식ritual을 만들어 나가는 데 무엇보다도 중요한 것은 적절한 타이밍과 한두 달 정도의 지속성이다. 테드 D.와 그의 부인 도나는 함께 우리 프로그램을 찾았다. 다른 여러 고객들처럼 이 부부 역시 늘 바쁜 생활 때문에 서로를 위해서는 조금도 시간을 낼 수 없다는 게 불만이었다. 테드와 도나는 우편 접수로 물건을 파는 카탈로그 쇼핑몰을 꾸려가고 있었다. 이들 부부가 직장이나 집에서 나누는 대화라고는 사업과 관련된 것 아니면 이제 10대에 들어선 세 아이와 관련된 것뿐이었다.

테드와 도나는 토요일 오전 중에 서로를 위해 한 시간 반 정도 시간을 내는 걸 의식ritual으로 만들기로 했다. 그러나 약속한 첫 토요일이 되었는데도 둘 다 급하게 처리해야 할 일들로 바빴다. 업무상 일을 해결하는 데 한 시간이 훌쩍 지나가 버리고 말았다. 막상 또 대화를 하려고 하자 아이가 와서 스포츠 활동에 태워다달라고 했다. 이 부부가 미처 깨닫기도 전에 매일같이 치러야 하는 일들이 서로 대화할 시간을 방해하고 있었던 것이다.

그 다음 주에도 똑같은 일들이 반복되자 테드는 부부의 대화시간을 오전 8시로 옮기고 그 시간만큼은 무슨 수를 써서라도 방해받지 않도록 하겠다고 결심했다. 그 시간에는 전화도 받지 않고 아이들에게는 방해하지 말아달라고 미리 부탁했다. 효과는 즉시 나타났다. 그러나 몇 주가 지나면서 두 번째 문제가 생겼다. 테드는 마음속에 있는 말을 직설적으로 내뱉으면서 대부분의 대화시간을 독차지했다. 이 문제를 풀기 위해 도나가 먼저 45분 정도 마음 속에 있는 말을 하고 나서 테드가 말을 하기로 했다.

최근 이들 부부와 연락이 된 것은 의식을 정한 지 2년이 지난 후였고 이런 대화시간을 습관화한 이후로 대여섯 번 정도를 빼고 다 지켰다고 한다. 대화시간이 이들 삶에 날실과 씨줄로 깊이 파고들었고 부부가 인정하듯 서로에 대한 이해심과 유대감도 깊어져, 사업과 가정생활이 아무리 바쁘고 힘들어도 어렵지 않게 대처해나갈 수 있게 되었다.

규모가 큰 금융회사에서 천여 명의 금융상담원들을 십여 년째 관리해오고 있던 더그 L.은 의식ritual이 얼마나 중요하지 잘 알고 있었다. 자신에게 가장 중요한 가치가 무엇인지 정의하고 실현하기 위해서 스스로 '핵심 행동Key Behavior'을 정해놓고 실천하고 있었다. 일주일에 하루 저녁은 아내와 밖으로 나가 데이트를 즐겼고 딸들이 참가하는 운동 경기는 헌신적으로 참관했다. 이사로서 좀처럼 시간을 내기 힘들었지만 수요일 오후 1시에는 사무실을 나와 한 시간 동안 테니스를 즐겼고 금요일 1시에는 근처 YMCA에서 한 시간 반 동안 농구를 즐겼다. 비서 또한 이런 그의 스케줄을 일정표에 표시해놓고 급한 일이 아니면 절대 방해하지 않도록 애썼다. 더그의 이런 두 가지 일은 과중한 업무를 처리해야 하는 그가 에너지를 새롭게 하고 회복할 수 있는 중요한 요소가 되었다. 더그는 만약 주중 운동을 해도 되고 안 해도 되는 식으로 여겼다면 결코 오래가지 못했을 것이라고 했다. 아내와의 데이트나 아이들의 스포츠 활동을 참관하는 것 역시 마찬가지였다고 한다.

정밀함과 세분화의 위력

여러 가지 광범위하고 설득력 있는 연구 결과를 통해 볼 때, 특정한 시간을 정해놓고 의식ritual을 할 때라야 성공 확률이 높다. 의식적으로 자기를 통제할 수 있는 능력은 제한되어 있고 또 쉽게 지치게 마련이다. 언제 어디서 어떻게 할 것인지 전부 결정하고 나면 더이상 신경 쓰지 않아도 된다. 많은 실험 결과들이 이를 확증한다.

한 실험에서는 실험 대상자들에게 다가올 크리스마스 이브를 어떻게 보낼 것인가 계획을 세워 이를 보고서로 작성해 제출하도록 했다. 대상자 중 반에게는 보고서를 제출할 장소와 시간을 정확하게 알려주었다. 나머지 반에게는 가이드라인을 주지 않았다. 그 결과 마감시간을 정해 준 참가자들의 약 75%가 제시간에 보고서를 제출했고, 마감시간을 정해 주지 않은 그룹은 1/3만이 보고서를 제출했을 뿐이었다.

또 다른 연구에서는 여성들에게 한달 동안 유방암 자가 진단을 하게 했다. 대상자들을 두 그룹으로 나누어 A그룹에게는 언제 어디서 할 것인지를 쓰도록 했고 B그룹에게는 그런 요구사항을 주지 않았다. 그리고 두 그룹에서 요구사항을 꼭 지키겠다고 말한 사람들만으로 실험 대상을 압축했다. 언제 어디서 자가 진단을 하겠다고 말한 사람들은 거의 100%가 이를 실천했다. 그러나 그런 전제없이 그저 꼭 지키겠다고 약속했던 B그룹 사람들 중에서는 오직 53%만이 약속을 지켰을 뿐이다.

또 한 가지 예를 들어 보자. 전혀 운동을 하지 않는 대학생들에게 체력 훈련에 참가하도록 유도한 실험이 있다. 먼저 이들에게 동기를 부여하기 위해서 운동이 동맥경화와 같은 질병을 예방하고 심장 질환에 걸릴 확률을 낮추는 데 얼마나 효과적인지를 보여주는 여러 자료를 제시했다. 그러자 운동에 참가하는 학생수가 29%에서 39%로 늘어났다. 학생들로 하여금 언제 어디서 운동을 할 것인지 계획을 세우도록 한 다음 이런 자료를 보여주자 운동에 참가하는 학생수가 91%에 달했다.

건강한 식습관을 갖도록 사람들을 설득하는 데도 이런 유사한 결과가 나타났다. 실험 대상자들로 하여금 하루 종일 특정한 음식을 먹도록 강요하기보다는 식사 때마다 자신들이 먹고 싶은 것을 고르게 하자 건강에 좋고 낮은 칼로리의 음식들을 골라 먹는 것으로 나타났다.

무엇보다 가장 극적인 연구 예는 아마도 마약중독자들의 금단반응에 관한 실험일 것이다. 상습적 중독자가 마약 투여를 중단하면 그 욕망을 컨트롤하느라 다른 일을 수행할 능력을 거의 상실하고 만다. 이들 중독 치료 과정에 있는 사람들을 두 그룹으로 나누어, 마약 중독에서 회복한 다음 일정한 직장을 구할 수 있도록 A그룹에게는 마감 기한 없이 짤막한 이력서를 적어 내라고 했다. 그러자 아무도 이력서를 제출하지 않았다. B그룹에게는 언제 어디서 쓰라고 정확히 정해서 똑같은 이력서를 제출하도록 했다. 그러자 거의 80%에 가까운 사람들이 제출했다.

이처럼 의식ritual을 행하는 시간과 계획을 꼼꼼하게 정할수록 긴장감을 갖고 실천하게 된다. 샌프란시스코 풋볼팀의 재능 있는 코치였던 빌 월쉬Bill Walsh는 풋볼에 임하는 자신의 자세에 대해서 짤막하게 말했다. "항상 제대로 하는 것에 초점을 맞추어야 한다. 매일같이 매 게임마다 연습 때나 전략회의 때나, 모든 상황 모든 시간에." 월쉬가 말한 요점은 모든 영역에 적용된다. 연습이 완벽해야 실전에서 완벽한 성과를 얻을 수 있다. 아니면 적어도 완벽을 지향할 수 있다. 특별히 긴장하거나 스트레스를 받지도 않았는데도 업무를 효과적으로 수행하지 못한다면, 긴장감이 높고 위기상황이 닥치면 더군다나 능력을 발휘할 수 없다. 정밀한 의식은 긴장감 속에서 생겨나는 두려움이나 산만함 같은 요소를 멀리 떨쳐버리게 한다. 월쉬는 이렇게 설명했다. "불리한 상황에서는 생각을 해야 하는 사람들의 할 일이 적을수록 더 좋은 결과가 나온다. 압박감 속에 있을 때 우리 정신은 우리를 더 잘 속일 수 있다. 더 집중된 상태로 있어야만 비범한 상황을 더 원활하게 다룰 수 있다."

정밀함precision과 세분화specificity를 통해서 우리의 의식ritual은 내면의 깊은 가치로부터 계속해서 연료를 공급받을 수 있게 된다. 비전 선언문을 쓰는 것만으로는 충분하지 않다. 정기적으로 자신이 갖고 있는 이런 비전을 반복적으로 상기하면서 의식ritual을 만들어가야만 비전이 제시하는 통일적인 에너지원과 맞닿을 수 있다. 소아 신경외과의사인 벤 카슨Ben Carson은 "아침마다 잠시 명상을 한다든가 조용히 뭔가 읽는다든가 하는 의식ritual을 하게 되면 그 분위기가 하루 종일 지속된다. 나는 매일 아침 30분 동안 성경 잠언 부분을 읽는데 잠언에는 여러 가지 지혜가 실려 있다. 잠언 16장 32절을 보면 '화를 다스릴 줄 아는 자는 권력을 가진 자보다 낫고, 자신의 영혼을 지배할 줄 아는 자는 한 나라를 다스리는 자보다 더 낫다'는 구절이 나온다. 나는 이 구절을 음미하며 하루를 시작한다."

우리 고객들은 저마다 목표를 위해 의식ritual을 개발해왔다. 어떤 사람은 아침에 일어나면 몇 분 동안 다이어리에 글을 쓴다. 어떤 사람은 명상을 하거나 영감을 주는 글을 읽거나 샤워를 하면서 자신을 관찰한다. 어떤 사람은 자기 홈페이지에 비전 선언문을 올려놓고 휴식할 때마다 페이지를 열어 상기한다. 어떤 고객은 개인적으로나 직업적으로 자신이 성취하고 싶은 덕목을 적어 코팅해서는 운전석 햇빛 가리개 속에 넣어두고, 사무실로 가는 도중에는 직업적으로 성취하고 싶은 덕목의 카드를 꺼내보고 저녁에 집으로 돌아올 때는 가정생활에서 실천하고픈 덕목의 카드를 펼쳐 본다고 한다. 우리가 갖고 있는 목적의식에 공감하느냐가 중요한 것이 아니라, 오히려 그것을 습관으로 만드는 것이 관건이라고 할 수 있다.

하겠다 VS 하지 않겠다

"과식하지 않겠다", "화를 내지 않겠다"는 식으로 부정적인 어법을 사용해 의지를 다지는 일은 한정된 에너지 탱크를 빠르게 고갈시킨다. 뭔가를 하지 않겠다고 하는 의지는 계속적인 자기 통제를 필요로 한다. 아주 습관화된 일이나 사회생활 혹은 술을 마시거나 단것을 먹는 유혹에 대처하는 일에서 특히 그렇다. 특정한 상황에 대비해 긍정적인 행동을 디자인하는 것은 '우위에 놓는priming'일이라고 부를 수 있다. 과식의 유혹이 있을 때, '디저트를 먹고 싶으면 과일 한 쪽 정도로 해결하겠다'고 생각하는 것이 '우위에 놓는' 의식ritual이다.

조지는 조그만 컨설팅 회사에서 이사로 일해왔다. 그는 기분이

안 좋을 때나 뭔가 잘 풀리지 않을 때면 자제력을 잃어버리곤 해서 아주 힘들어 했다. 이런 단점 때문에 직장 내 인간관계가 나빠졌고, 스스로도 친절을 제일의 가치로 여겼기 때문에 자신에 대한 실망감이 이만저만이 아니었다. 더 깊이 들여다보자, 조지는 장시간 휴식도 없이 일할 때나 정기적인 간격을 두고 식사를 하지 못했을 때 특히 쉽게 화를 내는 것으로 나타났다. 자신의 충동적인 성격을 조절하려고 수없이 노력했지만 며칠이 지나면 예전의 익숙한 상태로 돌아가곤 했다.

첫 번째로 조정이 필요한 것은 휴식과 규칙적인 식습관이었다. 우리는 금지하고 자제하는 행동보다 대안적인 행동에 집중하게 했다. 그 첫 번째 실천으로 화가 치밀어 오를 때는 즉각 심호흡을 몇 차례 하고 그 순간에는 아무 말도 하지 않도록 했다. 그리고 말을 해야 할 때는 되도록 목소리를 낮추도록 충고했다. 조지는 감정이 치밀어 오르면 큰 목소리로 말하는 경향이 있었는데 화를 더 돋우는 것은 물론 다른 사람들의 감정까지 상하게 했다. 그리고 마지막으로 미소를 짓도록 했다. 물론 처음에는 이를 실천하기 어려웠다. 그러나 여러 연구 결과 미소를 지으면 화를 누그러뜨리고 전투 - 도주 반응을 누그러뜨리는 것으로 나타났다. 화가 났을 때 미소를 짓는 것은 사실 거의 불가능에 가까운 일이다.

물론 처음부터 이렇게 행동하는 것은 아주 쑥스럽고 어려운 일이었다. 여러 힘든 상황이 닥치면서 조지는 자신이 지켜야 할 일들을 잊곤 했다. 그러나 몇 주가 지나자 조지는 가장 스트레스가 심각한 상황이 아닌 때에는 앞서 든 여러 의식ritual을 거의 자동적으로 지키게 되었다. 조지가 무엇보다 놀란 것은 화가 난 상태에서 미소를 짓기 시작하자 상황이 전혀 새롭게 보인다는 것이었다. 조지는 예전보다 더 부드럽고 덜 조급하고 유머감각까지 갖추게 되었다.

사소한 것으로부터의 변화

변화는 예전의 안락하고 편안한 상태를 넘어설 것을 요구하기 때문에 아주 사소하고 작은 일에서부터 시작하는 것이 최선의 방책이다. 우리는 새해가 시작될 때마다 운동을 한다든가 몸매를 더 아름답게 하겠다는 결심을 하곤 한다. 결심과 열정으로 가득 찬 당신은 곧바로 헬스클럽을 등록하고 조깅을 시작하고 일주일에 세 번씩 근력훈련을 한다. 다이어트를 하겠다고 맹세하는 경우도 마찬가지다. 칼로리 섭취를 반으로 줄이고 당분 섭취를 중단하고 양질의 탄수화물 섭취를 하겠다고 결심한다. 일찍 자고 일찍 일어나겠다고 다짐한다. 그리고 거창하게 새로운 계획표를 세운다.

그러나 열흘도 못 가서 다이어트는 실패하고 헬스클럽에는 이틀 정도밖에 가지 못하고 수면 습관도 바꾸지 못해 늦게 자고 늦게 일어난다. 도대체 왜 이런 일이 생기는가? 문제는 너무나 많은 것을 너무 빨리 성취하려고 한 데 있다. 의지와 자기규율이 쓸 수 있는 에너지는 아주 한정적인데도 너무 과도한 요구를 한 것이다. 그래서 에너지를 쉽게 고갈시켜 버린 것이다. 더 나쁜 것은 계획표를 지키지도 못하고 이제까지의 습관도 버리지 못할 것이라는 부정적인 생각이 악순환의 고리가 되어 반복된다는 것이다.

방법은 아주 작은 일에서부터 의식ritual을 만들어나가는 것이다. 한번에 한 가지씩 지킬 수 있을 정도로 적당한 목표를 정해야 한다. 하루 종일 책상에 앉아서 업무를 보는 사람이라면 운동을 하고 싶다고 해서 일주일에 5일, 하루에 5km를 조깅하겠다는 식의 계획을 세워서는 안 된다. 정확하게, 감당할 수 있는 양을 계산해서 훈련 계획을 짜야 성공 확률이 더 높아진다. 처음에 운동을 시작하려면 일주일에 세 번 정도 하루에 약 15분 정도 걷는 것부터 시작하는 것이 바람직하다. 물론 점차로 그 양과 시간을 늘려나가겠다는 마음을 갖고서 말이다. 늘 이전과 같은 편안한 상태를 고수한다면 변화와 발전은 절대 오지 않는다. 물론 포기하고 싶을 정도로 과하게 운동을 해도 역시 성공하기 힘들다. 과정을 진행하면서 단계별로 조그만 성취를 이루어나가는 것이 훨씬 바람직하다. 자신감은 더 과감한 변화를 추구할 수 있는 인내심의 원동력이 된다. 우리는 이를 '의식ritual의 연속'이라고 부른다.

기초 트레이닝

315쪽의 참고자료를 보면 '코퍼레이트 애슬렛 개인 개발 계획full Corporate Athlete Personal Development Plan'이라는 항목이 있는데, 이 계획표를 통해 당신은 자신의 핵심 가치를 정의하고 비전을 발전시키고 당신이 가진 1차적인 성과 장벽을 발견하고, 매일 자신이 헌신하는 것에 책임을 지는 과정으로 한 단계 한 단계 나아가게 될 것이다. 여기서 우리가 발견한 두 가지 행동 전략은 새로운 의식ritual이 한두 달 정도의 기간에 드라마틱하게 정착될 수 있는 가능성을 높여준다. 이런 행동 전략을 기본으로 새로운 행동 패턴이 자동적으로 실현되기까지는 한달에서 두 달 정도의 시간이 필요한데 이를 기초 트레이닝이라고 부른다. 이 기초 트레이닝은 의식이 가장 효과적이고 성공적으로 자리 잡을 수 있는 토대가 된다.

의식ritual을 차트로 만들라

차트에는 여러 형식이 있을 수 있지만 목적은 하나다. 당신이 얻고자 하는 것이 아니라, 그 과정에서 당신 자신이 바라는 행동 지침을 분명히 하면서 당신의 비전을 반복해서 상기하고 매일의 의식ritual을 정착시키기 위한 것이다. 우리 고객 중 일부는 5~10분 사이에 이 과정을 끝내기도 하고 어떤 사람은 30분~1시간이 걸리기도 한다. 어떤 고객은 샤워를 하는 동안 하기도 하고, 또 어떤 사람은 조용한 방에 앉아서 하며, 어떤 사람은 걷거나 조깅을 하면서 이 의식을 반복한다. 출퇴근 시간을 이용하는 것도 좋은 방법이다.

의식ritual을 차트로 만드는 데는 여러 요소들이 있다. 어떤 고객은 관대함, 공감, 성실함, 자신감과 같은 가치를 마음 속으로 되뇌며 자신도 그럴 수 있다는 자기 확신을 가지는 것이 어떤 행동을 하거나 특별한 목적을 성취할 때 원동력으로 작용한다고 말한다. 또 어떤 사람은 자신 앞에 놓인 도전적인 상황을 성공적으로 해결하는 것을 상상하면 그 무엇보다도 힘을 얻게 된다고 한다. 또 어떤 사람은 특정한 시간을 따로 떼어내 자신의 비전을 반추해보면 아주 효과적이라고 말하기도 한다. 글로 뭔가를 쓰거나 명상을 하거나 기도를 하는 방법도 있다.

샐리 F.는 도심의 공립학교 교사로 일하고 있었다. 샐리는 이상주의적인 교육관을 가지고 있던 탓에 학생들을 규율하고 교실에서 질서를 잡으려고 대부분의 시간을 보내곤 했다. 샐리는 좌절감을 없애고 긍정적인 에너지를 높이기 위해서 일에 대한 긍정적인 감정들을 고무시켜야 했기 때문에 아침 의식ritual을 만들어가기로 했다. 우리 프로그램이 제시하는 기초 트레이닝을 마친 샐리는 매일 아침 인내심, 다른 사람에 대한 존중, 감사, 겸손과 같은 네 가지 가치를 되새기면서 하루를 시작했다.

스트레스가 심한 날에는 부정적인 감정에 사로잡히지 않으려고 노력하는 게 무척이나 힘들었다. 그러나 샐리는 몇 가지 몰입의 법칙을 확립하면서, 내면적 가치에 토대를 두고 자신의 에너지를 어떻게 관리할 것인지에 따라 생활할 수 있었기에 낙담하지 않았다. 가르치는 일이 주는 기회를 긍정적인 감정으로 음미할 때면 더욱 에너지가 넘쳐났고, 그럴 때면 더 인내할 수 있고 균형을 잡을 수 있었을 뿐 아니라 학생들을 더 고취시키고 영감을 줄 수 있었다.

의식ritual이 가져온 결과를 차트로 만들어라

의식ritual이 꾸준한 변화를 가져오도록 하기 위해 두 번째로 필요한 과정은 매일 하루를 마감하면서 그날을 정리하는 일이다. 정리한다는 것은 자신이 의도했던 바와 실제 행동과의 차이를 솔직히 인정하고 직시하는 것을 의미한다. 건강한 식습관을 들이기 위해 노력하고 있다면 언제 무엇을 먹을 것인지를 정하고 이를 습관화하는 게 중요하지만, 또한 하루를 마감하면서 얼마나 계획한 대로 실천했는지 되돌아보는 것 역시 중요하다. 어떤 일이든 우리가 정성을 기울이는 일은 다 마찬가지다. 목표를 정의하고 그 결과를 가지고 매일 자신에게 책임을 묻는 것은 당신이 만들어나가는 의식ritual에 초점과 방향을 제시한다. 많은 우리 고객들에게 유용했던 방법은 매일 그날의 책임량accountability log을 체크하는 것이었다. 침대 머리맡에 종이 한 장을 붙여놓고 그날 하루 목표한 바를 실천했는지 못했는지 간단히 예, 아니오로 표시했다. (314쪽에 있는 책임량 샘플 참조)

벤처 캐피탈 회사인 클라이너 퍼킨스 카울필드 앤드 바이어스 Kleiner, Perkins, Caulfield and Byers의 파트너인 위노드 코슬라Vinod Khosla는 이렇게 말했다. "자신의 배터리를 어떻게 충전해야 할지 아는 것은 대단한 일입니다. 하지만 실제 이를 실천하는 것이 더 중요하지요. 나는 집에서 가족과 함께 저녁식사를 하기 위해 몇 번이나 제 시간에 귀가했는지 기록으로 남깁니다. 매달 비서가 정확한 숫자를 내게 알려줍니다. 기업도 항상 당신의 성과를 숫자로 계산하지 않습니까? 누구나 자신이 우선순위로 삼는 것을 의식ritual으로 만들어야 합니다. 나는 한달에 적어도 25일은 집에서 가족과 함께 저녁식사를 하는 것이 목표입니다. 정확한 숫자를 목표로 삼는 것이 중요합니다. 매달 자신이 실천한 일을 기록으로 남기면 결코 빼먹을 수가 없게 되지요. 기록표가 내 실천 여부를 적나라하게 보여주기 때문입니다."

불 속에 발을 집어넣고 있을 때는 부족한 자신을 탓하거나 판단할 겨를이 없다. 부정적인 동기는 생명력이 짧고 에너지만 고갈시킨다. 매일같이 그날의 결과를 정리하는 것은 자기기만을 막는 보호장치이자 우리 앞에 여전히 어떤 장벽이 남아 있는지 알려주는 정보라고 할 수 있다. 특정한 의식ritual을 실행하거나, 추구하는 결과를 얻는 데 실패하는 이유는 몇 가지로 설명할 수 있다. 의식ritual이 내면적 가치에 뿌리 내리지 못하고 있거나 자신이 설정한 미래 전망이 당신을 별로 끌어당기고 있지 않기 때문이다. 또는 당신이 설정한 목표가 너무 과도하게 야망에 차 있어서 속도를 좀 늦추어야 할 필요가 있을 수도 있다. 당신이 실행하는 의식ritual이 잘못되어 다시 구성해야 할 필요가 있을 수도 있다. 새로운 의식ritual의 실행에 실패한 이유 중에는 기존의 행동을 유지하고자 하고 변화에 저항하며 변화로부터 얻어지는 이익을 은폐하는 본능의 작용도 있다. 이유와 변명이 어떻든간에 매일같이 그날그날의 진행과정을 측정하면서 그것을 가지고 자신을 탓해서는 안 된다. 대신 변화의 과정 속에서 뭔가 지침이 될 수 있도록 해야 할 것이다. 성공을 축하하고 강화시키는 것에서도 가치를 이끌어낼 수 있지만, 실패를 연구하고 이해할 때도 그만큼의 가치를 얻을 수가 있다.

마음에 새겨둘 것

· 의식ritual은 우리에게 어떤 임무가 주어지더라도 효과적
으로 에너지를 관리할 수 있도록 해준다.

· 의식ritual이란 우리 인생의 여러 차원에서 가질 수 있는
가치나 우선순위를 실제 행동으로 바꾸는 방법론을 제공
한다.

· 어떤 분야에서든 성공한 사람들은 자신의 에너지를 관리
하고 규칙적인 행동을 하게 해주는 긍정적인 의식ritual을
갖고 있다.

· 자기통제를 요구하는 것 자체가 제한적인 에너지원에 의
지하고 있다는 사실, 그것이 의지와 자기규율이 갖는 한
계다.

· 가치로부터 원동력을 받아 가능한 빨리 습관화된 의식
ritual을 만들 때 우리는 의지와 자기규율이 갖는 한계를 상
쇄할 수 있다.

· 의식ritual의 가장 중요한 역할은 완전한 몰입을 위해 에
너지 소비와 회복의 균형을 효과적으로 맞춰준다는 것
이다.

· 우리에게 닥친 도전이 힘들고 압박감이 클수록 의식ritual

을 더 꼼꼼하고 정확하게 만들 필요가 있다.

· 정밀성과 세밀함은 한두 달 동안 의식ritual을 습관화하는
데 중요한 요소다.

· 뭔가 하지 않겠다는 결심은 의지와 자기규율이라는 한정
된 에너지 탱크를 빠르게 고갈시킬 뿐이다.

· 지속적으로 변화를 가져오기 위해서는 한번에 한 가지 변
화를 꾀하는 데 초점을 맞추면서 연속적으로 의식ritual을
만들어가야 한다.

Chapter11 로저 B. 새로운 삶을 살다
몰입에너지가 바꾸어 놓은 삶

로저는 우리에게도 아주 힘든 고객이었다. 로저가 갖고 있던 장벽이 우리가 통상 마주치는 고객들의 장벽에 비해 훨씬 극복하기 어려워서가 아니라, 변화를 가져오는 최초의 동기가 아주 느리게 작용했기 때문이다.

로저는 신경질적인 태도로 우리 연구소를 찾아왔다. 그도 그럴 것이 로저의 상사가 그를 우리에게 보내기 위해 기울인 갖은 노력이 오히려 로저에게 소외감을 부추기는 결과가 되었던 것이다. 트레이닝에 들어가기 전에 기본적인 자료들을 작성해서 제출해야 하는데 로저는 제 시간을 지키지 않았고, 첫날부터 우리 프로그램에 대해서 아주 회의적이었고 중간 휴식시간에는 주차장에 있는 자기 차로 가서 전화를 하거나 단말기로 이메일에 답신을 보내기도 했다. 긍정적인 출발은 전혀 아니었다.

'진실과 대면하기' 과정에서는 우리가 무슨 말을 하건 건성으로 들어 넘겼다. 그러나 우리는 이를 희망적인 표시로 받아들였다. 누구나 자신이 처해 있는 현재의 상황을 불편하게 느끼기 전까지는 변화하고자 하는 의지가 생기지 않기 때문이다.

로저에게 의외로 효과가 있었던 것은 '신체 테스트' 결과였다. 로저 스스로는 아직까지 자기 몸이 보기 흉한 정도는 아니라고 생각해왔지만 그것은 대부분 과거 기억의 조작일 뿐이었다. 젊은 시절에 비해서 상대적으로 비활동적이었던 지난 20여 년 동안 자신의 신체적인 능력이 얼마나 감퇴했는지 한 번도 생각해보지 않았던 것이다. 로저는 자신이 상상 외로 비만도가 높고 심폐기능과 근력이 낮아진 것을 보고 충격을 받았다. 그보다 더 큰 충격적인 사실은 높아진 혈압과 상대적으로 높은 알코올 소비, 주기적으로 높은 스트레스와 흡연, 콜레스테롤 수치의 증가와 비만이 심장병의 위험을 높이고 있다는 사실이었다. 실제 로저의 주치의는 이미 체중을 줄이고 규칙적으로 운동을 할 것을 충고했지만, 로저는 그것을 당장의 급한 일로 받아들이지 않았다.

로저는 우리 프로그램에서 제시한 설문에 대한 동료들의 답변 결과를 보고 또 한 번 놀라지 않을 수 없었다. 아주 비판적이고 인내심이 부족하며 쉽게 화를 낸다는 평가를 받았던 것이다. 종종 화가 치밀고 부정적인 기분이 들 때도 있긴 하지만 그 나름대로는 잘 참고 다른 사람을 친절하고 정중하게 대했다고 생각했다. 그는 이렇게 반응했다. "받아들이기 힘들군요. 이들은 내가 얼마나 심한 중압감에 시달리고 있는지 눈곱만큼도 이해하지 못할 겁니다. 나는 희생자일 뿐인데 이런 나를 비난하다니요."

그러나 그의 아내나 아이들도 그를 인내심이 부족하고 화를 잘 내는 사람으로 보고 있냐고 문자 로저는 기운이 쭉 빠져 의자에 몸을 기댔다. 그리고 몇 주 전에 앨리사와 있었던 이야기를 우리에게 해 주었다. 9살 난 앨리사를 토요일 체육활동이 끝나고 데려오면서 근처 식당에 점심을 먹으러 갔다. 앨리사와 로저가 함께 시간을 보내는 것조차도 아주 드문 일이었다. 앨리사는 할머니가 최근에 선물로 짜준 스웨터를 입고 있었다. 그런데 앨리사가 점심을 먹다가 토마토주스 잔을 넘어뜨려 스웨터를 더럽히고 말았다.

로저는 화를 내며 칠칠치 못하다고 앨리사를 마구 나무랐다. 앨리사는 아빠에게 사과하려 했지만 로저는 계속해서 화만 냈다. 마침내 앨리사는 훌쩍거리면서 이렇게 말했다. "아빠는 항상 나한테 소리만 질러요. 왜 나를 그렇게 미워하는 거죠?" 로저는 심장을 칼로 도려내는 듯한 아픔을 느꼈노라고 우리에게 말했다. 그리고 자신이 직장생활에서 얻는 좌절과 근심을 앨리사에게 화풀이하고 있다는 것을 깨달았다고 한다. 더구나 로저는 앨리사가 자신에게 말한 것이 모두 사실임을 뼈저리게 느꼈다. 같이 보내는 시간도 별로 없는데도 그때마다 사소한 것을 트집 잡았고 화를 참지 못했던 것이다. 로저는 이 말을 하면서 작은 딸과 아내에게도 똑같이 그랬던 것을 새삼 느끼게 된다. 로저는 직장 동료들도 아마 그렇게 느꼈을 거라고 고백했다.

원동력이 되는 목적의식

목표를 규정하는 단계에서 로저가 처음 해야 할 숙제는 자신의 내면 깊숙한 곳에서 우러나오는 가치가 무엇인지 들여다볼 수 있도록 고안된 일련의 설문에 답하는 것이었다. 앞서 나왔듯이 우리가 "당신이 임종의 순간에 있다고 하자. 이 세상을 살면서 얻은 가장 중요한 교훈은 무엇이라고 생각하는가?"라고 묻자 그는 다음과 같은 대답을 했다.

1. 사랑하고 존중하는 사람과 결혼하고 가족을 가장 소중하게 여긴다. 그 밖에 다른 것은 왔다 사라지지만 친밀한 가족의 끈만은 영원하다.
2. 열심히 일하고 기준을 높이 세우며 한 가지를 성취했다고 해서 결코 안주하지 않는다.
3. 다른 사람을 존중하고 친절하게 대한다.

전날 우리에게 들려주었던 이야기와 그가 아이들에게 물려주고 싶은 교훈은 분명 상반되는 것이었고, 이 점을 로저도 잘 알고 있었다. "위선자처럼 보인다는 거 잘 압니다만, 거기에 미치지 못한다고 해도 이건 제 아이들한테만은 꼭 가르쳐주고 싶은 교훈입니다."

두 번째로 "당신이 깊이 존경하는 사람을 떠올리고 그 사람의 어떤 면을 존경하는지 쓰시오"라는 설문에 로저는 재단사로 출발해 나중에 세탁소를 경영했던 자신의 아버지를 꼽았다.

"나는 항상 아버지가 지니셨던 위엄과 상냥한 태도와 성실성을 존경해왔습니다. 당신이 하는 일에 자부심을 가지고 계셨고 고객 하나하나에게 관심과 배려를 아끼지 않으셨죠. 그리고 가족에게도 늘 한결같으셨습니다. 하루 종일 고되게 일하시는데도 지친 모습을 보이시거나 화를 내거나 하지 않으셨죠." 로저는 또 자신의 장점을 완전히 발휘했을 때의 모습을 설명하라는 질문에 "유쾌하고 남들을 배려하며 세심하고 창조적이며 아주 믿을 만한 사람"이라고 대답했다.

로저는 중요한 5가지 가치로 친절함, 탁월함, 가족, 성실성, 건강을 꼽았다. "앞의 4가지는 제 부모님으로부터 영향을 받은 것들입니다. 솔직히 이 프로그램을 시작하기 전에는 건강을 중요한 가치에 두지 않았죠. 하지만 그동안 나 자신을 얼마나 위기로 몰아왔는지, 그 결과가 어떨지 뻔히 보이는 이 시점에서 건강은 그 어느 때보다도 중요하다는 것을 깨달았습니다."

목표 규정 단계의 마지막 코스는 비전 선언문을 작성하는 것이었다. 아래는 로저의 비전 선언문이다.

내 인생에서 가장 중요한 것은 아내와 아이들이다. 함께 있는 시간에는 가족들에게 내 에너지와 관심을 쏟을 것이다. 이를 가능하게 하기 위해서 내 몸과 건강을 챙겨야만 한다. 직장에서는 탁월한 업무 수행을 할 수 있도록 기준을 높이 세우고, 리더로서 내가 중요하게 생각하는 가치들, 즉 친절과 다른 이에 대한 배려, 성실함과 같은 가치를 실현하는 데 모범을 보일 것이다. 다른 사람들이 자신감을 갖도록 하고 내가 그들에게 관심을 갖고 있으며 그들 모두 나에게 중요한 사람들이라 여긴다는 믿음을 갖도록 하겠다. 무엇을 하든 성의를 다할 것이다.

실제 새로운 행동 계획을 세울 때 로저는 자신의 중요한 가치와 현재 그가 가지고 있는 성과 장벽 즉, 인내심 부족, 부정적 감정, 피상적인 인간관계, 열정의 부족에 초점을 맞추었다. 로저는 너무 많은 것을 시도하다 실패할까 주저하는 마음이 들었다. 충분히 있을 수 있는 일이었다. 우리는 거창한 계획을 세우고 나서 실패하느니 조그만 일에서부터 변화를 시도하라고 지적했다. 로저는 먼저 자신의 신체 능력을 기를 수 있는 의식ritual부터 만들어나가겠다고 결심한다. 단지 건강을 개선시키기 위해서가 아니라, 업무상 쟁점이 되는 모든 것들이 하나같이 불충분한 에너지 때문인 것으로 나타났기 때문이다.

로저는 첫 번째 의식ritual으로 일주일에 적어도 세 번(화요일과 금요일 오후 1시, 토요일 오전 10시) 운동하는 것으로 정하고, 식습관도 더 영양가 있는 음식을 주기적인 간격으로 먹기로 했다. 그가 두 번째 의식ritual으로 만들고 싶어 한 것은 가족들과 더 많은 시간을 보내는 것이었다. 적어도 저녁 6시 30분에는 퇴근하고 고객과 밖에서 외식하는 날은 일주일에 두 번 정도로 한정시켰다. 그 외의 세부적인 사항은 아내와 함께 짜고 싶어 했다. 이렇게 변화를 시도한다면 로저는 자신의 에너지와 인간관계나 업무수행에도 큰 영향을 미칠 거라는 확신을 갖게 되었다. 우리와 함께 이틀하고도 반나절을 이런 계획들을 짜면서 보내는 동안 로저는 아주 고무되어 있었고, 앞으로 겪게 될 변화에 대해서 흥분된 마음으로 기대하고 있었다.

로저, 울음을 터트리다

프로그램을 마치고 집으로 돌아가는 비행기를 타기 전, 로저는 업무가 돌아가는 상황을 알아보기 위해 휴대단말기를 열어보았다. 무려 134개의 이메일과 45개의 음성메일이 그를 기다리고 있었고 업무상 급하게 처리해야 할 일이 무려 대여섯 가지나 있었다. 로저는 너무나 당황했고 집에 돌아와서도 아내와 아이들과 제대로 인사도 나누지 못했다. 대충 인사를 하고 곧장 서재로 들어간 그는 일에 몰두하기 시작했다. 다음날 아침, 평소보다 더 일찍 일어난 로저는 새벽같이 집을 나섰다. 아침은 물론 먹지 못했다. 근처 델리에서 도넛과 커피로 허겁지겁 아침을 해결한 로저는 사무실로 직행했다. 그리고 무려 네 시간 동안 12가지 이슈와 씨름을 하고 전화를 받고 회신을 보냈다. 점심은 자기 책상에 앉은 채 근처 매점에서 배달시킨 피자 두 쪽으로 해결했다. 오후 중 중간휴식을 하기로 했던 스케줄은 뒤로 미뤄졌고 다음날부터 하면 된다고 스스로를 위로했다. 레이첼에게 집에 일찍 들어가겠다고 약속했지만, 7시 30분이 되도록 일은 끝나지가 않았다.

집으로 돌아오는 길, 거의 녹초가 되고 기운이 빠진 로저는 운전석에 앉아 가만히 생각해보았다. 탈출구는 보이지 않았다. 그렇게 낙관적이고 희망적인 계획을 세웠건만 채 며칠도 되지 않아 자신이 출발했던 지점으로 되돌아가고 있었다. 집에는 8시 30분이 되어도 도착하지 못할 터였다. 레이첼은 분명 화가 나 있을 테고 아이들과 놀아주지도 못할 거라는 예감에 힘이 빠졌다. 서류가방 속에는 아직도 처리해야 할 밀린 일감이 잔뜩 들어 있었다.

집으로 향하는 인터체인지를 빠져나오는 순간 로저는 자신도 알 수 없는 감정에 복받치기 시작했다. 집까지 불과 다섯 블록 남은 공원 앞을 지나는데 감정이 복받쳐서 도저히 운전을 할 수가 없었다. 차를 길가에 대는 순간 눈물이 두 볼을 타고 흘렀다. 마지막으로 울어본 것은 20년 전 결혼식에서였고 그때는 기쁨의 눈물이었지만, 지금 이 순간 흘러내리는 눈물은 인생에 대한 깊은 연민과 슬픔에서 나오는 것이었다. 로저는 너무 오랫동안 그 슬픔들을 참아왔던 것이다. 로저는 순간 집으로 달려가서 아이들과 아내를 껴안고 얼마나 그들을 사랑하는지 얼마나 보고 싶어 했는지 말해 주고 싶었다.

몇 블록을 운전해서 집으로 돌아가는 동안 로저는 기분이 더 나아지고 가벼워지는 걸 느꼈다. 현관문을 열자마자 아이들과 아내를 불렀지만 아무런 대답이 없었다. 부엌과 거실을 둘러보지만 아무데도 보이지 않았다. 레이첼은 로저가 퇴근하는 시간이면 피곤하고 지쳐 있을 거라는 생각에 오래전부터 아이들이 아빠를 방해하지 않도록 주의시켜 왔었다. 그러나 로저는 그날만큼은 계단을 올라가 앨리사의 방으로 들어갔다. 아이들이 놀고 있었다. 아이들을 보자 로저는 무릎을 꿇고 두 팔을 벌렸다. 아이들은 곧장 아빠 품으로 달려들었다. 아이들을 팔에 안자 다시 눈물이 하염없이 흐르기 시작했다. 잠시 후 레이첼이 들어왔다. 레이첼은 문가에 서서 놀라는 표정으로 이렇게 말했다.

"세상에, 아무 말도 하지 말아요. 당신 해고된 거예요?"

로저는 눈물 사이로 미소를 지어보였다.

"아니야. 그런 게 아냐. 그냥 가족들을 보니 행복해서 그래."

다음날 아침 로저는 그 어느 때보다도 나아진 기분으로 침대에서 일어났다. 그리고 아이들이 일어나기 전에 레이첼과 함께 아침을 먹었다. 직장에서 오전중에 할 일이 쌓여 있었지만 점심시간 때만큼은 반드시 회사 근처 헬스클럽으로 가서 운동을 하리라 다짐도 했다. 8개월 전 레이첼이 크리스마스 선물로 준 멤버십 카드를 처음으로 이용하는 것이다. 운동을 마치자 몸은 약간 피곤하긴 하지만 기분은 아주 새로워졌다. 햄버거와 프렌치프라이 대신 근처 델리에서 다양한 샐러드로 점심을 들었다. 오후 내내 아주 오랫동안 느껴왔던 피로감이 덜 느껴졌다. 6시 30분이 되어 기분이 날카로워지자, 사무실을 나왔다.

집 근처 공원 가까이 가자 전날 밤과 똑같은 감정이 복받쳐 올랐다. 로저는 이번에도 차를 주차시켜야 했고 다시 흘러내리는 눈물을 주체할 수가 없었다. 이번에도 얼른 가족들에게 가서 그들을 안고 싶었다. 집에 도착하자 거실에서 두 아이들이 놀고 있었다. 로저는 역시 팔을 벌렸고 아이들은 아빠에게로 달려왔다. 그러자 또 눈물이

두 볼을 타고 흘렀다.

앨리사가 소리쳤다. "엄마, 아빠가 또 울어."

로저에게 새로운 변화가 시작되다

그 후 6개월 동안 퇴근하면서 집 근처 공원에 몇 분 간 차를 세우지 않는 날이 다섯 손가락으로 꼽을 정도밖에 되지 않을 만큼 반복되었다. 눈물이 흐르는 것은 멈췄지만 뭔가 주체하기 힘든 감정은 쉬 가라앉지 않았다. 공원 근처에 잠시 주차하는 일이 하나의 의식ritual이 되어 내면 깊은 곳에서부터 뭔가 변화가 일어나는 계기가 되어 주었다. 이제 매일 공원 옆에 잠시 차를 세워놓고 로저는 업무에 관계된 일은 뒤로 남겨놓고 가족들이 왜 가장 중요하며 자신은 누구와 함께 있고 싶어 하며 언제 그들과 함께 할 것인가를 조용히 반추하고 가치를 되새기기 시작했다. 몇 년 동안 퇴근하면서 느꼈던 감정이라고는 한 가지 일을 겨우 끝내놓고 또 다른 일을 하러 간다는 기분이었다. 로저에게 이제 가족은 에너지를 새롭게 해주는 원천이 되었다. 저녁 6시 30분이면 어김없이 사무실을 떠났고 운동 역시하지 않으면 안 되는 일로 만들었다.

집으로 돌아간 후 3주가 되자 로저는 아이들을 위해서 두 번째 의식ritual을 하나 만들었다. 즉 아이들이 깨어나기 전에 일찍 집을 나서는 로저는 매일 간단한 메모를 써 아이들 방문 틈으로 밀어 넣었다. 아이들을 볼 수는 없지만 아이들과 친밀감을 유지하는 하나의 방법이었고 자신의 인생에서 그들이 얼마만큼 중요한지 확신시켜 주는 일이기도 했다. 그리고 그 일 자체가 하나의 큰 즐거움이 되었다. 훗날 로저는 이를 간단히 '로저의 규칙Roger's Rules of Order'이라는 이름으로 불렀다. 어느 일요일 저녁 로저는 대학시절 신문에 그리곤 했던 카툰을 아이들에게 하나씩 그려주었다. 출장을 가게 되면 아침에 두 딸에게 이메일을 보냈다. 이런 의식이 얼마나 중요한지 깨닫게 된 것은 바빠서 메모를 넣어주지 못했던 날 저녁에 앨리사가 문간에서 아빠를 기다리다가 팔에 매달리며 "아빠, 오늘 아침엔 뭐 잊어버리신 거 없어요?"라고 물었을 때였다.

로저는 아내와 아침식사를 하는 것을 또 다른 의식ritual으로 만들었다. 오트밀이나 달걀 흰자 오믈렛, 단백질 음료로 식단을 바꾸었다. 집에서 아침을 먹게 되자 아이들이 일어나기 전 잠시나마 레이첼과 오붓한 시간을 가질 수 있어 좋았다. 이른 아침 아무에게도 방해받지 않는 그 몇 분이 부부간의 신뢰와 애정을 쌓아가는 데 중요한 시간이 되었다. 식탁에서 말없이 신문을 뒤적이는 게 아니라 3분 동안만 대충 헤드라인을 훑어보고 나머지는 저녁에 아이들이 잠자리에 들었을 때 읽기로 하고 접어둔다. 몇 주가 지나자 로저는 자신의 에너지가 직장에서나 가정에서나, 질적으로도 양적으로도 현저하게 개선되고 있음을 실감한다.

몇 달이 지나자 로저는 다른 의식ritual을 두 가지 더 추가했다. 아침 출근시간 중 15분 동안 그날 하루 있을 일에 대해 생각하고 자신의 가치에 대해서 생각하기 시작했다. 두 번째로, 퇴근시간을 이용해서 부모님과 다른 두 명의 형제 자매나 친구들과 통화를 했다. 부모님은 로저가 자주 전화를 걸자 아주 반가워하며 진심으로 좋아하셨다. 일년 전까지 이웃으로 살았던 한 친구와 다시 연락이 되자 예전보다 더 우정이 돈독해졌다. 그 친구는 로저와 같은 시간대에 퇴근하였고 둘은 휴대폰으로 일주일에 한번 15분에서 20분간 통화를 했다.

로저는 운동에도 열심이었다. 한달이 되자 일주일에 세 번하던 것을 일요일 오후까지 집어넣어 네 번으로 늘렸다. 그리고 처음으로 레이첼 대신 자신이 주말에 아이들을 돌보기로 했다. 대신 레이첼에게는 밖에서 자신만을 위한 시간을 보내게 했다. 레이첼은 일주일 내내 아이들을 챙겨왔음에도 하루 정도 아이들 곁을 떠나는 걸 주저했다. 그러나 로저는 레이첼에게도 자신만을 위한 시간이 필요하며 밖에서 뭔가 여가 활동을 해야 에너지가 충전된다고 설득했다. 레이첼은 마침내 절충안을 내놓았다. 근처 지역 YMCA에서는 부모들을 위해 아이들을 돌보아주고 있었다. 로저네 가족 전체가 즐길 수 있었던 것이다. 로저와 레이첼은 토요일 오후 밖에서 여가활동을 했고 아이들도 함께 데리고 갔다. 일요일 정오가 되면 레이첼이 자신만의 여가활동을 위해 외출했고 로저가 아이들을 데리고 나가 점심을 먹었다.

이렇게 두달 동안 로저는 부부 모두가 여가 활동을 즐기고 더 건강한 식단으로 식사를 하고 가족들과 함께 시간을 보내는 일을 가장 일차적이고 소중한 일, 즉 하나의 의식ritual으로 만들어갔던 것이다. 이런 의식ritual들은 업무와는 전혀 상관없는 것들이었지만 이 의식을 통해서 신체 에너지가 향상되고 가족과의 관계도 훨씬 좋아졌음은 물론 직장에서의 능률도 크게 높아졌다. 긍정적인 에너지가 넘쳐나면서 로저는 직장에서도 덜 까다롭게 굴었고 예전보다 업무에 몰입했다. 특히 운동을 하고 난 오후에 더 집중력이 높아졌다. 업무시간이 더 짧아지긴 했지만 더 많은 것을 성취할 수 있었기 때문에 그다지 부담스럽지 않은 마음으로 일찍 퇴근했다. 일주일에 두 번은 5시 30분에 사무실을 나서 집에 6시 30분에 도착했다. 지난 십여 년 간 직장생활을 하면서 귀가한 시간 어느 날보다 이른 시간이었다. 로저가 우리 연구소를 떠난 지 8주가 지난 어느 날 우리는 로저의 상사로부터 전화를 받았다. "도대체 어떻게 한 거죠. 로저는 완전히 딴사람 같아요. 10년은 더 젊어진 것 같고 예전처럼 아주 열정적인 사람이 되었단 말이에요."

더 깊은 변화 속으로

약 석달 동안 로저는 최초의 액션 플랜(Action Plan. 309쪽에 있는 계획표를 참조하라)에서 두 번째 부분이었던 몇 가지 의식ritual들을 만들어냈다. 그 중 한 가지는 업무에서 더 효율적으로 우선순위를 정하는 것이었다. 우리에게 오기 전에 로저는 사무실에 도착하면 한 시간 정도는 이메일에 회신을 보내고 전화를 받으며 시간을 보냈었다. 그러나 아주 중요하고 포괄적인 문제가 아닌 이상은 이메일이나 음성메일에 답신을 보내는 일을 뒤로 미루었다.

두 번째는 휴식시간을 더 엄격하게 지키는 것이었다. 일주일에 이틀 운동하는 시간인 오후 1시가 되면 정확하게 운동하러 나갔고 그런 날에는 서너 시간 정도는 거뜬히 일에 몰입할 수 있었다. 로저는 여기에 덧붙여서 오전과 오후에 한번씩 더 휴식할 수 있도록 시간표를 정했다. 서점에서 책을 훑어보는 것을 좋아했기 때문에 오전 중에 사무실에서 세 블록 떨어진 서점으로 걸어가서 약 15분 동안 책들을 둘러보았다. 오후에는 아이들이 학교에서 돌아올 때쯤 전화를 걸어주었고 그러고 나서 약 10분간 심호흡을 하였다. 그리고 중간에 먹는 간식도 스낵 바에서 에너지 바나 과일 한쪽이나 견과류 한 줌으로 바꾸었다.

세 번째로 로저가 새로 시작한 것은 매주 자신의 직속 부하직원과 함께 점심을 먹는 일이었다. 자신의 소중한 가치가 친절과 다른 이에 대한 존경이라고 정의했기 때문이기도 했고 다른 동료들로부터 인내심이 부족하고 비판적이라는 평가를 받았던 피드백에 대한 나름대로의 대처기도 했다. 불가피하게 비판적인 태도를 견지하는 것이 중요하다고 판단되면 긍정적인 말로 시작하거나 끝을 맺으면서 완곡하게 표현하였다.

6개월이 지나서 로저는 다시 한 번 우리 연구소를 찾았다. 그가 사무실로 걸어 들어오는 것만 보아도 변화를 확연히 느낄 수가 있었다. 건강하고 더 생기 있어 보였으며 에너지가 넘쳐났다. 신체적인 변화도 뚜렷했다. 지난 6개월 동안 9kg이나 체중을 줄였던 것이다. 체지방도는 27에서 19로 감소했다. 콜레스테롤 수치도 245에서 185로 줄어들었고 혈압 역시 정상치 수준으로 떨어져 있었다. 정밀하게 테스트해 보자, 인내심과 참을성이 25%, 근력이 35% 정도 향상된 것으로 나타났다. 새롭게 측정한 로저의 몰입 수준은 과거 직장에서 5, 가정에서 3이었던 것이 가정과 직장 모두에서 9를 기록했다.

여정에 놓인 돌부리

로저 인생의 모든 면이 변한 것은 물론 아니다. 그가 스스로 인정했듯이 가끔씩 아주 힘든 날에는 담배에 손을 대기도 했다. 그리고 아직까지 자신의 성실성과 책임감의 수준에 대해서 썩 만족하지 못하고 있었다. 아직도 우선순위가 아닌 일에 관심을 돌리게 된다고 했다. 그리고 외부로부터의 요구사항이 아주 크면 인내심을 발휘하는 데 한계를 느끼고 다른 사람에게 퉁명스럽게 대한다고도 했다. 그래서 압박감 속에서도 더 품위 있는 행동을 할 수 있는 의식ritual을 한 가지 만들어내야 했다. 자신의 바람직하지 못한 행동에 대한 변명으로 상황에 핑계를 돌리지 않고, 상황을 자신의 리더십을 보여줄 수 있는 하나의 도전거리로 받아들일 수 있는 그런 의식 말이다.

이 밖에 로저에게 어려웠던 일은 출장중에 의식을 실천하는 일이었다. 집에서 엄격하고 정확하게 지키는 것만큼 밖에서 그와 비슷한 것을 만들어내야 했다. 그러나 좀처럼 운동시간을 내기가 힘들었다. 출장 스케줄은 빡빡하게 짜여지기 때문에 휴식시간을 갖기가 아주 힘들었다. 출장중에는 제대로 된 식사를 하기도 힘들었고 끼니를 거르는 때도 생겼다. 그러면 회의 중간에 아무거나 잡히는 대로 먹곤 했다. 고객과 함께 하는 저녁식사 시간에는 아직도 알코올 섭취량이 많았다.

우리는 로저가 이미 가지고 있는 몇 가지 의식ritual을 더욱 확장시키고 새로운 의식을 하나 더 만들어낼 수 있도록 했다. 새로운 의식ritual이 갖는 목적은 긴장감을 더 잘 조절하고 더 긍정적인 에너지로 사람들과 의사소통할 수 있도록 하는 것이었다. 우리는 로저에게 압박감이 구체적으로 어떻게 느껴지는지 물었다. 그는 처음에는 가슴 속에서 걱정거리가 생겨나고 이어 비판적인 생각과 함께 그 상황을 장악하고픈 욕망이 생겨난다고 했다. 그래서 우리는 그런 상황이 닥칠 때마다 즉시 몇 번의 심호흡을 하도록 했다. 그리고 자신이 존경하는 사람이 그런 상황을 잘 조절해 나가는 방법에 대해서 생각하도록 했다. 그는 자신의 직속상관을 떠올렸다. 우리는 로저가 위기상황에 처할 때마다 자신의 상관이라면 이 상황을 어떻게 헤쳐나갈 것인지를 마음속에 그리면서 그렇게 행동하게 했다. 상관을 행동 모델로 삼는 것이다.

로저는 출장을 가더라도 집에서 하던 의식ritual과 유사한 의식ritual을 실천하는 데 관심을 집중시키면 간단히 해결된다는 것을 깨달았다. 가장 중요한 의식ritual은 건강식품을 휴대하는 것이었고, 그렇게 되자 차를 타고 이동하는 중에 아무 음식이나 먹지 않아도 되게 되었다. 출장중에 운동을 할 수 있는 가장 좋은 시간은 고객과의 저녁식사 전이었는데 피곤한 하루를 보내고 난 후 긴장을 이완시킬 수 있는 좋은 방법이었다. 로저는 출장중에도 운동시간을 고정적인 시간표에 넣었고 아무도 방해하지 못하도록 했다. 호텔도 헬스클럽이 있는 곳을 선택했다. 마침내 로저는 고객과 저녁을 할 때 술 한 잔 정도 마시는 것으로 절제할 수 있었고 그것도 아주 천천히 음미하며 마시게 되었다.

그 후 여러 달이 지난 후에 고객이 와인을 병으로 주문하는 경우도 있었는데 그 유혹을 참기가 힘들었다고 고백했다. 고급 레스토랑에서 식사를 할 때도 마찬가지였다. 출장 스케줄이 너무 빡빡해서 운동을 빼먹는 일도 생기기도 했다. 그러나 로저는 대부분의 경우 출장중에도 자신이 원하는 대로 의식ritual을 실천할 수 있었고 장시간 계속되는 회의 중간에 다른 사람이 놀리는 것에도 아랑곳하지 않고 서류 가방을 열어 에너지 바를 먹기도 했다. 그리고 9달 후 로저는 추가로 3kg을 줄일 수 있었다.

로저에게 가장 힘들었던 도전은 압박감 속에서 더 품위 있게 대처하는 것을 배우는 일이었다. 그러나 한걸음 뒤로 물러나 우리와 함께 고안한 의식ritual을 실천하자, 즉흥적으로 반응하던 태도가 누그러지는 것을 느꼈다. 행동을 취하고 싶은 욕망이 너무 커서 반성적으로 되돌아보는 능력을 압도하는 경우도 종종 있었다. 이를 염두에 두면서 로저는 '비상사태emergencies'라고 부른 새로운 의식을 만들어냈다. 어떤 감정이 느껴져도 상관없이 고개를 조용히 끄덕이며 상황을 인정하고 받아들였고 그러고 나서 "나는 이해할 수 있어. 즉 각적으로 여기에 대응하기 전에 먼저 소화시킬 시간이 필요해."라고 중얼거렸다. 무엇보다 로저가 신경 쓴 일은 감정을 참지 못하고 그 자리에서 반응하지 않도록 하는 것이었다. 이런 그의 태도가 그의 부하 직원들에게 미친 영향은 고무적이었다. 로저가 더 부드럽고 다른 사람들의 사기를 고취시켜주는 태도를 보일수록 그들 역시 로저에게 기대 이상의 반응을 보여주었던 것이다. 2차로 우리 연구소를 방문한 지 6개월이 지나자 그의 부서는 회사 전체가 수익이 내지 못하는 상황에서도 15% 이상 수익률이 올라갔다.

로저를 알게 된 지 1년이 지난 후, 더 빠르게 성공적인 이력을 쌓아가기 시작하자 로저는 다시 자신의 스케줄에 또 다른 변화를 추가시켰다. 일주일에 하루는 직속상관의 허가를 받아 재택근무를 하기 시작한 것이다. 매일 똑같은 요구에서 벗어나 더 많은 관심을 쏟아야 하는 장기 프로젝트에 집중할 수 있는 시간을 벌 수 있으리라는 확신이 들었기 때문이다. 그리고 로저는 아이들의 일상에 더 가까이 다가가고 싶었다. 집에서 일하는 날에는 두 아이를 학교에 태워다주었고 오후에 다시 차로 태워와 5시까지 일에서 손을 떼고 함께 시간을 보냈다. 두 딸아이와의 관계가 좋아지고 깊어지자 집에서 하는 업무의 능률도 높아졌다.

처음 우리를 찾아왔을 때 로저는 아주 회의적이고 반항적이었지만 자신의 가치를 규정하고 자신을 깊이 끌어당기는 비전을 창조해낼 수 있었다. 이런 일은 고옥탄가의 에너지가 되어 어려운 선택적

상황에서도 의지할 수 있는 굳건한 초석이 되어 주었음은 물론이다. 로저가 만든 의식ritual은 직장에서나 가정에서나 자신의 내면적 비전에 따라 인생을 살게 해 주는 지침이 되었다.

"가장 놀라운 일은 일단 가치를 분명하게 드러내고 의식ritual을 만들어나가자 변화를 그리 어렵지 않게 이룰 수 있었다는 것입니다. 제 인생은 일정한 리듬을 갖게 되었습니다. 그동안 살면서 내 에너지가 다른 사람들에게 얼마나 많은 영향을 미쳤는지 이제 느낄 수 있습니다. 이제 내 앞에 놓인 도전은 파동을 느끼고 그것이 계속되게 하는 것입니다."

에너지 발전소

완전한 몰입을 위한
코퍼레이트 애슬렛 트레이닝 프로그램
The Corporate Athlete Full- Engagement Trainging System

1. 목표: 외부의 폭풍 속에서 성과를 만들어간다

· 밀려드는 외부의 요구에 대처해 성과를 지속적으로 유지할 수 있
  는 능력을 키운다.

2. 핵심 결론: 몰입에너지는 성과의 기본 요소다

· 능력이란 에너지를 소비하고 다시 회복하는 능력이다.

· 모든 생각과 감정과 행동은 에너지에 영향을 미친다.

· 에너지는 개인적으로나 조직으로나 가장 중요한 자원이다.

3. 완전한 몰입: 성과를 위한 최적의 몰입에너지

· 활력이 넘치는 신체적 몰입에너지

· 잘 조율된 감정적 몰입에너지

· 집중된 정신적 몰입에너지

· 비전과 동행하는 영적 몰입에너지

4. 모든 차원에서 에너지를 기술적으로 관리할 때 완전한 몰입이 가능해진다.

5. 완전한 몰입의 법칙

· 시간이 아니라 에너지가 성과의 핵심이다.

· 완전한 몰입을 위해서는 별개지만 서로 연결되어 있는 에너지 차원이 필요하다: 신체, 감정, 정신, 영적 에너지

· 에너지 용량은 남용하거나 적게 사용할 때 모두 감소한다. 그러므로 에너지 소비와 회복에 균형을 맞추어야 한다.

· 에너지 용량을 늘리기 위해서는 운동선수들처럼 일상의 한계를 넘는 수준으로까지 몰아붙이면서 체계적으로 훈련해야 한다.

· 에너지 관리를 위해 특별히 구성한 일상인 긍정적인 에너지 의식 ritual은 완전한 몰입과 성과의 핵심이다.

6. 완전한 몰입은 서로 별개의 것이지만 연관되어 있는 4가지 에너지원을 모두 필요로 한다.

· 신체 에너지의 용량은 신체적인 차원에서 균형 있게 에너지를 소비하고 회복하는 데 달려 있다.

· 감정 에너지의 용량은 감정적인 차원에서 균형 있게 에너지를 소비하고 회복하는 데 달려 있다.

· 정신 에너지의 용량은 정신적인 차원에서 균형 있게 에너지를 소비하고 회복하는 데 달려 있다.

· 영적 에너지의 용량은 영적인 차원에서 균형 있게 에너지를 소비

하고 회복하는 데 달려 있다.

· 가장 기본적인 에너지원은 신체 에너지다. 그리고 가장 중요한 것은 영적 에너지다.

7. 4가지 에너지원

· 신체적인 능력은 에너지의 양에 의해 결정된다.

· 감정적인 능력은 에너지의 질에 의해 결정된다.

· 정신적인 능력은 에너지의 포커스에 의해 결정된다.

· 영적인 능력은 에너지의 힘에 의해 결정된다.

8. 몰입에너지 측정

· 사용할 수 있는 에너지의 양은 높낮이로 측정한다. (높다/낮다)

· 사용할 수 있는 에너지의 질은 긍정성과 부정성으로 측정한다. (긍정적/부정적)

· 사용할 수 있는 에너지의 포커스는 범위의 폭이나 방향성으로 측정된다. (넓다/좁다, 외부/내부)

· 사용할 수 있는 에너지의 힘은 자신에서 타인으로, 외부에서 내면으로, 부정적인 것에서 긍정적인 것으로 변화하는 방향성에 의해서 측정된다.

9. 최적의 성과를 실현하기 위한 필수 요소

· 최대치의 에너지 양

· 최고치의 에너지 질

· 선명한 에너지 포커스

· 최대치의 에너지 힘

10. 완전한 몰입을 방해하는 장벽: 저장된 에너지를 소비하고 감소시키고 고갈시키고 오염시키는 부정적인 습관들

11. 완전한 몰입을 위한 트레이닝 시스템: 모든 차원에서 충분한 능력을 가져다주는 전략적이고 긍정적인 의식ritual을 확립함으로써 장벽을 제거하라.

12. 긍정적인 에너지 의식ritual은 에너지를 효과적으로 관리하도록 해준다. 성공적인 에너지 관리를 위해서는 적당한 양과 질과 방향과 포커스를 계산하고 이끌어내야 한다.

13. 인생 전반에 걸친 에너지 목표: 가능한 오랫동안, 가능한 밝게, 진정으로 중요한 것을 위해 불을 밝혀라.

· 가능한 강하게 신체적인 파동을 생성하라.

· 가능한 강하게 감정적인 파동을 생성하라.

· 가능한 강하게 정신적인 파동을 생성하라.

· 가능한 강하게 영적인 파동을 생성하라.

14. 물리적 나이와 상관없이 생리적 나이는 훈련으로 늦출 수 있다. 생리적 나이 즉 성과 능력은 에너지를 효과적으로 소비하고 회복시키는 능력에 의해 결정된다.

15. 완전한 몰입은 규칙적인 휴식을 필요로 한다. 완전한 몰입을 위해 사용되는 에너지는 전략적인 회복(의도적으로 몰입에서 빠져나오기)을 통해 새로워지고 재충전된다.

16. 에너지 소비와 회복 사이에 있는 리듬 있는 운동은 파동이라고 부른다.

· 파동은 일과 휴식에 간격을 둘 때 생기는 최적의 사이클이다.

· 휴식 없는 일과 일 없는 휴식은 둘 다 능력을 감소시킨다.

· 간단히 말해 에너지의 남용과 방임의 관계다.

17. 파동의 반대 개념은 선형성이다.

· 선형성은 회복 없는 과도한 스트레스나, 적절한 스트레스 없는 과도한 휴식을 말한다.

· 긴장감이 높은 상황은 선형성을 더욱 강하게 만든다.

18. 성과를 유지하기 위해서는 마라톤 주자가 아니라 단거리 선수처럼 뛰어야 한다.

· 3~40년에 이르는 장기간 동안 성과를 올리려면 90분~120분 간격의 스케줄로 일하고 규칙적으로 에너지를 휴식시키고 재충전시켜 주어야 한다.

19. 대부분 사람들은 신체적이고 영적인 차원에서는 훈련을 게을리하고 스트레스 부족 정신적이고 감정적인 차원에서는 과하게 훈련한다. (회복 부족)

20. 인터벌 트레이닝은 연속적인 운동보다 에너지 관리 기술을 확장시킨다.

21. 인간이 갖는 에너지는 다차원적이다.

· 신체, 감정, 정신, 영적 에너지 사이에는 역동적인 관계가 존재한다.

· 4가지 중 어느 하나에 변화가 생기면 연쇄적으로 다른 차원의 에너지에도 영향을 준다.

22. 에너지 용량은 발전 단계를 따른다.

· 첫번째발전단계는 신체에너지다.

· 두 번째 발전 단계는 감정/사회적 에너지이다.

· 세 번째 발전 단계는 정신/인지적 에너지이다.

· 네 번째 발전 단계는 영적/도덕적 에너지이다.

23. 네 가지 차원은 저마다의 발달 과정을 따른다.

(예. 감정적인 발달 → 인지적인 발달 → 도덕적인 발달)

24. 몰입에너지 트레이닝 시스템은 목표에 영적으로 교감하는 것으로부터 시작한다.

25. 긍정적인 에너지는 성과의 원동력이다.

· 높고 긍정적인 에너지는 상황을 기회이자 모험, 도전으로 받아들일때 넘쳐난다. (접근)

· 부정적인 에너지는 상황을 위협과 분노, 두려움으로 받아들일 때 생겨난다. (회피)

| 외부의 폭풍에 대처하는 지속 가능한 성과 |

완전한 몰입

| 신체적 몰입 | 감정적인 몰입 |
| 정신적인 몰입 | 영적인 몰입 |

에너지 관리

관리 능력: 외부의 폭풍에 대처해 성과를 내도록
에너지의 양, 질, 초점, 힘을 관리한다

기초능력/기술 (큰 근육들)

	신체적			감정적			정신적			영적	
심장과 폐	자기존중	초점	덕목
복부	자기 조절	현실적인 낙관주의	열정/헌신
어깨와 등	효과적인 대인관계	시간 관리	통합력
다리	자신감/돌봄	창의성	다른 이를 위한
팔			배려

뒷받침하는 습관/기술 (작은 근육들)

	신체적			감정적			정신적			영적	
수면	인내심	시각화	정직
운동	개방성	긍정적인 자기암시	통합력
다이어트	신뢰	긍정적인 태도	용기
몸의 화학작용	즐거움	정신적 준비운동	의지

조직 차원의 몰입에너지

- 회사나 조직은 원하는 목표를 수행하기 위해 모인 잠재적인 에너 지의 저장고다.
- 기업 내에서 개개인은 하나의 잠재적인 에너지 탱크다.
- 인간의 신체를 구성하는 하나하나의 세포가 몸 전체의 건강과 활 력에 중요한 요소이듯, 조직의 각 개인은 조직 전체의 건강과 활력 을 위해 모두 중요한 요소다.
- 조직이란 살아서 숨쉬는 전체이며 전체의 역동적인 에너지를 위 한 개인은 세포와도 같다.
- 조직의 에너지 능력은 그 조직을 구성하는 모든 개인들의 에너지 능력의 총합이다.
- 개인의 에너지 관리 원칙은 조직에도 그대로 적용된다.
- 조직의 가장 중요한 자원은 에너지다.
- 조직의 잠재 능력을 최적화하기 위해서는 4가지 에너지 원천들이

공동의 목표를 향해 조율되어야 한다.

· 조직의 에너지 역시 쓰면 고갈되기 때문에 에너지 사용과 회복의 균형을 맞추어야 한다.

· 조직의 에너지 능력은 개인들의 역량을 확장시키는 만큼 커진다.

· 공동의 목표를 갖고 보편적인 가치에 따를 때, 고옥탄가의 에너지가 되어 조직적 행동의 원동력이 되어준다.

· 조직에서 에너지 활성화에 기초가 되는 것 역시 신체 에너지다. 개인들의 건전한 식단, 적절한 수면, 휴식과 적절한 체중조절 등은 조직의 에너지 역량을 결정하는 데도 동일한 기본 요소다.

· 조직은 에너지 소비와 회복을 리듬감 있게 할 수 있는 신체 파동을 가지며, 이는 강하다거나 약하다고 평가할 수 있다.

· 조직은 다른 사람에 대한 관심, 공감 능력, 자신감, 일에 대한 열정과 도전의식 등을 반영하는 감정 파동을 가지며, 이는 강하다거나 약하다고 평가할 수 있다.

· 조직은 탁월한 의사결정, 논리적인 사고, 집중력과 창조성을 반영하는 정신 파동을 가지며, 이는 강하다거나 약하다고 평가할 수 있다.

· 조직은 성실성, 정직함, 헌신성, 확신을 반영하는 영적 파동을 가지며, 이는 강하다거나 약하다고 평가할 수 있다.

· 조직에서 리더는 그 조직의 에너지를 관리하는 사람이다. 리더는 조직을 이루는 개인이라는 세포의 에너지를 공동의 목적에 헌신하게 함으로써 조직 전체의 에너지를 새롭게 하고 방향을 설정하

고 집중시키는 존재다.

· 훌륭한 리더는 공동의 목적을 위해 조직 전체의 에너지를 활성화 시키고 집중시키는 전문가다.

· 훌륭한 리더는 긍정적인 에너지가 높은 성과를 가져다주는 원동 력임을 안다. 그들의 리더십은 이를 증명한다.

· 조직에서 각 개인이 갖는 에너지는 능동적으로 활성화되어야 한 다. 그러기 위해서는 개인의 목표를 공동의 목표와 부합시켜야 한다.

· 개인이 조직 공동의 목표에 연대할 때 구체적인 성과가 따른다. 연 대가 부족해지면 투자할 수 있는 에너지의 양과 질, 방향과 영향력 이 제한받는다.

신체적 몰입에너지 관리 핵심 전략

1. 일찍 자고 일찍 일어난다.

2. 정해진 시간에 잠자리에 들고 정해진 시간에 일어난다.

3. 하루에 섭취할 칼로리를 5~6회로 나누어 먹는다.

4. 매일 아침을 거르지 않는다.

5. 균형 잡힌 건강한 식단을 구성한다.

6. 설탕 섭취를 최소화한다.

7. 하루에 1.8*l* 정도 물을 마신다.

8. 90분 일하고 나면 반드시 휴식한다.

9. 매일 신체 운동을 한다.

10. 적어도 일주일에 두 번은 심폐기능을 강화하는 여가활동을 하고 근력 강화훈련을 한다.

글리세믹 인덱스

글리세믹은 당분이 혈액에 유입되도록 하는 역할을 하므로, 글리세믹이 적게 함유된 음식을 먹는 것이 좋다.

함량이 낮음	중간정도	함량이 높음
아몬드	말린 살구	베이글
사과	바나나	구운 감자
콩	완두콩 스프	식빵
양배추	사탕무	케이크
캐슈	딸기	사탕
체리	비스킷	당근
닭고기	빵	시리얼
탈지치즈	통조림과일	쿠키
말린 살구	멜론	콘칩
슈리	시리얼 – 바	컵케이크
달걀	시리얼 종류	도넛
그레이프프루트	초콜릿	프렌치프라이
녹황색 채소	옥수수	으깬 감자
렌즈콩	쿠스쿠스	호박
우유	크래커	건포도
모짜렐라치즈	크루아상	소다
뉴트리션 바	프루츠 칵테일	스포츠 드링크
뉴트리션 셰이크	그라놀라	납작귀리
오렌지	그레이프프루트	와플
배	꿀	수박
땅콩버터	아이스크림	토스트
땅콩	주스	짭짤한 크래커
복숭아	키위	바닐라와퍼
피칸	렌즈콩 스프	전맥 크래커
피스타치오	망고	타피오카
자두	머핀	
말린자두	오트밀	
호박씨	오렌지 주스	
두유	파스타	

껍질 벗긴 완두콩	패스트리	
해바라기 씨	완두콩 스프	
토마토 수프	파인애플	
토마토	팝콘	
참치	감자 칩	
글리세믹 인덱스	설탕	
칠면조		
호도		

몰입에너지 진단 및 처방 워크시트

이름: 로저 B.

날짜: 2000년 5월 30일

비전 워크시트

나의 깊은 내면의 가치 :

1. 가족

2. 다른 사람에 대한 친절과 존중

3. 탁월한 능력

4. 성실함

5. 건강

나의 장점 :

1. 충실함

2. 조직

3. 집중력

4. 윤리적/가치중심적

5. 정직함

당신이 인생의 마지막에 와 있다면, 이제껏 얻은 교훈 중 가장 중요한 세 가지는 무엇이며 왜 그것이 가장 중요하게 느껴지는가?

1. 자신이 사랑하고 존경하는 사람과 결혼하고 항상 가족을 최우선으로 삼는 것.

2. 열심히 일하고 높은 기준을 세워 쉽게 성취할 수 있는 것에 안주하지 않는 것.

3. 다른 사람을 존경과 친절로 대하는 것.

당신이 존경하는 누군가를 떠올려보라. 그리고 그 사람의 어느 부분을 가장 존경하는지 세 가지 특징을 써보라.

아버지

1. 성실성

2. 온화함

3. 어떤 도전에도 늘 한결같은 성실함

최선의 당신은 어떤 모습인가?

배려하고 열정적이며 열심히 노력하고 유머가 있으며

누군가로부터 신뢰받을 수 있는 사람.

당신의 묘비에 당신을 설명하는 단 한 줄의 묘비명을 넣는다면?

그는 배려가 넘쳤고 다른 사람에 대해서 자기 것을 주려고

항상 노력했던 사람이다.

자신의 비전을 현재형으로 써보라. 실질적인 도움은 물론 영감을 줄 수 있다.

나의 개인적인 비전(내면의 깊은 가치에 비추어 볼 때) :

내 인생에서 최우선순위는 아내와 아이들이다. 우리가 함께 있을 때면 나는

내 에너지와 관심을 그들에게 주고자 헌신한다.

이를 가능하게 하기 위해서 나는 신체적으로 먼저 내 자신을 돌보아야만 한다.

내 직업/경력 비전(개인적인 비전과 내면의 깊은 가치에 비추어 볼 때) :

업무상 나는 자신을 항상 높은 기준에 맞춘다. 리더로서 나는 내게 가장 중요한

1차적인 가치인 친절함, 다른 사람에 대한 배려와 성실함의 귀감이 된다. 나는

다른 사람들이 나로부터 배려를 받고 있다고 느끼고 자신감을 갖도록 할 것이며,

내가 헌신하고자 하는 것에 따라 산다고 믿게 될 것이다. 나는 무엇을 하든,

내 온 마음을 다해 한다.

장애물 워크시트

	업무와 관련된 성과 장벽	장벽이 에너지와 성과에 미치는 결과
1	인내심 부족	성과 부진, 깊이가 결여된 관계, 목표에 대해 적당히 타협하기.
2	부정적인 사고	나와 다른 사람에게 부정적인 에너지를 부추긴다. 다른 사람의 자신감을 떨어뜨리고 불안정하게 만들며 스스로를 긴장감과 초조감에 떨게 한다.
3	피상적인 관계	직장에서나 가정에서나 늘 부정적이고 낮은 에너지 상태.
4	장애물 워크시트	리더십이나 가족이나 친구와의 유대감에 적당히 타협.
5	열정 부족	지속성과 헌신의 감소, 인생이 활력을 잃어 모든 것이 회색빛이다. 진심으로 고취되거나 힘을 낼 수가 없다.

완전한 몰입을 위한 액션/발전계획

의식_ritual_**/만들기 전략**

- 단련시켜야 할 신체 근육: 심장, 폐, 상체와 하체
- 성과 장벽: 낮은 에너지
- 변화를 이끄는 가치: 가족
- 기대 효과: 능률을 높임, 실수를 줄임, 더 나은 결정을 함.

	목표를 향한 변화를 가져다주는 긍정적인 에너지 의식 _ritual_	시작 날짜
1	운동: 일주일에 세 번 – 화요일과 금요일 오후 1시, 토요일 오전 10시 (인터벌 트레이닝을 중심으로).	4/1
2	근무 중 매 90분마다 휴식.	4/1
3	출장중 스낵 챙기기. 여행중일 때는 90분에서 2시간 간격으로 스낵을 먹거나 물을 마시기.	5/1
4	일주일에 두 번은 오후 5시 30분에 사무실을 나선다.	6/1

완전한 몰입을 위한 액션/발전계획

의식ritual**/만들기 전략**

· 단련시켜야 할 감정 근육: 인내심
· 성과 장벽: 인내심 부족
· 변화를 이끄는 가치: 다른 사람에 대한 존중과 친절함.
· 기대 효과: 내 자신과 내 주변 사람들에 대해 긍정적인 에너지를 더욱 쏟고 더 완전하게 몰입한다.

	목표를 향한 변화를 가져다주는 긍정적인 에너지 의식 *ritual*	시작 날짜
1	매일 아침 6시 30분 비전 선언문을 읽는다.	4/1
2	업무중 매 90분마다 휴식을 취한다.	4/1
3	출장중에 스낵을 챙긴다. 여행중에는 90분에서 2시간 간격으로 스낵을 먹거나 물을 마신다.	5/1
4	인내심이 바닥나거나 마음에 동요가 일어난다고 느낄 때마다 특정한 '비상사태emergency' 의식을 실천한다.	4/1

완전한 몰입을 위한 액션/발전계획

의식*ritual*/만들기 전략

· 단련시켜야 할 영적 근육: 배려, 연민, 우정
· 변화를 이끄는 가치: 가족, 성실성, 다른 사람에 대한 존중과 친절
· 기대 효과: 팀원들이나 가족과 의사소통을 덜 잘할 수 있다. 더 긍정적인 에너지.

	목표를 향한 변화를 가져다주는 긍정적인 에너지 의식 *ritual*	시작 날짜
1	퇴근길에 좋아하는 사람에게 전화를 건다.	5/1
2	아이들에게 아침마다 메모를 쓴다.	5/1
3	업무중 매 90분마다 휴식을 취한다.	5/1
4	일요일 오후 아이들과 아침 겸 점심을 같이 한다.	6/1
5	매주 직속 부하직원들과 점심을 함께 한다.	6/1
6	재택 근무하는 날에는 학교에서 아이들을 데려온다.	5/1

완전한 몰입을 위한 액션/발전계획

의식*ritual***/만들기 전략**
- 단련시켜야 할 영적 근육: 열정, 확신
- 성과 장벽: 열정의 부족
- 변화를 이끄는 가치: 가족, 성실성
- 기대 효과: 지속성과 탄력성

	목표를 향한 변화를 가져다주는 긍정적인 에너지 의식 *ritual*	시작 날짜
1	업무상 일을 준비하기 : 그날 하루 있을 중요한 일을 재검토하고 긍정적인 결과를 숙지한다.	4/1
2	컴퓨터 바탕화면에 비전 선언문을 올리기	4/1

책임량 accountability log 체크

이름: 로저 B   주간 :

방향: 1에서 5까지 숫자를 사용해서 각 칸에 그날 자신의 행동에 점수를 주라 (5=아주 성공적, 1=전혀 성공적이지 않음), 그날 행동이나 오래된 장벽들에 관해 적어놓을 것. 적당한 장소 어디서든 시간과 그 결과를 기록해놓을 것.

의식 *ritual*	월	화	수	목	금	토	노트
내면의 가치를 확인함으로써 하루를 시작							
레이첼과 함께 아침 식사							
아이들과 일요일 아침 겸 점심 식사							
아이들에게 아침 메모를 쓴다.							
오늘 하루 있을 일을 점검한다.							
90분에서 2시간 간격으로 먹고 마신다.							
근무중 90분 간격으로 휴식한다.							
일주일에 한번 직속 부하직원과 점심을 한다.							
'비상사태' 때는 인내심 의식을 실천한다.							
퇴근하는 길에 사랑하는 사람에게 전화를 한다.							
일주일에 두 번은 오후 5시 30분에 퇴근한다.							
일주일에 3번 운동을 한다.							
재택근무 날에는 아이들을 학교에서 데려온다.							

몰입에너지 진단 및 처방 워크시트

이름:

날짜:

비전 워크시트

나의 깊은 내면의 가치 :   나의 장점 :

1. _____   1. _____

2. _____   2. _____

3. _____   3. _____

4. _____   4. _____

5. _____   5. _____

당신이 인생의 마지막에 와 있다면, 이제껏 얻은 교훈 중 가장 중요한 세 가지는 무엇이며 왜 그것이 가장 중요하게 느껴지는가?

1. _____

2. _____

3. _____

당신이 존경하는 누군가를 떠올려보라. 그리고 그 사람의 어느 부분을 가장 존경하는지 세 가지 특징을 써보라.

_____

1. _____

2. _____

3. _____

최선의 당신은 어떤 모습인가?

_____

_____

_____

당신의 묘비에 당신을 설명하는 단 한 줄의 묘비명을 넣는다면?

자신의 비전을 현재형으로 써보라. 실질적인 도움은 물론 영감을 줄 수 있다.

나의 개인적인 비전(내면의 깊은 가치에 비추어 볼 때) :

내 직업/경력 비전(개인적인 비전과 내면의 깊은 가치에 비추어 볼 때) :

장애물 워크시트

	업무와 관련된 성과 장벽	장벽이 에너지와 성과에 미치는 결과

완전한 몰입을 위한 액션/발전계획

의식*ritual***/만들기 전략**
- 단련시켜야 할 신체 근육:
- 성과 장벽:
- 변화를 이끄는 가치:
- 기대 효과:

	목표를 향한 변화를 가져다주는 긍정적인 에너지 의식 *ritual*	시작 날짜

완전한 몰입을 위한 액션/발전계획

의식ritual**/만들기 전략**
- 단련시켜야 할 신체 근육:
- 성과 장벽:
- 변화를 이끄는 가치:
- 기대 효과:

	목표를 향한 변화를 가져다주는 긍정적인 에너지 의식 ritual	시작 날짜

책임량 accountability log 체크

이름: _____   주간 : _____

방향: 1에서 5까지 숫자를 사용해서 각 칸에 그날 자신의 행동에 점수를 주라 (5=아주 성공적, 1=전혀 성공적이지 않음). 그날 행동이나 오래된 장벽들에 관해 적어놓을 것. 적당한 장소 어디서든 시간과 그 결과를 기록해놓을 것.

의식 ritual	월	화	수	목	금	토	노트

감사의 글

먼저 이 책을 함께 쓴 짐에게 감사한다. 짐과 나는 성인이 되면서부터 항상 도전적으로 뭔가를 추구하며 살아왔다. 짐은 본래 인간 능력의 원천에 초점을 맞추어 극도로 긴장된 상황에서도 높은 성과를 보이는 몇몇 인물들이 어떻게 그런 일을 할 수 있는지에 대해 연구하고 있었다. 나 역시 열정적인 연구 결과, 행위를 통해 만족감을 얻고 성공적인 결과와 행복한 삶을 살 수 있게 해 주는 지혜의 본질에 대해 이해하게 되었다. 10년 이상 친구로 지내온 짐과 나는 서로의 아이디어를 합치면 더 나은 결과가 나오리라 믿고 5년 전부터 공동작업을 시작했다. 이 작업은 시작 단계부터 아주 흥미진진했다. 그리고 최근 3년 동안 우리는 매일 아침 6시 30분부터 두 시간에 걸친 치열한 토론을 벌이면서 훗날 이 책의 기초가 된 '사람들로부터 변화를 이끌어내는 프로그램 모델'을 발전시켜 나갔다. 짐은 기초적이고 세세한 것부터 시작해서 성공에 이르게 하는 모든 행동들을 살폈다. 나는 위에서부터 아래로 내려오는 식으로 행동에 방향과 동기를 주는 목적의식과 인생의 의미에 초점을 맞추어 연구했다. 우리 두 사람은 서로의 연구를 통합시켜 높은 수행 능력과 완전한 전력질주를 위한 다차원적인 모델을 만들어냈다. 그 결과 '에너지를 기술적으로 관리하는 것'이야말로 이 모든 것을 위한 가장 보편적인 요소라는 것을 발견했다. 이 결과는 우리 둘 모두를 매우 고무시켰다. 둘 다 각자 전문적인 영역에서의 연구와 체험을 할 수 있었고, 공통된 열정을 갖고 끝없이 도전하며 커다란 즐거움을 느꼈기 때문이다.

이 책은 전적으로 공동저자인 우리 두 사람의 소산이지만 많은 사람들이 도움을 주었음은 물론이다. 잭 그로펠Jack Groppel은 우리의 파트너로서 20년 전 '코퍼레이트 애슬렛'이라는 우리 연구소 이름을 고안한 것부터 시작해서 전 과정에 걸쳐 동료이자 지원자로서 많은 도움을 주었다. 스티브 돌란Steve Dolan은 우리가 모든 단계에서 프로그램과정에 몰두할 수 있도록 규율을 만들어주었다. 우리 LGE 프로그램에 있는 전 직원들이 이 책 출간의 일등공신들이다. 그 중 특히 두 명에게 그 공을 돌려야 할 것 같다. 르네이트 게이서Renate Gaisser는 LGE 성과 시스템에 초창기부터 참여해 열정과 헌신과 넘치는 에너지를 불어넣어 주었다. 그녀가 없었다면 오늘날 우리는 존재할 수도 없었을 것이다. 비서인 베키 호올스키Becky Hoholsky는 지난 3년 동안 원고를 10여 차례나 다듬어 주었다. 그녀의 인내심과 헌신에 감사한다. 그녀와 함께 일한다는 것 자체가 즐거운 일이다. 그리고 역사속의 사상가들과 동시대를 살아가는 많은 사람들에게 또한 빚을 많이 졌다. 그 중 로버트 케이건Robert Kegan 과 리사 레이Lisa Lahey는 사람들이 변화를 두려워하는 이유를 명쾌하고 일관성 있게 설명해 주었다. 리차드 보야치스Richard Byatzis 가 보여준 열정과 아이디어에서도 많은 도움을 얻었다. 이 책의 핵심이라 할 수 있는 에너지 전력질주의 개념을 확립하는 데는 여러 작가들의 통찰력에 힘입은 바 크다. 미하이 칙센트미하이Mihaly Csikszentmihalyi, 댄 골만Dan Goleman, 짐 콜린스Jim Collins, 스티븐 코비Stephen Covey, 데이비드 마이어스David Myers, 마틴 무어-에드 Martin Moore-Ede, 어니스트 로시Ermest Rossi, 마틴 셀리그만Martine Seligman 에게 감사한다. 그리고 그 동안 우리 프로그램에 참여했던 여러 기관과 회사가 보여준 지지와 관심에도 빚진 바가 많다. 특히 브루스 브레레톤Bruce Brereton, 마시 코언 스미스Marcy Coen Smith, 로버트 디파지오Robert DeFazio 와 로리 크래머Lori Kramer, 롭 크냅 Rob Knapp, 찰스 코헨Charles Cohen, 스코트 밀러Scott Miller, 패트크 럴Pat Crull 에게도 고마움을 표시하고 싶다.

그 외에도 창조적인 아이디어로 도와준 많은 사람들이 있다. LGE 성과 시스템LGE Perfomance System 에 있는 동료들, 마크 앤쉘 Mark Anshel, 레이클 크로커Raquel Crocker, 조지 키리아지스George Kyriazis, 마티 루드빅Marti Ludwig, 캐더린 맥카시Catherine McCarthy, 브라이언 왈라스Brian Wallace 그리고 가스 바이스Garth Weiss 에게 감사한다. 윌 마레Will Marre는 이 글의 아이디어를 읽고 책으로 엮어 지기까지 최종적인 원고를 체계적으로 구성하는 데 놀라운 통찰력 을 제공해 주었다. 크리스 오소리오Chris Osorio는 우리의 새로운 파트너로 언제나 새로운 아이디어를 제안했다.

슈워츠

이 책의 핵심 아이디어를 고집할 수 있도록 묵묵히 지켜보고 도움을 준 모든 사람들에게 감사한다. 그들 덕분에 아이디어를 개발하고 균형감 있게 일할 수 있었다.

'막내 동생'이라고 부르고 싶은 엘 에드몬드Al Edmond는 용기와 희망이 무엇인지 가르쳐 주었다. 나단 슈워츠-살란트Nathan Schwartz-Salant는 내 인생에 커다란 영향을 끼친 인물로 지난 10여 년간 내 앞에 닥친 위기상황을 헤쳐 나갈 수 있도록 잡아주었다. 기저귀를 차고다니던 시절부터 친구였던 제인 에이슨Jane Eisen은 우리 프로그램에도 참가해 주었고 브라운 의과대학을 설득해 의과대학생들에게 우리 훈련 프로그램을 실천하도록 해주었다. 카렌 페이지Karen Page는 아주 특별한 친구로 그녀가 가진 탁월한 네트워킹 기술로 나로 하여금 수많은 청중 앞에 서게 만들어 주었다. 이 책에 나오는 아이디어를 함께 토론해 주었던 리차드 보야치스, 마르쿠스 버킹엄Marcus Buckingham, 앤드류 도넨버그Andrew Dornenburg, 캐시 아놀드Cassie Arnold, 더그 린드Doug Lind, 리치 사이몬Rich Simon, 제임스 슈워츠James Schwartz, 프레드 스튜디어Fred Studier, 스티븐과 낸시 바인스톡Steven and Nancy Weinstock에게 감사한다.

마지막으로 내 곁에는 언제나 가족이 있었다. 두 딸 케이트와 에밀리는 아주 개성 있고 멋진 소녀로 자라 주었고 정직함과 열정 독립성과 따뜻한 마음을 나누어 주었다. 언제나 나를 행복하게 해 주었다. 데보라에게는 몇 마디 말로 감사를 표현하는 것이 거의 불가능하다. 그녀는 모든 단계에서 내 파트너였다. 우리는 함께 성숙했고 함께 도전적이고 멋진 여행을 해 왔다. 책의 마지막에 그녀에 대한 감사를 표시할 때마다 나는 이런 말로 끝을 맺었었다. "앞으로 18년은 더 내 인생의 변함없는 사랑으로 남을 것이다" 그런데 이제 그것을 바꾸어야겠다. 데보라는 앞으로 25년은 더 내 사랑으로 남을 것이다. 아니 그 이상의 시간이라도 변함없으리라 확신한다.

짐 로허

몰입과 활력의 원천, 이젠 '몰입에너지'다!

나를 푸른 초장에 누이시며 쉴만한 물가로 인도하시는도다.

- 시편23편

디지털 시대의 도래와 함께 개인이든 조직이든 모두 '환경변화에 발빠르게 대응하지 못하면 생존 자체가 보장되지 않는다'는 변화의 메시지가 이제는 심리적 압박감으로 다가온다.

마이크로소프트의 빌 게이츠도 '생각의 속도로 움직이는 비즈니스(speed@business)'를 구상하면서 비즈니스 세계에서 발 빠른 변화와 대응전략을 갖지 않으면 생존 자체가 보장되지 않는다고 속도의 미덕을 강조하고 있다. 같은 맥락에서 빠름과 속도와 분주함이 느림과 여유, 그리고 느긋함보다 바람직한 삶이라고 칭송되어 왔다. 그러나 이제는 삶을 다시 원점에서 생각해 보는 성찰의 움직임이 일고 있다. 깊이보다는 넓이, 심사숙고보다는 발 빠른 대응을 추구해야 할 가치로 손꼽으면서 목적의식을 잃고 질주하는 현대인의 삶에 대한 깊은 반성의 움직임이 그것이다. 이렇게 바쁘게 질주해서 어디로 가고 있는 것이며, 누구를 위한 빠름과 바쁨인가를 곰곰이 생각해 보는 계기를 마련하고 있는 것이다. 패스트푸드Fast Food 먹고, 패스트하게 생각Fast Thinking하고, 패스트하게 행동Fast Behavior하는, 패스트한 삶Fast Life이 남긴 비틀어지고 메마른 삶. 그 삶의 진정한 의미와 가치, 그리고 목표와 방향을 다시금 생각해 보아야 하지 않을까.

바쁘게 앞만 보고 달려가는 현대인들을 빗대 휴대폰 충전지battery에 비유하기도 한다. 휴대폰 충전지. 처음엔 한 번 충전으로도 오래 쓸 수 있지만 시간이 지나면서 처음보다 자주 충전해도 가용 시간은 점점 짧아져 결국 충전지를 통째로 바꾸어야 한다.

속도전에 뛰어들어 엄청난 에너지를 소비하고 잠시 집에 들어와서 소진된 에너지를 재빨리 충전하고 다시 일터로 향하는 현대인들이 바로 휴대폰 충전지 같은 삶과 비슷하다는 말이다. 충전지처럼 에너지 소비만 하고 회복할 기회가 적은 현대인들이 종국엔 어떤 모습으로 남을까 염려스럽다.

반복되는 피로에 기력을 잃었지만 바쁜 일정으로 잠시도 짬을 내기 어려운 반복적 업무로 바닥난 에너지, 그리고 불안감, 공포, 슬픔, 좌절, 과민함, 조바심, 근심, 성급함, 자아도취, 실망감, 분노, 짜증스러움 등과 같은 부정적 감정 에너지로 가득 차 있는 마음으로는 '삶의 질'이라는 희망을 찾기 힘들다. 현대인들이 직면하고 있는 이러한 근본적인 문제점을 진단하고 분석해서 사전에 예방조치하거나 소진된 에너지를 회복시켜 활력이 넘치는 삶을 영위할 수 있는 방안을 제시한 이 책은 어찌 보면 시대적 요청에 대한 당연한 응답일 것이다.

이 책에서는 사람에게 필요한 에너지를 네 가지로 구분하고 이 서로 다른 에너지 유형 간의 관계를 유기적으로 제시하고 있다. '신체적Physical으로는 에너지가 넘치고, 감정적Emotional으로는 유대감을 느끼며, 정신적 Mental으로 집중된 상태에서, 영적 Spiritual으로는 눈앞에 있는 이익을 넘어 더 높은 목적과 연결되어 있다고 느끼며 살아가는 법'. 즉 활력이 넘치는 신체 에너지, 잘 조율된 감정 에너지, 집중된 정신 에너지, 비전과 동행하는 영적 에너지 간에 조화로운 균형을 강조하면서 목적의식을 갖고 현대인들의 삶에 완전히 몰입해서 매진할 수 있는 방안을 제시하고 있는 것이다.

휴식과 성찰을 잃어버린 현대인들은 주기적인 회복이 없는 끊임없는 에너지 소비로 과로사와 같은 치명적인 위기를 맞기도 한다. 에너지는 무한한 것이 아니라는 점을 새삼스럽게 인식할 필요가 있다. 저자에 따르면 에너지의 성장과 발전은 신체 에너지, 감정 에너지, 정신에너지, 영적 에너지 순으로 진행되지만 변화의 힘은 위에서 아래로 진행된다. 영적 에너지를 통해서 몰입하게 되는 인생의 목표 즉 비전은 삶의 등불이며 동력이자 영혼의 식량이다. 인생의 의미와 궁극적 목표가 뚜렷해야 방향이 생기며, 힘들고 어렵다고 할지라도 매진할 수 있는 힘이 생기는 것이다. 삶의 목적의식은 집중력, 방향, 열정, 인내심에 연료를 제공한다. 방전되고 있는 당신의 에너지 수준을 진단하고 성과 장벽의 근본적인 원인이 무엇인지를 정확하게 파악할 필요가 있다.

이제 리더는 구성원의 능력 향상을 위한 전문적인 지식과 스킬 육성에 앞서, 구성원의 전문성 신장을 결정적으로 방해하는 '에너지 결핍 요인'을 발굴하고 그것을 제도적으로 보완해 주는 여건과 문화를 조성하는 데 많은 관심과 노력을 기울일 필요가 있다. GE의 CEO였던 잭 웰치 회장은 리더가 갖추어야 될 덕목으로 4E(Energy, Energizer, Edge, Execute)를 들어 강조한 바 있다. 다름 아닌 리더 자신이 에너지Energy를 갖고 조직을 활력 있게 이끌어 나가야 됨은 물론 팀원들이 팀 비전과 목표달성 여정에 매진할 수 있도록 에너지를 충전시켜 주는 역할Energizer도 함께 해내야 함을 강조하고 있는 것이다. 이제 주어진 시간을 어떻게 하면 효율적으로 관리할 것인지를 고민하는 시간관리Time Management나 업무목표 달성을 효과적으로 추진하기 위해 구성원들의 업무활동과 결과를 관리하는 성과관리Performance Management차원을 넘어서서, 시간과 성과의 기반을 근원적으로 통제하고 조정하는 에너지 관리Energy Management 전략이 필요한 시점이다. 개인 차원의 에너지는 물론 조직 차원의 에너지 수준을 수시로 진단하고 분석하며 에너지 충전을 위한 습관적인 방법을 개발, 활용함으로써 개인적 삶의 행복과 함께 지속적으로 성장하고 발전하는 건강한 조직문화를 조성하는 방안을 강구하는 데 매진해야 할 것이다.

삶의 목적의식을 읽고 방황하면서 고민하는 현대인, 지친 심신을 이끌고 오늘도 무거운 마음으로 일터로 향하는 직장인, 그리고 엄청난 업무 부담에 눌려 스트레스에 시달리는 회사의 경영진 모두에게

이 책은 한 줄기 빛을 던져 줄 것이다. 산업화 물결과 정보화 파고에 눌려 고속 질주해 왔던 우리들에게 잠시 멈춤의 미덕을 깨우쳐 주고 어떻게 사는 것이 진정 의미 있는 삶인지를 다시금 생각해 보게 하는 이 책은 현대인들이 읽고 실천해야 할 삶의 지침서다.

아무쪼록 이 책이 삶의 의미와 가치를 원점에서 반추해 보고 미래의 꿈과 비전을 달성하기 위한 여정에 몰입할 수 있는 방안을 안내해 줄 삶의 동반자가 되기를 바란다.

옮긴이 유영만, 송경근

참고문헌

Armstrong, Lance. 《It's Not About the Bike》 New York: Putnam, 2000
Assagioli, Roberto. 《M.D. Psychosynthesis》 New York: Penguin, 1976.
Buckingham, Marcus, and Curt Coffman. 《First Break All the Rules》 New York:
  Simon & Schuster, 1999.
Buckingham, Marcus, and Donald O. Clifton. 《Now, Discover Your Strengths》
  New York: Simon&Schuster, 2001.
Cameron, Julia. 《The Artist's Way》 New York: Tarcher/Putnam, 1992.
Campbell, Joseph. 《The Portable Jung》 New York: Penguin, 1971.
  with Bill Moyers. 《The Power of Myth》 New York: Anchor Books, 1998.
Carper, Jean, 《Your Miracle Brain》 New York: HarperCollins, 2000.
Clulla, Joanne B. 《The Working Life New York: Times Books, 2000.
Collins, Jim C. 《Good to Great》 New York: HarperBusiness, 2001.
  and Jerry I. Porras. 《Built to Last》 New York: HarperBusiness, 1994.
Coren, Stanley, 《Sleep Thieves》 New York: free Press, 1996,
Covey, Stephen R. 《The 7 Habits of Highly Effective People〉 New York: Simon
  & Schuster, 1989.
Dalal Lama and Howard C. Cutler. 《The Art of Happiness》 New York:
  Riverhead
Csikszentmihalyi, Mihaly. 《Flow》 New York: HarperPerennial, 1990,
Books, 1998.
Edward, Betty. 《Drawing on the Artist Within》 New York: Fireside, 1986.
  《Drawing on the Right Side of the Brain》 Los Angeles: Tarcher, 1989,
Epictetus. 《The Art of Living》 New York: HarperCollins, 1995.
Evans, William J., and Gerald Secor Couzens, 《Astrofit》 New York: Free Press,
2002.
Frankl, Vikor E. 《Man's Search for Meaning》 New York: Washington Square
  Press, 1985.
Gelb, Michael, 《How to Think Like Leonardo da Vinci》 New York: Dell, 1998,
Goldstein, Joseph. 《Insight Meditation》 Boston: Shambhala, 1993.
Goldstein, Joseph, and jack Kornfield. 《Seeking the Heart off Wisdom》 Boston:
Shambhala, 1987.
Goleman, Daniel. 《Emotional Intelligence》 New York: Bantam, 1995.
  Vital Lies, Simple Truths: 《The Psycholygy of Self−Deception》 New York:
  Touchstone, 1986.
  《Working with Emotional Intelligence》 New York: Bantam, 1998,
Groppel, Jack. 《The Corporate Athlete》 New York: Wiley, 2000,
Imber−Black, Evan, and Janine Roberts, 《Rituals for Our Times》
  HarperPerennial, 1992.
Jung, Carl. 《Modern Man in Search of a Soul》 New York: Harcourt Brace, 1936.

Kegan, Robert, and Lisa Laskow Lahey. 《How the Way We Talk Can Change the Way We Work》 San Francisco Jossey—Bass, 2001.

Kirkwood, Tom. 《Time of Our Lives: The Science of Human Aging》 New York: Oxford University Press, 1999.

Leonard, George. 《The Silent Pulse》 New York: E. P. Dutton, 1978.

LeShan, Lawrence. 《How to Meditate》 New York: Bantam, 1974.

Loehr, James E. 《The New Toughness Training for Sports》 New York: Plumem 1995.

《Toughness Training for Life》 New York: Dutton, 1993.

《Stress for Sucess》 New York Times Business, 1997.

and Jeffrey A. Migdow. 《Breathe In, Breathe Out》 New York: Villard Books, 1986.

Maslow, Abraham. 《Toward a Psychology of Being》 Princeton, N.J.: Van Nostrand, 1962.

McEnroe, John. 《You Cannot be Serious》 New York: Putnam, 2002.

Moore—Ede, Martin. 《The Twenty—Four—Hour Society》 Reading, Mass.: Addison—Wesley, 1993.

Muller, Wayne. 《Sabbath》 New York: Bantam, 1999.

Murphy, Michael. 《The Future of the Body》 Los Angeles: Tarcher, 1992.

Myers, David G. 《The Pursuit of Happiness》 New York: Avon Books, 1992.

Nelson, Miriam E. 《Strong Women Stay Young》 New York: Bantam, 1997.

Newberg, Andrew, Eugene D'Aquili and Vince Rause. 《Why God Won't Go Away》 New York: Ballantine Books, 2001.

Proschaska, James O., John C. Norcross and Carlo C. Diclemente. 《Changing for Good》 New York: Avon Books, 1994.

Restak, Richard. 《Mozart's Brain and the Fighter Pilot》 New York: Harmony Books, 2001.

Robinson, Bryan W. 《Chained to the Desk》 New York New York University Press, 1998.

Roizen, Michael F. 《Real Age》 New York: Cliff Street Books, 1999.

Rossi, Ernest Lawrence. 《The 20—Minute Break》 Los Angeles: Tarcher, 1991.

Schwartz, Tony. 《What Really Matters》 New York: Bantam, 1995.

Seligman, Marin E. P. 《Learned Optimism》 New York: Bantam, 2001.

Walsh, Bill. 《Finding the Winning Edge》 Champaign, Ill.: Sports Publishing, 1998.

Wilber, Ken. 《A Brief History of Everything》 Boston: Shambhala, 1996.

Zweig, Connie, and jeremiah Abrams. 《Meeting the Shadow: The Hidden Power of the Dark Side of Human Nature》 Los Angeles: Tarcher/Putnam, 1990.

| 지은이 소개 |

짐 로허 Jim Loehr / 토니 슈워츠 Tony Schwartz

　LGE 성과 시스템LGE Performance System사의 공동대표이자 연구가, '몰입에너지 모델과 코퍼레이트 애슬렛 트레이닝 시스템'을 공동 개발, 전 세계 수백 명의 중역과 관리자들을 대상으로 교육과 트레이닝 프로그램을 실행하고 있다. 행동심리학자인 짐은 올랜도에서 수백 명의 프로선수들을 코칭해 왔으며,《Stress for Success》를 포함한 십여 권의 저서를 쓴 바 있다. 도널드 트럼프 Donald Trump와 함께 톱 베스트셀러인《Art of the Deal》을 썼으며,《What Really Matters: Searching for Wisdom in America》등을 집필한 바 있는 토니 슈워츠는 아내와 두 딸과 함께 뉴욕에 살고 있다.

http://www.corporateathlete.com

| 옮긴이 소개 |

유영만

　한양대학교 사범대학 교육공학과 석사과정을 마친 뒤, 미국 플로리다 주립대학에서 교육공학 박사학위를 취득했다. 미국 플로리다 주립대학Learning System Institute 연구원, 삼성경제연구소 인력개발원을 거쳐, 현재 한양대학교 교육공학과 교수로 재직중이다. 저서로는《아나디지다》,《e-세상 e-러닝》,《죽은 기업교육, 살아있는 디지털 학습》,《지식경영과 지식관리 시스템》,《지식경제 시대의 학습조직》등이 있고, 역서로는《펄떡이는 물고기처럼》,《디지털 경제를 배우자》,〈열린조직 열린경영》외 다수가 있다.

송경근

　한국기업에 맞는 경영전략 수립과 경영혁신, 지식경영, 고객관계관리CRM, 정보시스템 ERP 구축 등 기업 컨설팅 프로젝트를 전문적으로 수행하는 하나컨설팅그룹 대표. (주)화천기계공업, 사회복지공동모금회, 타스테크, (주)디지털비즈니스넷, (주)신영프레시전, 서울아산병원, (주)한샘, (주)금강기획, 삼성제일기획, KPMG SANTONG 등의 경영고문으로서 컨설팅을 담당하고 있다. 또한 목원대학교 행정정보학과 겸임교수, 한국능률협회 지도위원 및 숭실대학교 중소기업학부 겸임교수도 맡고 있다.

　저서로는《올바른 리더의 조건》, 역서로는《바보들은 항상 남의 탓만 한다》,《최고경영자 예수》,《가치실현을 위한 통합경영지표》,《먼데이 모닝, 8일간의 기적》등 다수가 있다.

교육 프로그램 안내

‘몸과 영혼의 에너지 발전소 프로그램’이 당신과 당신의 기업을 찾아갑니다. Human PowerHouse EMCC는 미국의 LGE Performance Systems, Inc.와 전략적 제휴를맺고 ‘에너지 충만하고 행복한 세상을 만든다’라는 사명 아래, ‘몸과 영혼의 에너지 발전소’ 교육 프로그램을 한국에 공급하고 있습니다.

‘건강하고 편안한 삶(Well Being)’ 을 추구하는 21세기에는 기존의 ‘역량관리’와 ‘성과 관리’ 패러다임만으로는 더 이상 개인의 행복과 조직의 고성과 창출을 보장할 수 없습니다. 이를 위해서는 ‘몰입과 이완’ 을 통해 짧은 휴식으로도 인간의 ‘에너지 효율’을 극대화할 수 있는 ‘몰입에너지 관리 노하우’를 갖는 것이 필요합니다.

E2Q(Energy Engagement Quotient) Assessment Tool

-개인과 조직의 몰입에너지 레벨과 성과장벽을 측정하는 다면진단
도구

O Training Options

- 경영자 대상 몰입에너지 리더십 과정

- 관리자 대상 몰입에너지 관리 과정

- 전사원 대상 몰입에너지 조직활성화 과정

- 맞춤형 몰입에너지 과정

위와 같은 몰입에너지 관련 진단도구와 각종 교육훈련 프로그램
은 2004년 11월초 국내 대기업의 CEO와 임원급 15명을 대상으로
'CEO를 위한 몸과 영혼의 에너지 발전소 과정'을 성공적으로 진행
한 바 있으며, 2005년 1월에는 CJ 신임임원 워크숍(1박2일), 2월에
는 우리은행 신입사원 교육의 일환으로 '에너지 발전소 과정' 을 진
행했습니다. 앞으로 EMCC는 현대인들이 에너지 충만하고 활력 있
는 삶을 살아갈 수 있도록 고품격 솔루션을 제공하는 지식 서비스
기업으로 새롭게 발돋움할 것을 약속 드립니다.

e-mail: phillie007@hanmail.net / hutsivf@naver.com
Home Page: www.emcc4.com

몸과 영혼의 에너지 발전소

2004년 4월 25일 1판 1쇄
2019년 3월 5일 1판 8쇄
2022년 11월 21일 2판 1쇄

지은이 | 짐 로허 · 토니 슈워츠
옮긴이 | 유영만 · 송경근
펴낸이 | 김철종

펴낸곳 | (주)한언
출판등록 | 1983년 9월 30일 제1-128호
주소 | 서울시 종로구 삼일대로 453(경운동) 2층
전화번호 | 02)701-6911   팩스번호 | 02)701-4449
전자우편 | haneon@haneon.com

ISBN 978-89-5596-995-5 (03320)

이 책은 저작권법에 따라 보호를 받는 저작물이므로 무단 전재와
무단 복제를 금지하며, 이 책의 전부 또는 일부를 이용하려면 반드시
저작권자와 (주)한언의 서면 동의를 받아야 합니다.

한언의 사명선언문

Since 3rd day of January, 1998

Our Mission   — 우리는 새로운 지식을 창출, 전파하여 전 인류가 이를 공유케 함으로써 인류 문화의 발전과 행복에 이바지한다.

  — 우리는 끊임없이 학습하는 조직으로서 자신과 조직의 발전을 위해 쉼 없이 노력하며, 궁극적으로는 세계적 콘텐츠 그룹을 지향한다.

  — 우리는 정신적·물질적으로 최고 수준의 복지를 실현하기 위해 노력하며, 명실공히 초일류 사원들의 집합체로서 부끄럼 없이 행동한다.

Our Vision   한언은 콘텐츠 기업의 선도적 성공 모델이 된다.

저희 한언인들은 위와 같은 사명을 항상 가슴속에 간직하고
좋은 책을 만들기 위해 최선을 다하고 있습니다.
독자 여러분의 아낌없는 충고와 격려를 부탁드립니다.

• 한언 가족 •

HanEon's Mission statement

Our Mission   — We create and broadcast new knowledge for the advancement and happiness of the whole human race.

  — We do our best to improve ourselves and the organization, with the ultimate goal of striving to be the best content group in the world.

  — We try to realize the highest quality of welfare system in both mental and physical ways and we behave in a manner that reflects our mission as proud members of HanEon Community.

Our Vision   HanEon will be the leading Success Model of the content group.